小学校英語科教育法

―― 理 論 と 実 践 ――

【改訂版】

金森 強 編著

S *SEIBIDO*

執筆者・担当一覧

【編著者】

金森強（文教大学教育学部教授）◎第1・2・5・6・7・9・11・13・14・15章、コラム（p.120、p.121）

【共著者】

アダチ徹子（筑紫女学園大学文学部教授）◎第10章

井狩幸男（大阪市立大学名誉教授）◎第2章（2-2. 2-4. 2-5.）

石塚博規（北海道教育大学教育学部教授）◎第12章、コラム（p.176）

伊藤摂子（武蔵野大学教育学部准教授）◎第16章（16-3.）

遠藤恵利子（東北学院大学非常勤講師）◎第7章（7-3.）、コラム（p.119）

奥村真司（文教大学情報学部准教授）◎第16章（16-4.）

小西行郎（元同志社大学赤ちゃん学研究センター教授）◎第2章（2-3.）

髙橋和子（明星大学教育学部教授）◎第15章（15-2.）

田辺尚子（文教大学教育学部教授）◎第3章

中山晃（愛媛大学教育・学生支援機構教授）◎第8章

蜂谷太朗（川口市教育局学校教育部指導課指導主事）◎第16章（16-2.）

福田スティーブ利久（文教大学教育学部准教授）◎第4章、コラム（p.79）

【コラム協力・資料提供】

いとうさとし（「ことば漢字」創作家）p.288

久保省一郎（愛媛県喜多郡内子町立五十崎小学校教諭）p.33

塚田初美（元旭川市立豊岡小学校教諭）p.127

服部純一（星美学園短期大学客員研究員）p.53

音声ファイルのストリーミング

CDマーク表示がある箇所は、音声を弊社HPより無料でストリーミングすることができます。下記URLの書籍詳細ページに音声ストリーミングアイコンがございますのでそちらから自習用音声としてご活用ください。

https://www.seibido.co.jp/ad698

はじめに

　小学校高学年における外国語科の教科化、中学年からの外国語活動開始、中学校学力調査へのスピーキング試験の導入、そして、大学入試におけるスピーキングを含めた外部試験の導入など、日本の英語教育は新たな方向に大きく舵をとっているように感じられます。

　小学校から高等学校までの一貫した英語教育のあり方を考え、小学校段階にこそ行われるべき授業内容の実施が望まれることは確かです。中学校における英語科の前倒しではなく、小学生の発達段階にふさわしい授業が実施されない限り、大きな成果は期待できないからです。

　これまでの外国語教育実施の経験から、小学校段階の英語教育の可能性や課題、あるべき姿が少しずつ見えてきた段階です。得られた知見を生かしながら、中学校・高等学校に効果的につながる小学校段階の英語教育の実施が望まれています。

　教育において最も重要なことは、優秀な指導者の存在です。様々な能力や特性を持つ子どもに対して、教育課程を通して育むべき力を把握するとともに、発達段階に応じた指導能力、教材開発能力、そのバックボーンとなる言語習得理論や教授理論、具体的な指導方法、多様な教材、ICT利用のあり方など、教師が身につけておくべきことは様々です。

　本書は、英語の知識・技能面だけを育てることを目指すのではなく、ことばを通して人と関わり、自分の思いや考えを、相手を意識しながら伝えようとする資質を育てるための小学校における英語指導を目指す教員養成のために作成された入門書です。

　言葉の教育・全人教育としての小学校段階にふさわしい教育内容を作るべく、小学校において英語授業を担当することを目指す学生や現場の教員が身につけておくべき知識・技能、指導者としての姿勢について多面的に捉えてまとめられています。また、実際の授業において必要となるクラスルーム・イングリッシュの具体例や授業で用いられる言語活動、歌、チャンツ、現場における課題なども掲載しています。教員養成機関、現場の研修等において活用していただければと願います。

　最後に、本書を出版するにあたっては、株式会社成美堂の工藤隆志さんに大変お世話になりました。その丁寧な仕事に何度も助けられました。改めて感謝の気持ちをお伝えしたいと思います。

編著者代表　　金森　強

Contents

第1章

小学校における英語教育
―導入の経緯、現状と展望―

はじめに

　小学校の英語教育を含む外国語教育の改善について審議を進めてきた中央教育審議会の外国語専門部会が、「高学年において週1回程度について、共通の教育内容を設定することを検討する必要がある」等の内容を盛り込んだ報告を提出したのは平成18年3月末のことです。その後、教育課程部会での審議を経て、新しい学習指導要領において、小学校の英語教育は「外国語活動」という名で、「総合的な学習の時間」とは別に小学校の教育課程に新設されることになりました。

　必修化決定後、国の政策として、地域のモデル校となる拠点校の設置、教員研修、共通教材の作成・配付など、条件整備*も行われ、2年間の移行措置を経て、23年度より小学校5・6年生で週1コマの外国語活動が実施されました。25年には、文部科学省の「グローバル化に対応した英語教育改革実施計画」が公表され、その中に、32年度から小学校の外国語教育の正式教科化および中学年での外国語活動導入の計画が盛り込まれ、27年、次期指導要領改訂に向けた中央教育審議会において、外国語ワーキンググループや小学校部会等で審議が行われ、28年8月に発表された「審議のまとめ」を経て、12月に答申が発表されました。ここで小学校英語の教科化が決定され、30年度から移行期間としての取り組みが開始されるに至りました。本章では小学校への外国語活動導入までの経緯、現状、これからの展望について考えてみましょう。

条件整備
平成19年度予算として約6.2億円、20年度には約6.3億円を計上。21年度より『英語ノート』を配付するなど。

1-1. 外国語活動・外国語科 導入までの経緯

1）20年間にわたる検討を経て

　私立小学校においては、明治時代から英語教育を実施してきた学校が少なくありませんが、公立小学校での英語教育について国レベルでの本格的な討議が始まったのは1990年代です。きっかけは臨時教育審議会*の「英語教育開始時期について検討する」という答申等によるものでした。その後平成4年（1992年）に「英語学習を含む国際理解教育」を研究課題とした研究開発学校*が指定され、平成8年にはすべての都道府県に研究開発学校が指定されています。

　平成10年に新学習指導要領が告示され、平成14年度より「総合的な学習の時間」において国際理解教育の一環としての外国語会話等の実施が可能になりました。平成13年度には、文部科学省による『小学校英語活動実践の手引』*が出されています。

　平成14年度の調査では、「総合的な学習の時間」で英語活動を実施した小学校は5割強程度でしたが、平成19年度調査では「総合的な学習の時間」を含めて何らかの形で英語活動を実施した学校の割合は97.1%にまで達しています。平成16年4月に外国語専門部会が設置され、小学校段階の英語教育の必修化の検討を含む「外国語教育の改善」についての審議が始まりました。同年の保護者の意識調査においても「英語の必修化に賛成」とする回答が7割を超え、専門部会での検討を後押ししましたが、一方で必修化に反対する声もあり、教育課程上の位置づけについては、慎重な審議を重ねることとなりました。

　平成20年1月に中教審の答申の中で、小学校高学年での「外国語活動」の必修化が盛り込まれ、同年3月に学習指導要領が公示されました。文部科学省は学習指導要領に沿った共通教材として『英語ノート』を作成し、平成21年度より配付を開始。21年度より2年間の移行措置期間を経て、外国語活動は23年度より完全実施となりました。文部科学省作成の児童用テキスト（『英語ノート1、2』、その後は"Hi, friends!1, 2"）やデジタル教材が学校に配付され、用いられました。1～4年生でも、

臨時教育審議会
1984～1987年、中曽根康弘内閣総理大臣〔当時〕直属の審議会として設置。

研究開発学校
大阪市立真田山小学校と味原小学校。なおその以前から、クラブ活動や特別活動を含め、国際理解教育の一環として英会話活動・英語活動などに取り組んできた地域や学校も少なくない。

『小学校英語活動実践の手引』
開隆堂出版刊。日英併記で、英語活動のねらいや進め方、指導内容についてガイドラインを示している。

「総合的な学習の時間」や余剰時間を使って、英語にふれる授業を行っている学校も出てきました。

外国語活動では、「聞くこと」「話すこと」という2技能について、基本的な英語の音声や表現にふれながら、積極的にコミュニケーションを図る態度を育成することを目標に授業が行われてきました。中学校での教科としての英語とは異なり、知識や技能の定着は求められていません。授業計画や授業実施の中心を担っているのは学級担任です。学級担任には、「学習者のモデル」として積極的に英語を使うことが求められ、ALT（外国語指導助手）や、ICTを含む視聴覚教材を活用して授業が行われてきました。なお、外国語活動において数値評定はなく、評価は授業の「振り返りカード」などの自己評価や授業中の見取りなどを通し、記述式で行われました。

2）これからの外国語教育

平成25年12月に文部科学省の「グローバル化に対応した英語教育改革実施計画」が公表され、その中に、32年度から小学校の外国語教育の正式教科化および中学年での外国語活動導入の計画が示されました。平成26年度の調査では、小学校における外国語活動について、小学生の7割強が「英語の授業が好き」と答え、中学1年生の8割以上が、外国語活動で行ったことが「中学校で役立っている」と回答するなどの成果が報告されています。その一方で、中学1年生の約8割が、小学校で「読む・書くことをもっとしておきたかった」と回答していることが報告されています（文部科学省「平成26年度小学校外国語活動実施状況調査」）。

これらの成果や課題を踏まえ、次期指導要領改訂に向けた中央教育審議会において、外国語ワーキンググループや小学校部会等で審議が行われ、平成28年8月に発表された「審議のまとめ」を経て、同年12月には答申が発表されました。

これまでの外国語活動では「聞く」「話す」ことが中心でしたが、教科としての高学年の学習内容には、中学年での外国語活動を通じて外国語の慣れ親しみと外国語学習への動機づけを高めた上で、「読むこと」「書くこと」に関わって、①アルファベットの文字や単語などの認識、②国語と英語の音声の違いやそれぞれの特徴への気づきをうながすこと、③語順の違いなど文構

造への気づきをうながすことといった内容が新たに加わっています。

　高学年での正式教科化、また中学年の外国語活動の導入へ向け、研究開発学校や教育課程特例校等では平成26年度から、文部科学省の補助教材の使用および検証が進められ、28年度に新しい学習指導要領が告示され、それをもとに検定教科書の作成が始められることになりました。30年度より先行実施が可能となり、令和2年度から新学習指導要領が全面実施されています。小学校から高等学校までの英語教育を通して、「英語を使って何ができるようになるか」という観点で指標形式の目標も設定し、「使える英語力」を育てていくことが求められています。

　高学年では、学級担任が専門性を高めて指導するとともに、専科教員やALTを活用すること、中学年の外国語活動では学級担任が中心になることが示されており、これから小学校教員を目指す人は誰もが、外国語の授業を行える準備が必要となります。文部科学省から新しい共通教材として中学年用にLet's Try!と高学年用We Can!が作られ配布されました。教師用指導書やデジタル教材も準備され、We Can!は移行期間の2年間に使用され、現在は検定教科書が使用されています。

1-2. 子どもが主体的に学ぶ授業作りと指導のあり方

1）21世紀の教育において育てるべき力

　科学や情報技術の急速な発達およびグローバル化の影響の下、氾濫する様々な情報や技術革新に柔軟に、かつ、適切に対応できる能力の育成が求められています。情報を的確に把握し、分析・分類したり統合したりすることを通して、実際の課題解決に利用できる能力が必要となっているからです。

　The Center for Curriculum Redesign（以下CCR）は、21世紀に育てるべき重要な学力の要素をKnowledge、Skills、Character、Meta-learningとし、育成されるべきSkills：4つのC（Creativity, Critical Thinking, Communication, Collaboration）

を挙げています。そして、これら4つのCの育成においては、知識を活用する学びの体験を通して進めるべきであると強調しています。

　CCRのこの教育概念は文部科学省教育課程企画特別部会において、新しい学習指導要領作成のための会議補足資料として紹介されており、日本の教育政策におけるカリキュラム・デザインの基本概念として考えられていることが伺えます。新しい学習指導要領で掲げられている評価の3観点：①知識・技能、②思考・判断・表現、③主体的に学習に取り組む態度・人間性では、①において知識と技能が1つの観点にまとめられており、知識を単に記憶する対象として終わらせず、知識とスキルを有機的に結びつける指導の必要性を明示したことで、CCRが提唱する教育観が反映されていると言えるでしょう。Knowledge、Skills、Character、Meta-learningの学力育成と4つのC育成のためには、知識を記憶するだけの受け身的な学びではなく、主体的・対話的な学びこそが望ましく、21世紀の学力育成の重要な鍵となると言えそうです。このことは、新しい学習指導要領の特徴にもなっています。

2）主体的な学びの考え

　Deweyは、考える力を身につけるための教育の実践には学習者自身に課題を克服する体験を持たせることが必要であり、その体験を通すことでしか深い学びが起こらないとしています。知識を実際の具体的な場面で利用することでこそ、その意義を明確に理解することができるとするものです。DeweyのLearning by Doingという考えは、学習者が実際に地域・社会で起こっている問題を解決するために既習の知識や身につけた技能を利用することで、学びを深め、また、さらなる学びや知識の獲得への強いモチベーションにもなるというProblem Based Learning（以下PBL）につながっており、アメリカではCommunity Based LearningやService Learningとして様々な教育段階で実施されています。PBLを効果的に進める上で重要となるのは、Reflection：振り返りであると言われています。体験するだけで終わるのではなく、行動することを通して気づいたこと、理解したこと、自身の変容や周囲の変化も含めたLearning Outcomesに気づくための活動が重要であり、そのための機会を意図的に

組むことはもちろん、「振り返り」が効果的に行われるための手立てが必要とされています。振り返りを通して、学習者は学んでいる知識と現実社会との関係を明らかにすることができ、学校の教育カリキュラムを通して身につける知識や技術の意義を理解するとともに、身につけた知識や技能をどのように活用するかを知ることにもつながると考えられています。

　すべての学習において、意図的な振り返り活動の工夫が必要であり、知識を活用する体験的な学びと振り返り活動を有機的に結びつける学習によってこそ、主体的・対話的学びを生み出すことが可能になるのです。

3) 欧州における言語政策

　学習指導要領は「社会に開かれた教育課程」がその特徴とされていますが、欧州委員会（EC）では、欧州の経済的、文化的発展のために多様性を保持したまま平和な欧州社会を維持していくことを重視し、その実現に寄与する良き欧州市民として備えるべき共通する価値観を育む教育が重要であると考えています。その実現のために、生涯を通して多様な言語を学び、また、自律的に学び続けることができる環境の整備と自律的な学習者としての個人の意識・姿勢を育成する複言語・複文化主義に応じた言語政策に取り組んでいます。まさに、社会に開かれたカリキュラム作りが意識されていると言えるでしょう。

　複言語・複文化主義の言語教育政策においては、少なくとも母語以外の2つの言語を身につけることが求められています。指導にあたっては、CAN-DOで示された言語能力記述文を用い、学習者自身が学習の振り返りを通してコミュニケーションにおいて「何ができるようになるか」を意識しながら、言語に関する知識だけではなく実際にコミュニケーションを取ることのできる基礎的な運用力を身につけることが期待されています。ただし、母語話者レベルの高い言語運用語能力が求められるわけではなく、コミュニケーションにおいて機能する範囲の運用能力の獲得が目指されている（Functional Plurilingualism）ことがポイントです。

　スイスのバーゼル市では、新たな言語教育政策としてカリキュラムや教材開発、教員の研修を含めた「Passepartout（合鍵）」というプログラムが実施されています。このプログラムでは、

CLIL
Content and Language
Integrated Learning: 内
容統合型言語学習

小学校で英語ともう１つの母語以外の言語を学び、中学校で第３番目の言語を学ぶシステムになっており、小学校段階から目標言語の言語能力と一般的能力を同時に育成する言語教育が実施されています。内容理解と認知力、さらに言語能力を高める教育として、CLIL*による指導が採用されているわけです。

実地調査として訪問したバーゼル市の小学校では、１クラス25人に、10数名の異なる文化・言語的バックグラウンドを持つ子どもが見られました。授業では、それぞれの子どもの母語／第一言語ではなく、第二言語、あるいは第三言語となるドイツ語が教育言語として使用されていました。子どもはCLILによる指導を通して、言語だけを学ぶのではなく、各教科や日常生活に関する基本的な知識や技能も獲得していくことが求められています。

また、言語と文化に対する気づきを大切にするELBE（Eveil aux Langues, Language Awareness, Begegnung mit Sprachen）/EOLE（Eveil au langage/Ouverture aux langues）教育が重視されており、「開かれた心」を育む言語教育が実践されているのも特徴です。「出会いの授業」と呼ばれる授業においては、目標言語を母語とする同年代の学習者との直接交流の時間を持ったり、ホームステイプログラムによって目標言語を母語とする家庭において１日過ごしたりする体験プログラムも準備されています。授業以外の時間などを使った継承言語（heritage language）の授業においてもCLILによる指導が行われており、母語や家族の言語・文化を保持することに加えて、母語での認知能力を育てる権利が守られているとも言えます。学習者が特定の地域社会で生きていくために必要となる基本的な能力育成を担保する教育として、また、個人の人権や多様性のある社会を守り維持するための教育の一環として、CLILによる指導が採用されているのです。

欧州と日本では教育環境が大きく異なるため、欧州での取り組みがそのまま日本に当てはまるわけではありませんが、欧州で実施されている教育実践の中に日本において実施可能なものもあるはずです。例えば、形成的な評価のためのポートフォリオを用いた指導と評価の一体化や学びの軌跡と道先案内としてのルーブリックの活用など、今後の継続的な研究・調査が期待されるところです。

また、スイスのバーゼル市では、教育課程すべてにおいて必

要となる言語力の育成が重視され、学年が進むにつれてどのような言語技術を身につけなければならないかについて、Sprachprofile（言語プロファイル）として、言語能力の記述文が示されています（吉島 2016）。母語が教育言語であるドイツ語以外の子どもたちにとって、学力を支える言語力が示されていることには大きな意義があると言えます。日本でも教育課程全体を通して育む言語力についての検討が開始されているようですが、外国にバックグラウンドを持つ児童の数が増加する中、今後Sprachprofileの日本語版を策定する必要がでてきそうです。

　以下は、言語プロファイルに記されている記述文からの抜粋です。

- 討論の中で自分の意見を言い、人の発言に対応する。
- 色々なテーマについて自分の意見を述べ、論拠づける。
- 話し合いをすることで複合的な情報を交換する。
- 討論の中で自分の意見を適切に持ち出す（相手の発言に反論し、その根拠を言う等）。
- 話し合いの規則を守り、逸脱があった場合、それを守るように促す。
- 討論を準備し、主導する。
- 発表の終わりに要点を短く簡潔にまとめる。
- プロジェクトの成果を重要な部分が分かるように説明したり、発表したりする。
- テーマについて、自分の立場を表明し、自分の考えの違いを明らかにする根拠づけをしながら話す。
- ディベートの準備の方法を学び実施する。
- 複合的な思考、例えば数学の「解」について説明する。
- 適切な言い方や表現を用いながらプレゼンを構成する。
- いろいろなテキスト作成のための計画・推敲の方略を知り、活用する。

　言語知識・技能はすべての教育課程を通して育まれることが望まれ、各教科に特化した専門用語や言い回しなどは、教科の内容を学び理解する上で重要です。当然、適切な教材開発、教員養成・研修が必要であり、総合的な言語能力を育むためには、

すべての教育課程を通した実施が検討されるべきだと考えられます。日常生活に必要となる言語能力（BICS）に加えて、教育を保障する言語能力（CALP）を育む言語教育プログラムが必要となるからです。

日本の生産年齢人口は2065年までに1/4に減少すると言われています。応じてそれを補うための外国人労働者の受け入れは、持続可能な社会構築のためにも重要な鍵となるはずであり、すでにその数は100万人を超えていると言われています。今後は、日本に住む外国にバックグラウンドを持つ人たちへの言語教育プログラムの準備が必要となってくるでしょう。特に、現段階ではあまり研究が進んでいない、子どもたちに対する外国語としての日本語教育においては、教育言語としての日本語能力を担保するためにも必要です。発達段階にふさわしいCLILによる言語教育が重要な鍵となるはずであり、そのためのカリキュラム開発、教材開発、指導方法などのさらなる研究が必要となるものと思われます。

将来の日本社会の状況を予測し、必要となる措置を早急に進める必要があります。海外から日本に入ってくる人たちと共生・共存できる資質・能力の育成を進めるための言語教育・外国語教育・異文化間教育のあり方を考える時、言語運用能力の育成に加えて「開かれた心」を育む実践が求められるはずだからです。外国からの労働者とその子どもたちに対する教育のあり方についても、十分な検討がなされ、準備されなければならないでしょう。

1-3. 外国語活動・外国語科の学習指導要領改訂のポイント

1）中学年「外国語活動」指導のポイント

中学年の「外国語活動」について、小学校学習指導要領第4章「外国語活動」を参照しながら考えてみましょう。

第1 目 標
外国語によるコミュニケーションにおける見方・考え方を働

かせ、外国語による聞くこと、話すことの言語活動を通して、
コミュニケーションを図る素地となる資質・能力を次のとおり
育成することを目指す。

（1）外国語を通して、言語や文化について体験的に理解を深
め、日本語と外国語との音声の違い等に気付くととも
に、外国語の音声や基本的な表現に慣れ親しむようにする。

（2）身近で簡単な事柄について、外国語で聞いたり話したり
して自分の考えや気持ちなどを伝え合う力の素地を養う。

（3）外国語を通して、言語やその背景にある文化に対する理
解を深め、相手に配慮しながら、主体的に外国語を用い
てコミュニケーションを図ろうとする態度を養う。

（下線は筆者）

下線部分の「相手に配慮しながら、主体的に外国語を用いて
コミュニケーションを図ろうとする」は、中学年にだけおかれ
ているものではなく、高学年、また、中学校でも「聞き手、読
み手、話し手、書き手に配慮しながら、主体的に外国語を用い
てコミュニケーションを図ろうとする態度を養う」という表現
で示されており、英語教育全体を通して大切にすべき点である
と言えます。機械的に覚えたことを言うのではなく、相手を意
識しながら、状況、場面、目的に応じて適切にコミュニケーショ
ンを図ろうとする態度の育成の重要性と目的や見通しを持った
コミュニケーション活動が期待されていることがわかります。

3領域における目標と内容

目　標

小学校中学年では、「聞くこと」、「話すこと［やり取り］」、「話
すこと［発表］」の3つの領域別に目標が設定され、指導を通し
て、以下に示す資質・能力を育成することとなっています。

（1）聞くこと

ア　ゆっくりはっきりと話された際に、自分のことや身の
回りの物を表す簡単な語句を聞き取るようにする。

イ　ゆっくりはっきりと話された際に、身近で簡単な事柄
に関する基本的な表現の意味が分かるようにする。

ウ　文字の読み方が発音されるのを聞いた際に、どの文字
であるかが分かるようにする。

（2）話すこと［やり取り］

ア　基本的な表現を用いて挨拶、感謝、簡単な指示をしたり、それらに応じたりするようにする。

イ　自分のことや身の回りの物について、動作を交えながら、自分の考えや気持ちなどを、簡単な語句や基本的な表現を用いて伝え合うようにする。

ウ　サポートを受けて、自分や相手のこと及び身の回りの物に関する事柄について、簡単な語句や基本的な表現を用いて質問をしたり質問に答えたりするようにする。

（3）話すこと［発表］

ア　身の回りの物について、人前で実物などを見せながら、簡単な語句や基本的な表現を用いて話すようにする。

イ　自分のことについて、人前で実物などを見せながら、簡単な語句や基本的な表現を用いて話すようにする。

ウ　日常生活に関する身近で簡単な事柄について、人前で実物などを見せながら、自分の考えや気持ちなどを、簡単な語句や基本的な表現を用いて話すようにする。

　新学習指導要領では、「話すこと」が［やりとり］と［発表］の２つの領域に分けられており、［やりとり］においては、覚えた事を一方的に話すだけではなく、相手に応じて質問をしたり答えたりする活動において、お互いに伝え合う能力を育成することが強調されています。高学年や中学校の「外国語科」でも［やりとり］と［発表］の２つに分けられており、学年が上がるにつれて、準備をせずに即興でやりとりをすることが少しずつ増えていくことになっていきます。一方、「話すこと［発表］」では、身近なことについて実物やイラスト・写真などを用いて自分の考えや気持ちを伝える言語活動が考えられています。Show & Tellのような活動を通して、聞き手を意識した発表能力育成のための活動や教材が準備されなければならないことになります。

　また、「読みあげられたアルファベットがどの文字であるのかを答えられる力」の育成が中学年の外国語活動に降りてきている点はこれまでとの大きな違いになります。ただし、文部科学省が作成している教材Let's Try!では、聞こえてきたアルファベットをノートなどに文字にして書く力までは求められていません。与えられたアルファベットを指さしたり、文字と線で結

んだりする活動が作られています。

内　容
　第3学年および第4学年で身につける知識および技能は以下の3つの事項に分けて記されています。

(1) 英語の特徴等に関する事項
　実際に英語を用いた言語活動を通して、次の事項を体験的に身に付けることができるよう指導する。

ア　言語を用いて主体的にコミュニケーションを図ることの楽しさや大切さを知ること。

イ　日本と外国の言語や文化について理解すること。

　　㋐英語の音声やリズムなどに慣れ親しむとともに、日本語との違いを知り、言葉の面白さや豊かさに気付くこと。

　　㋑日本と外国との生活や習慣、行事などの違いを知り、多様な考え方があることに気付くこと。

　　㋒異なる文化をもつ人々との交流などを体験し、文化等に対する理解を深めること。

　イの言語や文化についての理解においては、体験的な理解を通して多様な文化の存在に気づき、それぞれの文化の良さや特色に触れる機会を持つことが大切になります。その際、特定の言語や文化への憧れを抱かせるような偏った指導は望ましくありません。英語圏の文化だけの紹介やステレオタイプなイメージを与える指導は行うべきではないでしょう。

　英語の音声やリズムの指導については、日本語にはない音声的特徴に気づかせることが重要です。手拍子などのリズムに合わせて発話するだけでは英語のリズムを身につけることにはなりません。内容を適切に伝えるための語強勢、文強勢の置かれた自然な英語の音声特徴に慣れ親しませることが肝心です。

(2) 情報を整理しながら考えなどを形成し、
　英語で表現したり、伝え合ったりすることに関する事項
　具体的な課題等を設定し、コミュニケーションを行う目的や場面、状況などに応じて、情報や考えなどを表現することを通して、次の事項を身に付けることができるよう指導する。

ア　自分のことや身近で簡単な事柄について、簡単な語句や基本的な表現を使って、<u>相手に配慮しながら</u>、伝え合うこと。（下線は筆者）

イ　身近で簡単な事柄について、自分の考えや気持ちなどが伝わるよう、工夫して質問をしたり質問に答えたりすること。

　言語材料に慣れさせることを目的に、毎回、CDを聞いて繰り返し発話するというドリル的な活動が続いてしまえば、相手に配慮しながら会話をしたりコミュニケーションの目的、場面や状況が意識されたりすることは起こらず、言葉としての学びにならなくなってしまうでしょう。コミュニケーションの見通しを持った活動になるよう心掛けることが大切であり、コミュニケーションにおいて何が大切なのか、効果的な「振り返り」による指導が必要になります。

（3）言語活動及び言語の働きに関する事項

　言語活動に関する事項として、次のような言語活動を通して指導する。

ア　聞くこと

㋐身近で簡単な事柄に関する短い話を聞いておおよその内容を分かったりする活動。

㋑身近な人や身の回りの物に関する簡単な語句や基本的な表現を聞いて、それらを表すイラストや写真などと結び付ける活動。

㋒文字の読み方が発音されるのを聞いて、活字体で書かれた文字と結び付ける活動。

　言語活動において、話の概要を理解することがねらいであるとすると、一語一句に和訳を与える必要がないことがわかります。ICTなどの視聴覚教材を効果的に用いながら、英語の音声と意味・概念・内容が直結して理解できるように指導することが肝心です。教師が一文ずつ日本語に訳したり、説明したりするようなことはしないようにします。

イ　話すこと［やり取り］

㋐知り合いと簡単な挨拶を交わしたり、感謝や簡単な指

示、依頼をして、それらに応じたりする活動。

　①自分のことや身の回りの物について、動作を交えなが
　　ら、好みや要求などの自分の気持ちや考えなどを伝え
　　合う活動。

　⑦自分や相手の好み及び欲しい物などについて、簡単な
　　質問をしたり質問に答えたりする活動。

　ウ　話すこと〔発表〕
　　⑦身の回りの物の数や形状などについて、人前で実物や
　　　イラスト、写真などを見せながら話す活動。
　　①自分の好き嫌いや、欲しい物などについて、人前で実
　　　物やイラスト、写真などを見せながら話す活動。
　　⑦時刻や曜日、場所など、日常生活に関する身近で簡単
　　　な事柄について、人前で実物やイラスト、写真などを
　　　見せながら、自分の考えや気持ちなどを話す活動。

　やりとりにおいて大切なことは、話し手だけではなく、聞き
手の姿勢・態度も育成するということです。良いコミュニケー
ションを持つためには、話し手だけでなく、聞き手を育てる指
導が大切になります。相手の「顔の表情」や「体の表情：ジェ
スチャー・姿勢、体の緊張」、「声の表情：トーン、スピード、
調子、間のとり方」をしっかり受け止めながら、自然なあいづ
ちや反応をすることができる聞き手を育てましょう。「聞く力」
はコミュニケーションの基本です。

中学年の指導において留意すべきこと
　学習指導要領では高学年の外国語科の設置が注目されていま
すが、初めての外国語・外国文化との出会いの時間となるのは、
３・４年生の「外国語活動」においてです。外国語を学ぶこと
への動機づけの機会として、また、「開かれた心」を育む国際理
解教育としての「外国語活動」のあり方は大変重要です。「外国
語活動」の目的やねらいを十分達成させるためには、高学年の
「外国語科」の前倒しにならないよう注意すべきでしょう。
　週１時間しか取ることができない「外国語活動」ですが、そ
の目標にふさわしい指導が行われることで、高学年、中学校へ
の学びにつながる貴重な時間となるはずです。外国語活動を通
して得られる様々な気づきや学習ストラテジーは、生涯を通し

て外国語を自律的に学び続けることができる素地を育くむこと
につながるはずです。

　国際理解教育としての側面から捉えると、外国文化との出会
いは「開かれた心」を育むための重要な時間にもなるはずであ
り、様々な文化やバックグラウンドの異なる人たちに対する姿
勢を如何に育てることができるかは道徳教育や人権教育にもつ
ながる大切な学びの時間になると思われます。よく耳にする「み
んなちがって、みんないい」につながる「言語・文化の相対性」
にもつながる学びの時間となる授業作りが期待されます。

　この段階で外国語を学ぶことに対する苦手意識を持ってしま
えば、その後の外国語学習にとってマイナスになりかねません。
授業時数や子どもの発達段階にふさわしい目的に応じた丁寧な
指導が望まれます。高学年における外国語科の前倒し的な指導
にならないように心がけたいものです。各地方自治体による「外
国語活動」のための効果的な教員研修の実施が求められます。

2）高学年「外国語科」指導のポイント─カリキュラムマネジ　　メントと短時間学習の活用

　教科化されたことで、目標、指導方法、内容はどのようにか
わるのでしょうか。今回の改訂のポイントを小学校学習指導要
領を参照しながら考えてみましょう。

小学校5・6年　「外国語科」の目標

　外国語によるコミュニケーションにおける見方・考え方を働
かせ、外国語による聞くこと、読むこと、話すこと、書くこと
の言語活動を通して、コミュニケーションを図る基礎となる資
質・能力を次のとおり育成することを目指す。

（1）外国語の音声や文字、語彙、表現、文構造、言語の働き
　　などについて、日本語と外国語との違いに気付き、これら
　　の知識を理解するとともに、読むこと、書くことに慣れ親
　　しみ、聞くこと、読むこと、話すこと、書くことによる実
　　際のコミュニケーションにおいて活用できる基礎的な技
　　能を身に付けるようにする。

（2）コミュニケーションを行う目的や場面、状況などに応じ

て、身近で簡単な事柄について、聞いたり話したりする
とともに、音声で十分に慣れ親しんだ外国語の語彙や基
本的な表現を推測しながら読んだり、語順を意識しなが
ら書いたりして、自分の考えや気持ちなどを伝え合うこ
とができる基礎的な力を養う。

(3) 外国語の背景にある文化に対する理解を深め、他者に配
慮しながら、主体的に外国語を用いてコミュニケーショ
ンを図ろうとする態度を養う。

　3・4年生「外国語活動」では「素地」とされていた部分が
「基礎的な技能」になっています。ただし、授業時数が中学校の
半分の年間70単位時間しかない小学校高学年で「基礎的な技
能」がどこまで育つのかは怪しい部分です。授業時数が半分に
なるだけではなく、間に空く時間が2倍になるという事実を考
えると記憶しなければならないことの多い外国語教育において
は大きな違いとなります。ですから、中学校でできていること
の半分も達成することができないのは明らかです。いずれにし
ても、高学年においては、これまでの「外国語活動」とは異な
る指導が求められていることは確かです。「読み・書き」の指導
が注目されていますが、高学年においても、音声言語としての
英語に慣れ親しむことの重要性に変わりはありません。中学年
の外国語活動から広がる音声言語としての英語授業の充実こそ
が大切であり、高学年の発達段階と学習経験に応じた多様な教
材と指導技術が必要になります。
　また、「他者に配慮しながら」とするコミュニケーションの視
点は、聞いたことを繰り返して言ったり暗記したことを発話し
たりすることが中心であったこれまでの指導から大きな変化を
生みだすはずです。相手に応じて適切に対話をする能力の育成
を意識した指導が期待されます。

目標および内容等
　「聞くこと」、「読むこと」、「話すこと［やり取り］」、「話すこ
と［発表］」、「書くこと」の5つの領域別に目標が設定され、以
下に示す資質・能力の育成が求められています。ただし、限ら
れた授業時数で5領域のすべての能力を育成することは簡単で
はありません。各領域で育てるべき到達目標を正しく理解して

いないと、学習者の負担が増えるだけで終わってしまうので注意が必要です。

（1）聞くこと

ア　ゆっくりはっきりと話されれば、自分のことや身近で簡単な事柄について、簡単な語句や基本的な表現を聞き取ることができるようにする。

イ　ゆっくりはっきりと話されれば、日常生活に関する身近で簡単な事柄について、具体的な情報を聞き取ることができるようにする。

ウ　ゆっくりはっきりと話されれば、日常生活に関する身近で簡単な事柄について、短い話の概要を捉えることができるようにする。

（2）読むこと

ア　活字体で書かれた文字を識別し、その読み方を発音することができるようにする。

イ　音声で十分に慣れ親しんだ簡単な語句や基本的な表現の意味が分かるようにする。

　読むことに関して、中学年では、読まれたアルファベットの文字を聞いてどの文字かわかる程度であったのが、高学年では文字の名前や文字が示す音声を発音できるところまで求められています。また、音声英語として慣れ親しんだ後に、語句や基本的な表現を見てその意味がわかる、つまり、読めるようにすることも求められます。ただし、どこまでが見て／聞いてわかる語彙（受容語彙）であるのか、どこからが発信に用いられる語彙としての力も求められるのかについては、明確に示されていません。文部科学省が作っている共通教材や指導要領解説を参照する必要があります。何度も繰り返し使われるものは発信語彙としての定着が期待されている語彙であると考えられます。

（3）「話すこと［やり取り］」

ア　基本的な表現を用いて指示、依頼をしたり、それらに応じたりすることができるようにする。

イ　日常生活に関する身近で簡単な事柄について、自分の

考えや気持ちなどを、簡単な語句や基本的な表現を用いて伝え合うことができるようにする。

ウ 自分や相手のこと及び身の回りの物に関する事柄について、簡単な語句や基本的な表現を用いてその場で質問をしたり質問に答えたりして、伝え合うことができるようにする。

　前もって準備して覚えたことだけではなく、「その場で質問をしたり質問に答えたりして」伝え合う能力の育成には丁寧な指導と教材の工夫が必要です。情報を受信した後、内容を理解し、考え・判断し、自らの考えや気持ちを整理して発信する流れが生まれる言語活動の実施が望まれます。その際、ワークシートやICTなど、発話・やりとりの助けとなる教材の効果的な使用が必要となります。

(4)「話すこと［発表］」

ア 日常生活に関する身近で簡単な事柄について、簡単な語句や基本的な表現を用いて話すことができるようにする。

イ 自分のことについて、<u>伝えようとする内容を整理した上で</u>、簡単な語句や基本的な表現を用いて話すことができるようにする。（下線は筆者）

ウ 身近で簡単な事柄について<u>伝えようとする内容を整理した上で</u>、自分の考えや気持ちなどを、簡単な語句や基本的な表現を用いて話すことができるようにする。（下線は筆者）

　「伝えようとする内容を整理」するためには、ワークシートなどを効果的に使用した指導を行うことが大切です。ワークシートに書き込んだ語句やイラストなどの自分や相手のアイディアをヒントとして発表活動に利用することで、受信活動から発信活動につながる統合的な活動とするとよいでしょう。

(5) 書くこと

ア 大文字、小文字を活字体で書くことができるようにする。また、語順を意識しながら音声で十分に慣れ親しんだ簡単な語句や基本的な表現を書き写すことができ

るようにする。

　　イ　自分のことや身近で簡単な事柄について、例文を参考に音声で十分に慣れ親しんだ簡単な語句や基本的な表現を用いて書くことができるようにする。

　「語順」に気づくための工夫としては、ICT、板書やワークシートなど、視覚的にわかりやすい形で提示することが大切です。日本語との違いに気づかせるためには比較しやすい形で子どもに提示し、ペアやグループ活動で分析させるような活動を通して主体的に構造の違いに気づく学びにするとよいでしょう。教師が文法用語を用いて説明をして理解させる文法指導は下手をすると子どもに「英語は難しい」と思わせてしまいかねません。

指導計画の作成と内容の取扱い

　学年ごとの目標に応じて、実際に英語を使用して互いの考えや気持ちを伝え合うなどの言語活動を繰り返し行えるようにするとともに、アに示されている内容をしっかりと理解することが第一です。

　　ア　単元など内容や時間のまとまりを見通して、その中で育む資質・能力の育成に向けて、児童の主体的・対話的で深い学びの実現を図るようにすること。その際、具体的な課題等を設定し、児童が外国語によるコミュニケーションにおける見方・考え方を働かせながら、コミュニケーションの目的や場面、状況などを意識して活動を行い、英語の音声や語彙、表現などの知識を、五つの領域における実際のコミュニケーションにおいて活用できるようにすること。

　各単元や各時間の指導は、コミュニケーションを行う目的、場面、状況などを明確に設定することが重要になります。学びの過程において、子どもが学習の見通しを立てたり、振り返ったりすることができるように形成的な評価を行うことがこれまで以上に求められます。主体的な学びを支えるのは学習のための振り返り活動であることを肝に銘じておく必要があるでしょう。

　子どもの興味・関心に合った教材開発を行うとともに、それぞれの活動にふさわしい指導方法・指導形態を取ることが大切

です。他の教科で学習したことを活用したり、学校行事で扱う内容と関連づけたりするなどの工夫が求められます。

　他教科の内容を効果的に用いることで発達段階に合った言語活動にすることが可能となります。例えば、道徳で考えたり感じたりした事を英語の絵本の読み聞かせとして聞いたり、演じたりすることで深い学びにつながることも起こりえます。登場人物等の気持ちを汲み取って表現する工夫をすることで豊かな言語活動が生まれるからです。ただし、英語だけで他教科の内容を理解させる指導は難しく、CLILをそのまま言語環境の異なる日本に取り入れてもうまくいくはずはありません。日本の言語・教育環境に合わせた導入の検討が求められます。

内容の取扱い

　平易なものから難しいものへと段階的に指導することが基本です。また、受信活動と発信活動では、求められる能力が異なることを十分理解した上で指導にあたるようにしましょう。聞いてわかる、読んでわかる段階でよいのか、言える／書けるようにするまで求めるかでは大きな違いがあるからです。

　どの外国語を学ぶ場合でも、日本語との音声の違いに気をつけながら聞こえたようにまねして発話する癖をつけることが大切です。この学習ストラテジーが育っていないと、文字と音声とを関連づけて指導する際、日本語の音声で終わってしまうからです。

　内容や気持ちを効果的に伝えるためには、個々の分節音だけではなく、イントネーションや強勢の位置、ポーズの取り方、話し口調など、様々な音声特徴を駆使することが必要です。音声的な特徴の指導を通して文構造や語順の違いにふれることも可能です。このような超分節音素の特徴は、国語科の教材と連携させながら指導をすると効果的でもあります。言葉としての言語使用や日本語との比較をしながら「メタ言語能力の育成」の機会を持つことが肝心です。

1-4. 小学校段階における外国語教育の課題と展望

1）教員研修と教員養成の必要性

　「外国語活動」の必修化の議論にあたって、その重要性が強調されてきたのが、指導者の養成をはじめとした「条件整備」でした。平成20年1月の「答申」では、「国においては、今後、教員研修や指導者の確保に関して一層の充実を図ることが必要である」とされ、また、教材・教具・ICTについては、「国として共通教材を提供することが必要」であり「ICTの活用による指導の充実を図ることが重要」としています。

　答申にもあるように、条件整備、また指導者の養成は大きな課題でしたが、小学校の英語活動の充実のためにつけられた国の予算は、19年度が約6.2億円（要求額は約38億円）、20年度が6.3億円（要求額は約20億円）程度。21年度からは、共通教材として『英語ノート』*および付属音声教材（CD）、教師用指導資料、デジタル教材が、希望する学校に配付されています。平成22年度に向けて、小学校から高等学校までを含めた「英語教育改革総合プラン」として、約9億円の概算要求が出されたものの、事業仕分けによりプランそのものが廃止となりました。かろうじて、『英語ノート』の印刷・配付の事業だけが残りましたが、23年度分までの配付をもってこれも廃止となり、24年度からは新教材 "Hi, friends!"*が配付されています。教科化に向けた移行期間用として先述したWe Can! 1，2が高学年用として、また、外国語活動用の教材としてLet's Try! 1，2が準備されています。

　令和2年度から高学年用の教材として検定教科書が採用されることになりましたが、コロナ禍において教材研究のための時間が十分取れない状況からの使用となったため、新しい教材を用いた指導の困難さ等が指摘されているようです。

　教員研修においては、各都道府県の指導主事等を対象として5日間の「指導者養成研修」、各自治体、各学校の担当者を対象とした中核教員研修等が行われました。「指導者養成研修」受講者が受講した内容をそのまま持ち帰って各自治体の研修に

『英語ノート』
p. 7参照。

"Hi, friends!"
p. 7参照。

おいて各校から参加している教員に伝えることとなっており、具体的な内容や詳細は各自治体に任されていました。更に、この研修の受講者が各学校の校内研修を担当するカスケード方式という実施方法で研修体制が作られることで、徐々に指導のための知識や技能を浸透させることをねらいとした取り組みがなされたことになります。元々「指導者養成研修」の参加者は英語指導の経験があったり、英語の運用能力に長けている人が多かったりしたため、受講した研修内容をそのまま他の教員に渡すこと自体に無理があったという指摘が多く聞かれました。結果として、だんだんと内容が薄められてしまった感は否めず、十分な研修が実施されてきたとは言えないようです。

　校内研修においては、英語教育に関する理論的な情報を共有するだけでなく、実際にピアティーチングの機会を持つことが大切です。学校外で英語に触れる機会を持つ子どもだけでなく、教室だけでしか英語に触れることのない子どもでも達成感を持ちながら取り組める授業作りを心掛けるようにする必要があります。英語を得意としない教員においては、クラスルーム・イングリッシュ使用のための練習に多くの時間を割くよりも、ICTを効果的に利用した指導のための研修が望ましいようです。また、高学年の教科としての英語授業との混同が起こらないように、外国語活動の研修とを分けて実施することが望ましいと言えるでしょう。

　文科省作成の教材（ICTを含む）などを研究する前に、小学校学習指導要領（外国語）の目標、各領域別内容、言語活動に関する事項にしっかりと目を通すところから始めるようにしたいものです。研修において、担当教員が無理をせずに指導できる内容や指導方法を探り、校内で統一した教材内容を協力しながら少しずつ充実させていく実施方法の道筋を作るとよいでしょう。

　また、大学における教員養成も急がれます。今後は、小学校で外国語活動を専門科目として教える専科教員の養成について検討を進めていく必要があるでしょう。文科省から英語教員養成機関に求められるコアカリキュラムが示されていますが、小学校教員養成を行う大学においては、最低限のカリキュラム変更は行ったとしても学生の英語運用能力まで保証できる充実したカリキュラムを置くことは大変難しいというのが本音の部分です。小学校教員の免許を取得するためには履修しなければな

らない科目が膨大にあり、「外国語科」だけのために多くの時間を使用できないというのが実際のところです。

2）これからの展望─小中高の長いスパンで考える

　教科化により、英語教育をさらに積極的に推進する地域や学校も増えていますが、注意しなくてはいけないこともあるようです。なかには、熱心に取り組むあまり、より高度なことを競い合って進めている地域や学校も見られます。そのような学校では文法指導や文字指導などに安易に移行してしまい、すでに英語嫌いを生み出しているとも聞きます。

　中学校以降の英語教育についても、政府による「グローバル人材育成推進会議*」（2011）で英語教育の充実が話し合われ、「国際共通語としての英語力向上のための5つの提言と具体的施策*」（2011）が文部科学省から出されるなど、国としての英語教育の推進が進められています。また、欧州の言語能力到達指針である「ヨーロッパ共通参照枠」（CEFR*）に則り、日本独自の英語能力到達度指標を作る動き*もあります。

　しかし小学校の外国語活動・外国語科はまだ始まったばかりであり、その成果を検証しないうちに拙速に先を急ぐことは慎みたいものです。小学校から高校までの長いスパンで英語力を育てることを前提に、小学生の発達段階を考慮し、音声中心で進める指導方法や教材の開発*をさらに工夫する必要があるはずです。もちろん、「楽しさ」のみを重視して目的もないままに、歌やゲームだけが行われるような状況は望ましくありません。育てるべき力をきちんと伸ばすことができる、意味のある活動、そして小学校段階にふさわしい能力育成を、全人教育の場である小学校に最もふさわしい方法で実施することが大切です。

　また、いわゆる先進校や研究開発学校などの成果は、長い年月をかけてたどり着いた結果であることを忘れてはなりません。完成したカリキュラムや指導案は、参考にするにはよくても、すべての学校がすぐにまねできるようなものではないし、まねすべきでもないでしょう。学校によって、教師の資質も学ぶ子どもも違います。目指す児童像に向けていかに取り組むべきなのか、各学校がしっかり考える必要があるのです。行政側も、現場が消化しきれない情報を流しこむなど、プレッシャーをかけるだけの結果にならないように注意することが必要で

グローバル人材育成推進会議
内閣官房長官が議長。「中間まとめ」を2011年に発表。

国際共通語としての英語力向上のための5つの提言と具体的施策
p. 307に参照URLを記載。

CEFR
Common European Framework of Reference for Languages：Learning, Teaching, Assessment
https://www.coe.int/en/web/common-european-framework-reference-languages

動き
新しい英語能力の到達度指標であるCEFR-Jなど。

指導方法や教材の開発
具体的な指導方法については第14章を、教材開発については第11章を参照。

す。取り組みを通して、自分たちの外国語教育のあり方を作っていける環境と、そのための土壌作りこそが大切です。外国語科という新たな分野へのチャレンジが、教師集団にとっても新しい学びの喜び、そして新しい授業作りへとつながっていくことが期待されます。

3）令和の日本型教育における外国語教育の在り方

令和の日本型教育が求める教育とは

「『令和の日本型学校教育』の構築を目指して～全ての子供たちの可能性を引き出す、個別最適な学びと協働的な学びの実現～」（令和3年1月中央教育審議会答申）を受けて、デジタル化などの社会変化が進む次世代の学校教育の在り方について検討するために、「個別最適な学びと協働的な学びの一体的な充実に向けた学校教育の在り方に関する特別部会」が設置されました（令和4年1月）。

Society5.0時代に向けた社会変化の加速度的な進展や、それに伴う今後の新たな教育の可能性を見据え、学校を中心とする学びの在り方の基本的な考え方を整理するとともに、1人1台端末等の活用を含めた多様で柔軟な学びの具体的な姿を明確化するため、令和4年10月に特別部会のもとに「義務教育の在り方ワーキンググループ」が設置され、以下の検討事項について、議論を重ねています（中央教育審議会初等中等教育分科会 令和5年2月20日 義務教育・高等学校教育の在り方ワーキンググループ合同開催「第三回個別最適な学びと共同的な学びの一体的な充実に向けた学校教育の在り方に関する特別部会」資料2－1）。

・子供たちに必要な資質・能力と学校が果たす役割
・全ての子供たちの可能性を引き出す学びの実現
・個別最適な学びと協働的な学びの一体的な充実を通じた主体的・対話的で深い学びの具体化
・多様性と包摂性に基づく学校文化の醸成
・学びにおけるオンラインの活用
・学校教育になじめないでいる子供に対する学びの保障

今後、これらの事項に関する方策がまとめられ、次期学習指導要領に盛り込むべき内容の答申がなされるはずですが、議論されてきた内容から、これからの教育における外国語教育の在

り方について予測してみましょう。

教育の不易と流行

　資料2-1において、「豊かな情操や規範意識、自他の生命の尊重、自己肯定感・自己有用感、他者への思いやり、対面でのコミュニケーションを通じて人間関係を築く力、困難を乗り越え、ものごとを成し遂げる力、公共の精神の育成等を図るとともに、子供の頃から各教育段階に応じて体力の向上、健康の確保を図ることなどは変わらず重要であることにかわりはありません。」と、どのような時代においても変わらない、教育の不易部分について明示されています。一方、新しい次代を切り拓く子どもたちに求められる資質・能力としては、「多くの情報の中から必要となるものを探し出し、示されている文章の意味を正確に理解するための読解力、また、教科等固有の見方・考え方を働かせて自分の頭で考えて表現する力、対話や協働を通じて知識やアイディアを共有し新しい解や納得解を生み出す力」などが考えられています。外国語教育においても、これまで大切にしてきた部分を保ちながら、新たに求められる資質・能力育成のために、教材の内容や学習活動の方法、形態、教師の姿勢や教育的価値観が変わらなければならないはずであり、「生きて働く知識・技能」、「未知の状況にも対応できる思考・判断・表現の能力育成」に関しては、これまで以上に、教師主体の授業ではなく、学習者主体で協働的な学びを意識することが求められることになるでしょう。その実現のためには、実社会や将来の生活につながる学びにすることを意識した指導が必要であり、タスク活動やプロジェクト型の学びを通して、外国語を用いて実際の交流や社会・世界に発信を進める機会を持つことが重要になるはずです。そうすることでこそ、深い学びが生まれることにつながるからです。また、主体的な学びに向かう姿として位置づけられる、学習者が身につけたい能力や目標と照らし合わせながら、振り返りを通して自らの学びを調整する自律的な学習者を育む形成的な評価の工夫が求められることになるはずです。学習ポートフォリオを効果的に用いた学びのマネージメント能力育成につながる様々な評価・振り返りツールとその活用方法の開発が期待されるところです。

深い学びにつながる1人1台端末の効果的な利用

　GIGAスクール構想が進められ、ICTやAIテクノロジーを効果的に利用した学校という場所以外においての新たな学習空間が生まれてきています。一人ひとりの能力や特性、それぞれの夢に応じた教育プログラムの提供が可能となることは必至ですが、「個別最適な教育と協働的な学びの一体的な教育」とならなければ、社会を構成し創造するための資質や能力を育むことは難しいはずです。実際の教室であれサイバー空間であれ、人とのコミュニケーションを通してこそ育まれる、人と関わり協力して新たな世界を築き上げる最も人間らしい能力の育成が重要となります。外国語教育においても、様々な教材ソフトウエアの開発により、個々の習熟度に応じた学びが各個人のペースで進められるようになるはずですが、一方で、オンライン上であっても、人と関わりお互いの思いや考えを伝え合い、受け止め合うことができる授業の展開が期待されることになります。そのための教材や指導法の開発こそが必要となるはずです。また、直接的な交流・体験を通した学び合いが生まれる空間として、同じ教室に集い共に学ぶための指導も更に重視されなければならないでしょう。

　1人1台端末を効果的に用いることで、学びの空間、教室の概念を広げ、各発達段階に合った様々な課題・話題について、クリティカルに理解し、協働的な学びにおいて自身の考えを深め、判断をし、目的、場面、状況において適切な表現方法を用いて発信しながら、人や社会と関わる姿勢を育むことが重要になります。「深い学び」とするために、外国語教育、母語教育、すべての教育課程を通して、「令和の日本型教育」が求める資質・能力の育成に向けた教育実践が求められることになります。

| まとめ |

　小学校教育が目指すものは、社会性や自律的な生涯学習者の資質など全人的な教育であり、外国語活動、外国語科も、そのねらいに沿った、小学校段階にふさわしいものでなければなりません。まずは、外国語活動・外国語科の目標と考え方をよく理解し、学校の目標とも照らし合わせて進めていくことが大切です。また、実践を通して、今後の小学校における外国語教育のあり方、可能性を探ることも続けられるべきでしょう。教科化が、日本の英語教育政策における、意義ある第一歩になることを期待したいと思います。

（金森強）

参考文献

中央教育審議会総会	（第63回平成20年１月17日）配布資料「幼稚園、小学校、中学校、高等学校及び特別支援学校の学習指導要領等の改善について（答申）」
文部科学省（2008）	『小学校学習指導要領』『中学校学習指導要領』
文部科学省（2008）	『小学校学習指導要領解説』東洋館出版社
文部科学省（2008）	『中学校学習指導要領解説』開隆堂出版
文部科学省（2009）	『英語ノート1、2』『英語ノート指導資料』
CCR（2015）	Four-Dimensional Education: The Competencies Learners Need to Succeed

※ほか文部科学省WEBサイト上の資料についてはp. 307に参照URLを記載しています。

課　題

1 教科化までの経緯を簡単にまとめてみましょう。

2 自分たちの住む地域や地域の学校が取り組んでいる、外国語活動の内容や、地域における支援内容について調べてみましょう。

互いのぬくもりを
感じられる外国語活動を

く　ぼしょういちろう
久保省一郎（愛媛県喜多郡内子町立五十崎小学校）

筆者紹介：2002年度より小田小学校で担任主導の英語活動に携わり、2003年度より2007年度まで研究主任。内子町は平成17年度から18年度の2年間、文部科学省の地域サポート事業の指定を受けた。

● 英語活動の意義を探して

英語活動を始めた当初は、小学校で英語を教える意義がわかりませんでした。無責任な教育活動は、マイナスしか生み出さないとすら思っていました。その後、少しずつ実践を重ねる中で、「教師が自分をさらけだし、心から楽しんで活動することの大切さ」、つまり子どもたちと共に学ぶという、教育の大切な一面を体験しているような気がしました。

研修主任として実践を重ねる中で、指導にあたられていた金森強先生から「国際理解教育の基本は人権教育である」という視点をいただきました。これをきっかけに「楽しくにぎやかな授業」から、「お互いの思いや考えを伝え合う能力、誰にも思いやりの心を持って接していこうとする態度」を育てることに授業の視点が変わり、それに伴い子どもの反応も変わってきました。

● 子どもたちの人間関係に変化が

外国語活動で一番うれしいのは、子どもたちの人間関係の深まりという変化が見られたときです。授業の感想発表で「○○さんが、両手で握手をしてくれたのがうれしかった」「目を見て話してくれると大切にされている気がする」などの発言があり、クラス全体に温かい空気が醸されることがありました。

このような体験の積み重ねによって、子どもたちの日常にも、温かい言動が見られるようになります。関わりによってお互いの命のぬくもりを感じること、つまりお互いを知るという活動は、お互いを愛することにつながると実感しています。クラスで友だちの努力を素直に認めたり、逆に厳しく戒めたりする姿を見つけると、本当にうれしく思います。

● 学級担任が担うことの大切さ

外国語活動でペアになる場面などで、誰からも誘われず孤立してしまう子どもが見られることがあります。また、ALTの先生に対して時には失礼な言動をとる子どももいます。これを好機ととらえ、指導できるのは学級担任です。学級経営の根幹に関わることだからこそ、担任の力が必要になってきます。

また、互いを尊重するコミュニケーション活動の継続により、自他の良さに気づく教育も可能です。その意味で、計画の段階から学級担任が主導することが望ましいと考えます。「国際人を育成する基礎作りは、隣の友達を大切にすることから始まる」ということも、金森先生からいただいた心に響くことばです。

英語を使った活動では、五感を駆使せざるをえない状況が生まれ、母語によるコミュニケーションでは体験できない「全身でお互いが慮る（おもんぱかる）」という行為が生まれます。この活動の積み重ねによって、コミュニケーションの大切さと楽しさとを知ってほしいと願っています。表現の習得そのものよりも、子どもたちが貴重な体験を重ねるということを大切にしながら、これからも実践を深めていきたいと思っています。

第2章 言語習得理論と関連領域

はじめに

　生まれたばかりの赤ちゃんは、言語音を発することはできません。周囲の人たちと一緒に過ごし、生活しているうちに、次第にその場所で用いられている言語を習得し、使用できるようになるのです。生まれ育った場所と言語環境により第一言語は決定され、その後、新たな環境に置かれたり、教育を通して教えられたりすることで、第一言語だけではなく、第二言語、また、それ以上の言語までも身につけることが起こります。

　子どもは、聞いたり読んだりしたすべての文を記憶するわけではありません。様々なコミュニケーションを通して、一度も聞いたことや読んだことのない文でも理解したり作りだしたりすることができるようになります。これを可能にするためには、言語を生み出すために必要となるルール／文法を身につけていなければいけないはずです。ただし、保護者が言葉に関する様々なルールを系統的に教えているわけではありません。日常の生活におけるコミュニケーションを通して、驚くほどに短い期間で、基本的な言語運用能力を身につけているのです。このことから、人間は、言語を習得するための装置（LAD）を備えられて生まれてくると考えられています。

　母語の習得と第二言語習得においては、共通点と異なる点もあるようです。外国語教育に関連する基本的な事項と関連領域からの示唆について見てみましょう。

2-1. 言語習得理論

1）第一言語習得

　赤ちゃんは、母体の中にいる時から周囲の音が聞こえていることがわかっていますが、この期間に言語が習得されているわけではありません。母体から伝わってくる母親の声の周波数に聞き慣れるようなことはあったとしても、生まれてすぐに「ミルクの時間はまだ？」と聞いてくることはないでしょう。産声とともにこの世界に生まれてきた赤ちゃん、これから始まる一生をかけて行われる言葉の習得のスタート地点に立ったことになります。

　口に唾液がたまると、呼吸の際の息が当たり、唇辺りで音が作られることがあります。両唇において調音される ［m］［b］［p］ に近い音です。周囲の人には "p(a)p(a)" "m(a)m(a)" と聞こえることがあるため、大人たちは、「言葉を発した」と大喜びすることになるのかもしれません。愛らしい赤ちゃんの姿に、保護者の言葉かけは更にエスカレートしていきます。赤ちゃんはそのような大人の話しかけに対して、聞こえてきた音声の調子やイントネーションをまねながら反応するようになってきます。言葉の習得が始まってきている段階です。

　生後1年を過ぎる頃から、言語音が何らかの意味を持つことを知るようになり、いくつかの情報を一語でまとめて伝える「一語文」を発するようになります。次に「二語文」、そして、主に内容語だけからなり、ある程度の構造をもって作られる「電報文」を使うようになってきます。この段階から、英語であれば、前置詞や派生形等の形態素に関するルールも次第に身に着いてくるわけですが、その順番には、ある一定の順番があることも知られています。

　子どもの言語習得の過程を見みると、周囲の大人の言語を聞く（input）段階が十分あり、その後、話す（output）段階に続いていることがわかります。実はこのインプットやアウトプットを通して、自分なりの文法能力となる中間言語（interlanguage）を作り出すこと（intake）が行われているの

です。つまり、理解できるインプットを多く持ち、実際の言語場面でアウトプットすることを通して、修正しながら文法能力を形成していくというわけです。実際、その途中段階においては、間違った文構造の使用やルールの一般化が起こります。このことから、赤ちゃんは、周囲の人間の言語を真似して繰り返したり、記憶したりしたことを話しているだけではないことがわかります。

2) 第二言語習得

　第二言語の習得には様々な要因が影響を与えると考えられています。まずは、第二言語習得開始の年齢です。ある年齢を過ぎると、第一言語と同じ習得プロセスで新しい言語を身につけることはなくなると言われており、この時期は、「臨界期」(critical period)、「敏感期」(sensitive period) と呼ばれています。音声に関して言えば、例外はあったとしても、だいたい5歳から7歳くらいまでに第一言語の音声が確立してしまうため、この頃以降には、第二言語の音声を母語話者と同じレベルまでは身につけることは難しいと考えられています。一方、語彙や文法の獲得に関しては、認知能力の高い大人の方が効率よく身につけることがあることもわかっています。

　既に第一言語を習得した後に身につける第二言語の習得過程においては、第一言語からの様々な干渉（language transfer）が起こることになります。この言語干渉は、第二言語を獲得することに効果的に働くときもあれば、難しくする要因になります。

　第二言語習得において、どのような言語環境（monolingual、bilingual、trilingual）にあるのか、どれくらいの期間が習得に与えられるのか、また、個人の能力等の違い（外国語適正能力、性格、動機づけ等）によって、その結果は違ってくるようです。英語に関してみれば、外国語（English as a foreign language）として教室で学習するのか、あるいは、第二言語（English as a second language）として生活の中で身につけるのかで目的や指導法も変わってくるはずです。様々な要因を考慮しなければなりませんが、特に、その言語を身につけたいという強い動機づけが言語の習得に大きな影響を与えることを考えると、早い段階で英語教育を開始すれば良いということでは

なく、日本の言語環境、教育環境にふさわしい指導法、指導教材を提供することが重要と言えそうです。

2-2. 関連領域からの示唆

1）脳科学から見た言語習得のしくみ

意識的な「学習」から無意識的な「獲得」へ

　第二言語の習得はどのように行われるのでしょうか。クラッシェン*は、第二言語習得を「学習」（learning）と「獲得」（acquisition）に分けて考え、「獲得」は母語と同じ「無意識的な言語処理」によって、学習は「意識的な言語処理」によって行われるとしました。つまり、言語の学習は「獲得」とは異なり、学習した言語を運用する際には「意識的な処理」を伴うとしています。一方、この「意識」と技能の習得について、脳科学者グリーンフィールドは、次のように述べています（グリーンフィールド，2001）。

　　意識下で働いているときの脳の状態と、自分の行動を意識的に行っているときの脳の状態を比較すれば、意識について何か発見できるだろうか。簡単な例として、ちょっと込み入った指のタップダンスを習っている人の脳を調べる実験を見てみよう。すると、その人の意識がタップを習うことに集中しているときには、脳の広い範囲、とりわけ前頭前野の活動が高くなることがわかる。ところが、いったんその技術を第二の天性として習得してしまうと、今まで見られた多くの領域で活動が認められなくなる。そのプロセスは自動的になり、無意識的な自動操縦（これは小脳と関係があるようだ）が取って代わる。

　このことから、人が特定の技能を習得する場合、その過程で「意識的な処理」から「無意識的な処理」へと移行することがわかります。また、それぞれの処理に関係する脳の処理回路*も異なることが示唆されています。この「意識から無意識への流れ」は言語習得にも通じるものと考えられます。そしてこれ

クラッシェン
Krashen,S.D.　第二言語習得理論の専門家で日本の英語教育にも大きな影響を与える。同氏の提唱したナチュラル・アプローチについてはp. 54参照。

処理回路
脳における言語処理についてはp. 45を参照。

はまた、小学校の外国語活動にも当てはまります。

「学習」から「獲得」へ移行させる指導

　子どもには何らかの生得的な言語能力が備わっているとされますが、小学校での外国語活動において「学習」から「獲得」への移行をうながすためには、指導の仕方が重要な役割を担うと考えられます。

　例えば子どもの能力として、ことばの規則性に気づく「パターン認知能力」があります。そこで、英語の規則性をゲームや歌に取り入れたり、意味に気づかせるような工夫を指導者が行ったりすると、この能力を引き出しやすくなります。逆に、子どもが気づく前に母語で説明したりすると、この能力はうまく機能しません。

　さらに、グリーンフィールドの考察を小学校の外国語活動に応用すると、「処理の仕方が意識的なものから徐々に無意識的なものになる」、すなわち「学習」したものが「獲得」されるには、英語の中の様々な規則に気づかせるように工夫しながら、英語表現を繰り返し使うようにすることが効果的と言えるでしょう。

「意味」を中心とした指導が不可欠

　言語は、「形式」（文字や音声などの言語情報）と「意味」（イメージや概念などの意味情報）の表裏一体の情報からなり、どちらか一方で成立することはありません。言語の指導において「形式」と「意味」をどのように扱うのが望ましいか考えてみましょう。

別の神経回路
言語の形式を処理する回路は「単語・文章生成系」、意味を処理する回路は「概念系」、2つをつなぐものが「媒介系」とよばれる。（ダマジオ＆ダマジオ 1992）

　脳においては、言語の形式と意味は別の神経回路*で処理され、この2つをつなぐ媒介を通して、瞬時に統合されていることがわかっています（ダマジオ＆ダマジオ，1992）。

　母語の獲得では、特に意識しなくても形式と意味が統合されていきます（「犬」と聞いて犬をイメージするように）。しかし第二言語の場合にはそうとは限りません。そこで指導のあり方が非常に重要になります。注意すべきことは、どちらか一方に重点を置いた教え方をすると、もう一方の働きとのバランスがとれにくくなるということです。

　例えば、小学校の外国語活動では考えにくいことですが、意味を無視した文法指導（機械的な置き換え練習など）がその典

型です。小学校の外国語活動にあたっては、身近な経験などを利用して、まずは意味を理解させた上で、形式（音声や文字）と意味を併せて指導するように工夫することが必要です。そうすれば、意味と形式が統合され、習得がスムーズに進むと考えられます。

記憶に結びつきやすい学習方法

　母語であれ第二言語であれ、意味と形式に関する情報が記憶されることが、言語習得にとって必要不可欠です。最後に、記憶に結びつきやすい学習方法について、神経科学の観点から考察した永江（2004）の研究の要点を挙げます。

①覚えたいことに興味を持つ
　　興味を持って覚えようとすると、海馬＊が盛んに活動し、シータ波という脳波が出る。このとき、長期増強が起こりやすく、シナプス（神経回路網）の伝導効率が上がり、記憶が容易になる。

②感情を伴って覚える
　　おもしろいという感情が、扁桃体＊を刺激し、それが海馬の活動を高めて、より大きい長期増強を発生させることで、記憶が容易になる。

③事象を関係づけて覚える
　　事象Ａの信号が弱い場合、事象Ｂの信号が強いと、神経細胞間の信号のやりとりがしやすくなる。このことから、事象どうしを関係づけるようにすると覚えやすい。

　自分自身の学習経験と指導経験に照らして、「興味を持つ」「楽しい」「わかりやすい」ということが、第二言語習得に効果があるのではないかと考えてきましたが、神経科学研究から得られる知見によっても、このことが支持されると言えるでしょう。

2）「全体的処理」から「分析的処理」へ

　英語の学び方について、ESL（第二言語としての英語）とEFL（外国語としての英語）という分け方があります。ESLは、授業外でも英語が使われる環境で習得される英語、EFLは扱われるのが授業の中に限られる英語を表し、この観点からは、日

海馬
側頭葉の内側に左右一対あって、機能は異なる。脳に入った情報をいったん貯蔵し、ふるいにかける役割を担う。

扁桃体
大脳皮質と視床下部の中間にあり、情動反応に深く関わる。

本の小学校で扱う英語はEFLになります。

　しかし、子どもが英語にふれ、吸収する様子を観察すると、そのプロセスは「学習」というよりもむしろ自然な「獲得」に近く、それを考えると、単純にEFLという枠ではくくりきれないものがあるように思えます。そしてその習得には、子どもの「発達段階」が大きな影響を及ぼすと言えるでしょう。同じ小学生でも、低学年、中学年、高学年で英語を学ぶ場合では、英語への感受性も習得の方法も異なってくると考えられます。

　もう少し具体的に、子どもたちが英語をどうとらえるのかについて見ていくことにしましょう。母語獲得の研究から、子どもは音声言語を処理*する際に、言語を１つのかたまりとしてとらえる「全体的処理能力」と、部分ごとに分けてとらえる「分析的処理能力」を有効に利用していることがわかっています。

　例えば、「全体的処理能力」の活用に関して、英語の母語獲得過程で、１歳半ごろの二語発話（二語文）*の時期に観察される "Look at that."、"Here you are." のような３語から成る定型表現があります。

　この定型表現には、①まったく同じ形で繰り返し使われる、②場面に対する依存度が強い、③音声的に１つのunit（ユニット）として結合している、④使用頻度が高い、という４つの特徴があります。さらに、このような定型表現には、パターン化されたイントネーションがあり、幼児はそれらを利用して場面や状況をうまく記憶しながら、全体的処理能力を活用して、ことばを獲得していきます。このことから、子どもは具体的な場面で、音声と意味を自然に結びつけようとしていると考えられます。

　その後、２歳を過ぎたころからは、名詞の複数形、動詞の進行形を使い始めるようになります。これは、幼児が「分析的処理能力」を使用し始めるようになった証拠と言うことができるでしょう。

　上の考察から、子どもは発達段階に応じて、最初は全体的処理を優先させながら、徐々に分析的処理へ比重を移すようになると推察されます。言語の処理能力に対するこの見解は、母語獲得に限られるものではなく、第二言語習得にも応用することができると考えられます。

音声言語を処理
p. 46も参照。

二語発話（二語文）
言語の発達段階で観察される、意味としてまとまりのある２つの単語からなる音声言語の形式。p. 35も参照。

3) 発達段階に合った指導のあり方

　子どもの発達を知ることは、効果的な外国語活動を行う上で必要不可欠です。発達心理学の観点から小学校の外国語活動を見るとき、知っておく必要があるものに、心理学者のピアジェ*とヴィゴツキー*の発達理論があります。

ピアジェの発達理論*から

　ピアジェの提唱する発達段階のうち、小学校で関わりが深いのは、「具体的操作期」と「形式的操作期」です。小学校の低・中学年は「具体的操作期」に当たり、具体的な事物を通して関係を理解しようとするため、英語活動を行う場合には、そのような特徴を踏まえた指導が望まれます。

　具体的には、この時期の子どもはまだ分析的処理よりも全体的処理のほうが得意なので、あまり細かいことに注意を向けさせるのではなく、教室の空間をうまく利用し、身体を動かしたり、五感を使ったりして、意味を理解する基礎となる様々な体験を通してことばを覚えていくように工夫するとよいでしょう（例：TPR*を用いて、英語の指示を聞いて体を動かすなど）。そのような具体的な活動を通して、英語の音声と意味の関係が強化され、記憶に残りやすくなります。

　次に、小学校の高学年は、ピアジェの言う「形式的操作期」に当たります。この時期の子どもは、言語（母語）を使って、具体的な事物の背景にあることがらを扱うことができます。つまり、小学校の高学年ごろになると、英語に接する際に、英語を使うことだけではなく、英語それ自体にも注意が向きやすくなります。そこで、英語の音声に十分にふれた上で、この時期に英語の文字を導入するならば、文字を通してそれまでに学習した英語の音声に対する気づきがうながされ、音声英語に対する知識が精緻化され、言語能力全体の底上げにつながります。

ヴィゴツキーの発達理論から

　ヴィゴツキーの発達理論の観点から小学校の外国語活動に有益と考えられるのは、最近接発達領域（ZPD）*という考え方です。ヴィゴツキーは子どもの能力を、「自力で問題を解決する能力」と「他者の援助や共同により達成される能力」という2つの基準に分けて考え、この2つの水準にまたがる（中間の）

ピアジェ
Piajet, J. スイスの心理学者。

ヴィゴツキー
Vygotsky, L.S. ロシア（ソビエト連邦）の心理学者。

ピアジェの発達理論
知能の発達を次の4段階に分けて考えた。ただし個人差があり、該当する年齢は諸説ある。感覚運動期（0〜2歳）、前操作期（2〜7歳）、具体的操作期（7〜12歳）、形式的操作期（11〜13歳）とされる。

TPR
Total Physical Response。全身反応教授法。p. 56参照。

最近接発達領域（ZPD）
Zone of Proximal Development
p. 121も参照。

41

インプット仮説（*i + 1*）
「インプット仮説」は、学習者の知識（i）よりも、少し高いレベル（+1）の内容を学ぶことで習得が促進されるというもの。クラッシェンについてはp. 37も参照。

範囲を「最近接発達領域」と呼びました。

　言語習得論で扱われるクラッシェンのインプット仮説（*i + 1*）*も、見方によれば最近接発達領域の視点に近いと考えられます。また、子どもの発達を、ピアジェが1人の子どもを通して考察しようとしたのに対し、ヴィゴツキーは、他者との関わり（共同体）の中でとらえようとしました。

　小学校の現場では、どちらの視点も非常に重要ですが、ヴィゴツキーの発達観は、外国語活動の内容を検討する際に、発達段階に合った指導だけでなく、子どもとのやりとりを通して能力を引き出す工夫も必要であることを教えてくれます。

　例えば、英語の音声にある程度慣れてきたら、身近な経験を英語で発表する機会を与えるのもよいでしょう。発表の準備段階で語彙や表現の音声面に注意が向き、同時に意味にも注意が向けられることで新たな気づきが生じ、バランスのとれた言語の習得が期待できます。

4）ことばへの「気づき」をうながす指導

　母語獲得過程の考察から、子どもは「ことばを使う」ことから始め、その次に、しりとりみたいに「ことばで遊ぶ」ようになることが知られています。この事実から、言語が発達するためには、ことばが手段だけではなく目的となること、つまり「ことばに注意が向く」必要のあることが示唆されます。

　ことばは本来、道具として使われることが多いのですが、言語習得過程でことばに注意を向けることは、それ以降の言語の発達に大きな役割を果たすと考えられます。というのは、注意が意識を喚起し、気づきが起こりやすくなるためです。それでは、小学校の外国語活動において、どのような「気づき」に留意したらよいか考えてみましょう。

書きことばへの気づき

　英語の文字指導をどの段階で始めるかについては研究者の間でも意見が分かれますが、本人が嫌がらなければ、早い時期から「文字に接する」ように工夫するのは好ましいことです。

　外国語活動を実施している小学校で、低学年の教室の壁に貼られた絵の下に文字が書かれているのを見かけることがあります。アルファベットを導入する前に、このように自然に文字に

ふれる機会を持たせることは、文字と意味の関係に気づき、全体的な形で文字をとらえようとすることにつながります。音声と意味の関係に気づく*のと同様のことが起こるわけです。このことが、のちにアルファベットを学習し、文字を分析的に扱うようになるときに役立ちます。ここでも英語の学習過程は「全体的処理」から「分析的処理」へ進みます。

また、正式な文字の導入の前に、読み聞かせを取り入れるのもよいでしょう。学習初期段階の読み聞かせは、絵などの具体的な視覚情報を通して意味を理解しながら、学習者に音声と文字の関係に気づかせるという点で、効果があると考えられます。

母語への気づき

小学校からの外国語活動を検討する際に、母語の干渉を懸念する声がよく聞かれます。また、干渉ということばには、母語が第二言語の習得の障害になるようなマイナスイメージがあります。はたして、このような見方は正しいのでしょうか。

応用言語学の分野では、まだ確証は得られていないものの、バイリンガリズムの研究（Bialystok 2001）などから、バイリンガル児はモノリンガル児に比べて、ことばに対して注意を向けやすいことがわかってきています。

また、二番目の言語を習得するにつれて最初の言語も変化する、あるいはプラスの影響を受けると考える研究者（Cook 2003）も出てきています。

あたかもこれに呼応する形で、研究開発指定の小学校や附属小学校を中心に、英語の指導との関連で国語の指導を工夫する学校が増えており、この傾向はさらに強まることが予想されます。もちろん、外国語活動によって日本語が伸びるといった単純な図式はありません。また、学習者の違いによって成果は異なると考えられます。しかし、学習者の負担にならないように配慮すれば、日本語と英語を一緒に伸ばす可能性は十分にあると考えられます。

音声と意味の関係に気づく
p. 38の「意味を中心とした指導」も参照。

2-3. 脳の活性化とは何か

　「脳の活性化」ということばがすっかり定着し、「単純計算」「音読」など、様々なものがブームになりました。しかし、そもそも「活性化」とはどういうことなのか、誤解もあるようです。

1）脳の活性化と能力向上の関係は？

　「脳が活性化する」とは、そもそもどういうことを指すのでしょうか。「外から何らかの刺激を与えると脳が活動する。そのときに神経細胞が興奮し、ブドウ糖と酸素の消費量が上がる。そこでブドウ糖や酸素を供給するために血液が増加する。血流が統計的に見て有意なほど増加した場合、その結果から、その活動によって脳が働いたことがわかる。このことが、脳が活性化すると呼ばれている」ということになります。

　しかし、発達神経科の立場から見ますと、そもそも血流が増えることを「活性化」と呼ぶこと自体に問題があるように思えます。

　私たちが生きていれば、脳には常に血が流れています。「活性化」とは、顕著な血流の増加のことを言うわけですが、血流が増えなければ（活性化していなければ）血液が流れていないと考えるのはまちがっています。そして、「活性化している」とは、あくまでも「血流の量が増えて、脳のその部分が働いている」ことを示すだけで、能力の向上や頭がよくなることとそのまま結びつけるのは早計です。例えば、右手を上げると、左の脳の部位の血流が増えます。だからといって「右手をずっと上げていれば、頭がよくなる」と考える人は誰もいないでしょう。

　もし活性化によって「能力の向上」が起こるとするのなら、脳の中で一体何が起こっているのか、説明が必要なはずです。様々な書籍や商品が「暗算」「ドリル」などの効用をうたっていますが、書いてあるのは、それを行ったときに「血流が増える、脳が活性化する」ということだけであって、「なぜそれが脳を鍛える」ことになるのか、「脳の何がよくなるのか」、きちんと説明しているものは見当たりません。少なくともこれま

で、「脳の活性化」と「学力向上」「能力向上」について、科学的と言える十分なデータは示されていないのが現状です。

2）ことばとイメージのひとり歩き

認知症の高齢者に対して単純計算ドリルを実施した結果、症状がよくなったという例がよく引き合いに出されます。ですが、症状がよくなった理由が「本当に単純計算だけによるものかどうか」はわかっていません。

小児科医が、入院した子どもを相手に観察などを行う場合、看護師など周囲の人間が普段よりも積極的に声をかけ、コミュニケーションを図ることが見られます。「介護効果」「看護効果」と言われますが、周りからの働きかけやコミュニケーションの変化によって、症状がよくなるということも十分に考えられるのです。

つまり、「活性化」ということばとイメージだけがひとり歩きし、その結果、「脳を鍛える」「脳を育む」さらには「病気も治す」というところまで行きついてしまったということのようです。

もしも単純計算やドリルで能力が向上した、病気が改善されたのであれば、その理由も解明されなければなりません。小児神経医の立場からすれば、学問的に証明されていない非科学的な話がずっと続いていると言わざるをえません。現在この「活性化」についての見直しも始まっているようですが、一般の方々も、ことばやイメージにだまされるのでなく、冷静に判断することが大切だと言えます。

2-4. ことばは脳でどう処理されるか

人がことばを使うとき、脳ではどんな処理が行われているのでしょうか。まだ科学的に解明されていないことも多々ありますがある程度わかっていることがらを紹介します。

1）脳の言語中枢

　脳は、右脳と左脳からできています。ことばを聞いて理解する、文字を読む、ことばで表現するなどの言語機能を担うのは、多くの人では主に左脳です。そのため、一般に、言語中枢は左脳にあると言われています。

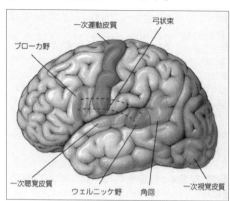

出典：ピネル, J.P.J.（著）佐藤敬、泉井亮、若林孝一、飛鳥井望（訳）(2005)『ピネル　バイオサイコロジー ──脳 心と行動の神経科学』西村書店

　この言語中枢の中心となるのが、前頭葉後部にある「ブローカ野」、および側頭葉の「ウェルニッケ野」です（左図参照）。ブローカ野は、ことばを組み立てて話すことに重要な役割を果たします。一方、ウェルニッケ野は、ことばを聞いて理解するのに重要な役割を果たします。

　文字を読んで理解するために重要な役割を果たす部位として、「角回」「縁上回」と呼ばれる領域があります。また、ブローカ野とウェルニッケ野を結ぶ神経経路に「弓状束」があり、話しことばの処理に関して連携をとっています。

　ただし、ことばの処理は、上で述べた脳の特定の部位だけで行われるのではなく、脳の様々な部位が関係する全体的な処理だと考えられます。例えば、話しことばに関わるイントネーションには、右脳が関係します。また、本庄（2000）によると、自由に話をするときには、ウェルニッケ野とブローカ野の他に、小脳などの領域も活発に動くことがわかっています。

2）実際の音声処理

　実際に、話しことばがどのように処理されるか、つまり、私たちがどのように聞いた音声を理解するかについて簡単に紹介します。山鳥（1998）によると、音声言語は、聴覚を介して側頭葉の「聴覚野」で受け取られ、そこでその音声が、言語性のものか、非言語性の音響かの仕分けが行われたのち、言語性の音声はウェルニッケ野へ持ち込まれます。ウェルニッケ野で

は、受け取られた音声のかたまりが全体として知覚され、徐々にセンテンス、ついで単語、さらに構成単音へと分析され固定（特定）されていきます。

　このように、ある音声を聞いたときに、私たちの脳は、全体を１つのかたまりとしてとらえ、瞬時に分析し、意味を特定します。このとき、無意識のうちに、全体的処理から分析的処理を行っていることになります。これは、日本語でも英語でも同様ですし、言語および認知能力の発達段階の影響は受けるものの、第二言語においても同様ではないかと考えられます。このことを小学校の外国語活動における音声指導に応用すると、「全体から部分への流れ」を考慮し、細かい発音指導に重点を置くよりも、イントネーションなどをうまく利用しながら、意味のまとまりを単位として、表現を扱うことが望ましいと考えられます。

2-5. ことばのしくみを解明する２つのキーワード
―「ワーキングメモリ」と「ミラーニューロン」―

　ヒトはどのようにしてことばを習得していくのか。脳内ではどんなことが起きているのか。科学的な研究によって少しずついろいろなことがわかってきました。今、「ことばのしくみを解明するカギ」を握ると言われ注目されている、2つのキーワードについて解説します。

1）情報処理システム「ワーキングメモリ」

言語を処理するときに機能する情報処理システム

　ワーキングメモリとは、言語を処理する際に脳内で機能していると考えられる情報処理システムのことです。1970年代半ばに英国のBaddeleyらが、実験をもとにワーキングメモリモデルを発表して以来、ワーキングメモリによって言語処理を説明しようとする研究が増えてきています。

　周知のモデルを次に示します。中央の上にある「中央実行系」は、言語情報の統合と分析に関係しています。「エピソード・バッファ」と「エピソード長期記憶」は、言語の意味に関係し

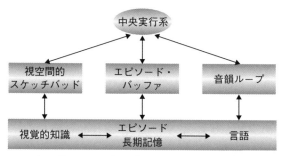

ワーキングメモリモデル （Baddeley, 2000を一部改編）

ています。「音韻ループ」と「言語」は、言語の形式に当たる音声情報に、「視空間的スケッチバッド」と「視覚的知識」は、文字情報に関係しています。具体的には、聞く・話すは、「エピソード・バッファ」と「音韻ループ」、読む・書くは、「エピソード・バッファ」と「視空間的スケッチ・バッド」の間のやり取りと中央実行系の協働作業で成立します。

容量には限りがあり、負担が大きいと処理できない

このモデルは、小学校の外国語活動を考える上でも役立ちます。ワーキングメモリは、数秒内に脳内で処理される言語情報を扱うことができますが、その容量は限られています。このことから、聞き慣れ、見慣れている母語は、速やかに処理されますが、英語のような第二言語の場合、処理が間に合わなくなると、処理できない情報はあふれ出て、見たり、聞いたりしても理解できない状況が生まれます。そこで、子どもたちが英語にふれるときに、いきなり長い英文や難しい内容を聞かせるなどして、負荷が大きくならないよう気をつける必要があります。

限られた容量をうまく使うためには、処理速度を上げる必要があります。処理速度を上げるためには、まず、見たり、聞いたりするだけでなく、書いたり、話したりする練習を取り入れることです。これは、母語を用いて学習することを考えれば想像できるはずで、4技能において処理速度の向上が期待できます。ただし、小学校外国語活動のように、英語にふれる機会が限られている場合、一度に新しい情報をたくさん扱うことで、ワーキングメモリの容量が超えないよう、注意する必要があります。

必要な情報を準備しておけば処理が速くなる

処理速度を上げるための別の方法は、必要な情報を脳内で活性化し、前もって準備しておくことです。例えば、聞いたり話

したりする内容に合わせて、あらかじめ意味や音声に関する情報を準備しておくことで、より高速な処理が可能になります。

外国語活動においては、その時間に扱うテーマについて子どもたちに投げかけ（例：動物であれば、飼っている動物、好きな動物は何かなど）、興味や関心を持たせること、内容を予測させてから英語を聞かせるなど、スキーマ（背景知識）を与えるようにするとよいでしょう。語彙や表現とともに意味の世界を広げることを心がけ、子どもが興味を持てる、身近な楽しいテーマを扱うようにすると、ワーキングメモリもよく働くことになります。

2）ことばの模倣や共感に関わる「ミラーニューロン」

名前のとおり「鏡」のように働く神経細胞

ミラーニューロンとは、自分が行動する時と同様に、他者の行動を見ている時にも活性化する、前頭葉のブローカ野近くにある神経細胞を指します。マカクザルの研究で見つかったミラーニューロンは、ヒトでもその存在が確認されています。

母語の獲得には、模倣が重要な役割を果たしますが、この模倣学習にもミラーニューロンが関係している可能性があります。また、相手の言おうとする内容を理解することにもミラーニューロンが関係していると考えられています。その名前のとおり、ミラー（鏡）ニューロンによって、相手の行動を自分の行動と同期させることが可能になり、模倣がうながされると推察されます。話しことばに当てはめるならば、相手の声を聞きながら、自分の中でその音声の再現が起きていることになります。これは、専門用語で「音声知覚の運動理論」と呼ばれています。

自分の経験を再現することで「共感」が起きる

ミラーニューロンに関する実験で、いやな臭いをかぐ人の表情を被験者に見せ、その嫌悪感がわかるかどうかをfMRI*を使って調べました。すると、被験者自身がいやな臭いをかいだ場合も、他者のいやがる表情を見た場合も、脳の活動部位がほぼ同じで、そこにはミラーニューロンが関係していることがわかりました。このことから、人はミラーニューロンを活用して、相手の感情を理解していると考えられます。つまり、相手の気持ちがわかるということは、想像力を働かせて相手の立場に立と

fMRI
磁気共鳴画像装置。脳の活動の状態をとらえ、画像化するために用いられる。

49

うとするよりも、ミラーニューロンの助けを借りて、自分の経験を再現することによって、共感が実現されている可能性があることになります。

このことからも、相手の話を理解するためには、音声情報の「分析」よりも「再生」が、より大きな役割を果たしていることがわかります。さらにミラーニューロンは、自分自身の脳内の行動パターンと同期させることで、相手の行動を予想することも可能にします。そこで、話しことばについて考えてみると、人は相手の話を聞きながら、ミラーニューロンを介してその話を自分の声と同期させ、話の先を予想している可能性があるということになります。

積極的に反応したり、発話しようとすることが効果的

上述のミラーニューロンに関する研究から得られた知見を第二言語習得に当てはめてみると、話をよりよく理解するために、スピーキングが有効に働くと言うことができます。そのため、外国語活動においても、リスニングの活動を行う際に、単に聞くだけでなく、相手の話に積極的に反応したり、自らも発話するような活動を取り入れることで、ミラーニューロンの働きをうまく活用することができると考えられます。

また、模倣練習を取り入れることも効果的でしょう。この場合、ミラーニューロンの働きをうまく活用するには、場面や話者の気持ちなどを含む、意味がわかり、言いやすい短い表現を練習に使用するのがよいと思います。また、話の内容を予想しながら聞くような活動の工夫*をすることで、言語の運用と理解の両面でさらに効果があると考えられます。

活動の工夫
具体的な活動例は第14章
などを参照。

| ま と め |

本章では、認知発達、心の発達、言語発達の3つに焦点を当て、これまでの研究成果を踏まえて、小学校の外国語活動における指導のあり方について検討しました。子どもの言語処理が、全体的処理から分析的処理へ徐々に移行するという視点は、ぜひ押さえておきたいところです。子どもの認知の発達や言語の発達に合っていて、その能力を引き出せるような指導のあり方を考えていく必要があります。母語や書きことばへの「気づき」をうながすような指導についても、現場での実践を含めた今後の研究が期待されます。

（井狩幸男）

参考文献

井狩幸男（2006）	「英語教育に役立つ脳科学」『英語教育』2006年9月号、大修館書店
今井むつみ・野島久雄・岡田浩之（2012）	『新 人が学ぶということ』北樹出版
岡秀夫（他）（2004）	『英語授業力強化マニュアル』大修館書店
グリーンフィールド, S.（著）中野恵美子（訳）新井康允（監訳）（2001）	『脳の探究』無名舎
小泉英明（2006）	『脳は出会いで育つ ―「脳科学と教育」入門』青灯社
子安増生（編）（2005）	『よくわかる認知発達とその支援』ミネルヴァ出版
白畑知彦（他）（1999）	『英語教育用語辞典』大修館書店
ダマジオ, A. R. & ダマジオ, H.（1992）	「脳と言語」『日経サイエンス 特集 脳と心』1992年11月号、日経サイエンス社
永江誠司（2004）	『脳と発達の心理学 ― 脳を育み心を育てる ―』ブレーン出版
樋口忠彦・金森強・國方太司（編）（2005）	『これからの小学校英語教育 ― 理論と実践 ―』研究社
ヘンシュ貴雄（2003）	『頭のいい子ってなぜなの?』海竜社
本庄巌（2000）	『言葉をきく脳 しゃべる脳』中山書店
山鳥重（1998）	『ヒトはなぜことばを使えるか ― 脳と心のふしぎ』講談社
OECD教育研究革新センター編（2005）	『脳を育む ― 学習と教育の科学 ―』明石書店
Archibald. J ed.（2000）	*Second Language Acquisition and Linguistic Theory.* Blackwell
Bialystok, E.（2001）	*Bilingualism in Development: Language, Literacy, and Cognition.* Cambridge Univ. Press.
Braidi. M. S（1999）	*The Acquisition of Second Language Syntax.* Arnold
Broaer. P. and Murre J. ed.（2000）	*Models of Language Acquisition.* Oxford
Cook, V.（2003）	*Effects of the Second Language on the First.* Multilingual Matters.
Ellis. Rod（1994）	*The Study of Second Language Acquisition.* OUP
Krashen, S. D.（1985）	*The Input Hypothesis: Issues and Implications.* Longman.
Lenneberg, E. H.（1967）	*Biological Foundations of Language.* John Wiley & Sons Inc.
Menyuk, P. and Brisk, M. E.（2005）	*Language Development and Education: Children With Varying Language Experiences.* Palgrave Macmillan.
Ortega. Lourdes（2009）	*Understanding Second Language Acquisition.* Hodder Education

課 題

1 子どもが言語を習得する際に見られる間違いから、どのような一般化が行われているかを考えてみましょう。

2 子どもの認知発達、心の発達、言語発達の視点から、高学年について、ふさわしい活動とそうでない活動の特徴をまとめてみましょう。

• Column •

気持ちを伝え合うことを
学んでほしい

はっとりじゅんいち
服部 純一（星美学園短期大学客員研究員）

著者紹介：小学校教諭として教育相談や障害学級を担当した後、米国ノースカロライナ大学TEACCHに留学。帰国後は特別支援教育の指導や教育行政に当たる。春日部市立粕壁小学校にて教頭、越谷市で小校学2校の校長を歴任し定年退職。現在は星美学園短大客員研究員。

● 英語だからできること

私は2004年度より2年間、研究開発学校である粕壁小学校で教頭を務めました。それ以前に英語教育の経験はありませんでしたが、自閉症児の治療教育を学ぶために米国へ留学した体験が、小学校英語教育の研究開発に大いに役立つことになりました。

私が留学したノースカロライナ大学では、自閉症を「コミュニケーション障がい」ととらえ、コミュニケーション能力を、障がい児の社会自立や社会適応に必要なものとして位置づけていました。ことばの理解や発語がむずかしい重度の障がい児には、手話やピクチャーカードなどを組み合わせながら、自分の意志を伝える方法を教えます。コミュニケーション能力の獲得によって、生活上の利便性が増すと同時に、新たに獲得できるスキルが大きく広がるためです。

ここに、小学校の英語教育のねらいとの共通点があります。私が考える小学校英語教育の目的とは、この「コミュニケーション能力の拡大」です。自分で簡単に意思表示できたり聞き取れたりする母語ではなく、英語という外国語を使うことに意味があるのです。それは、自由に使えない言語においては、人は相手の言わんとするところを聴覚だけでなく相手の表情やしぐさ、その場の状況とあわせて判断し、理解しようと努力するからです。同時に、身振り手振り、表情までを駆使して、自分の意思を相手に伝えるように工夫をします。これは、母語においては必要のない努力であり、あえてその機会を持たせることに外国語教育の意味があると思います。

ハンディキャップのある状態でコミュニケーションを図る体験を通して、気持ちを伝え合うことの大切さを、私は外国語活動を通して、子どもたちに教えたいと思っています。そして、2020年度から5・6年で教科化された英語、3・4年生の外国語活動においても、コミュニケーションを図る素地となる資質・能力を育成することが目的ですから、大切にしたいことは何ら変わりません。

● 担任の先生が英語を教える意味

小学校の外国語活動では、学級担任が中心的な指導者となることが期待されます。先生方が不安になるのは当然ですが、小学校の外国語活動は生きる力をつけるための1つの手段です。ですから、「英語で気持ちを伝えよう」という努力を、教師が子どもに示しながら進めることが大切だと思います。先生がカッコよく英語を話している場面を「お手本」として見せるより、先生が一生懸命話そう・伝えようとしている様子を見せるほうが、ずっと効果的だと思います。自転車はバランスの取り方を転びながら身体で覚えていくものです。子どもと一緒に転びながら、先生方自身のコミュニケーション力も自ら育ててほしいのです。

子どもが何を楽しいと感じられるのか、一番よく知っているのは担任の先生です。多くの人とコミュニケーションを拡げられることの楽しさを子どもたちが実感できる外国語活動のために、担任の先生の力と工夫こそが必要なのです。

第3章　基本的な外国語教授法

決断に必要なのは、誰でもうなずける
科学的な根拠である

（本田宗一郎　本田技研創始者）

はじめに

　外国語教授法には様々なものがあり、その時代の背景やニーズによって変遷を繰り返してきました。本章では、小学校外国語活動・外国語の授業で活用できる教授法を中心に、その裏付けとなる言語理論、特徴や活動例を取り上げます。それぞれの教授法には長所や短所、その教授法が効力を発揮できる前提条件などがあり、それらを熟知したうえでもっとも適切な教授法を組み合わせて活用することが重要です。

3-1. 様々な教授法

1）ナチュラル・アプローチ　（The Natural Approach）

クラッシェン
p. 37も参照。

インプット仮説
p. 42も参照。

　子どもが母語を習得するように自然に第二言語も習得すべきであるとする指導法で、学習の初期の段階から母語の助けを借りず、目標言語による大量のインプットを与えます。クラッシェン*のインプット仮説*（Input Hypothesis）に基づいており、理解可能なインプット（comprehensible input）を十分に受けることによって、自然な言語習得が起きると考えられています。また、インプットを重視するため、学習者が話す準備ができるまでは発話を急がせません。

　インプット中心ということから、指導者は目標言語の母語話

者か、母語話者と同等のスピーキング能力を持っている人が、学習者のレベルに合わせたティーチャートーク*を行う必要があります。その際、学習者の不安や学習意欲の欠如、自信喪失などの心理的な問題がフィルター(障壁)となり、インプットが学習者の中に入りにくくなるとされているため（情意フィルター仮説：Affective Filter Hypothesis）、学習者の不安を和らげる、つまり、情意フィルターを低くするような配慮が必要とされています。外国語活動を学習する子どもの場合は特に、英語という新しい言語に出会った当初はかなりの不安を感じていることも多く、指導者は子どもの様子をよく観察しながら授業を進めていかなければなりません。例えば、子どもの発話の誤りに対しても明示的に指摘することは避け、リキャスト（recast）による修正フィードバックを通してさりげなく正しいインプットを与えます。具体的には、次のように自然なやり取りを継続しながら、間違いについての子どもの気付きを促します。

T：What animal do you like, S1?
S1：I like dog.
T：Oh, you like dogs. I like dogs too. Dogs are cute.

〈活動例〉

まず、目標言語でのインプットに子どもが耐えられる内容、つまり、子どもの興味・関心に合った内容で、語彙・表現がほぼ既習である内容を選定します。そして、子どもの理解を助けるための写真、イラスト、実物なども準備し、ジェスチャーも考えておきます。学習段階に即して様々な活動が可能ですが、英語学習の初期の段階でも、次のような活動が可能です。

【Who am I? クイズ / スリーヒントクイズ】

T：Let's play the "Who am I?" quiz. I will give you three hints. Please guess who I am. If you know the answer, don't say it. After Hint 3, please raise your hand silently. OK?
Ss：OK.
T：Hint 1. I am an animal. Hint 2. I live in China. Hint 3. I am black and white. Who knows the answer? S1, please

ティーチャートーク（教師言葉）
外国語教師が学習者に話しかける際に、相手に合わせて調整した発話のこと。特徴としては、聞き取りやすい発音で大きな声でゆっくり話したり、簡単な語彙や文法を使用したり、反復したりすることが多い。

イラスト：かのりえこ

answer.

S1：Panda.

T：That's right. I am a panda.

●注意点

- カテゴリーとしては、動物、食べ物、小学校の先生方、有名人などが可能で、ヒント1にするとよいでしょう。
- ヒントは、答えを徐々に特定できるような順序で与えます。子どもが知らない単語が含まれていても、ジェスチャーなどで補うことができます。
- 答えがわかっても、すぐに口に出して答えないように、会話例のような取り決めを最初にしておきます。

2）全身反応指導法
（Total Physical Response / TPR）

　ナチュラル・アプローチと同様に子どもの母語習得をモデルとした教授法で、教師の目標言語による指示に対して学習者が身体で反応する活動を通してことばを習得させる教授法です。聞くことのみに焦点が置かれていて話すことを強制しないことや、体を動かすことによって緊張がとれることが、外国語学習の入門期や、特に低年齢の子どもの教授法として適しています。ただし、聞くこと以外の技能を扱わないことや、動作と結びつかない表現は扱いにくいということから、中・上級者には適さないという指摘もあります。

　代表的な活動例は次に紹介する "Simon Says" で、体を動かすことを好む中学年の子どもに適しています。また、指示を聞いてカードを並べ替えたり、色を塗ったりなどの多様な活動もTPRであり、学習者の発達段階に合わせて工夫することにより、高学年においても授業のウォームアップなどでの活用が可能です。

〈活動例〉

【サイモン・セズ（Simon Says）】

T：Let's play the "Simon Says" game. Simon is a king. So when I say, "Simon says, stand up," everyone, stand up. But when I just say, "Stand up," don't stand up.

OK?

Ss：OK.

T：Let's practice. "Simon says, raise your hand."

Ss：(手を挙げる)

T：That's it. Very good. "Simon says, put your hand down."

Ss：(手を下げる)

T：Perfect. "Clap your hands."

Ss：(手をたたく)

T：No, no. I didn't say, "Simon says." So you don't clap your hands. If you make a mistake, you will take one break. Do you understand?

●**注意点**

- 教師は、すべての子どもが理解でき、教室内でできる動作の表現（Turn right / left. Sit down. Jump. Skip. Turn around. Close / Open your eyes. Touch your head. Point to the ceiling.など）を集めて、子どもと共有しておきます。そして、易しいものから難しいものへと発話していきます。

- 間違えたときの対応として、活動例では「1回休む」としていますが、子どもといっしょにその都度決めても良いでしょう。

3）コミュニカティブ・ランゲージ・ティーチング（Communicative Language Teaching / CLT）

　コミュニケーション能力（communicative competence）の養成を目標とした教授法の総称であり、Communicative Approachとも呼ばれ、現在、世界で広く受け入れられている指導法の一つです。学習者に目標言語を積極的に使用させることを授業の中心とし、その際、言語形式（文法）の正確さよりも意味のやり取りを重視します。そのため、文法などの文構造に関わる知識の習得それ自体を学習対象の中心にすることはなく、文法指導が軽視され過ぎることがあるという指摘もあります。

　また、コミュニケーション能力の定義は諸説あり、現在もっ

Canal & Swain (1980)
Canale, M. & Swain, M. (1980). Theoretical bases of communicative approaches to second language teaching and testing. Applied Linguistics, 1(1), 1-47.

とも広く受け入れられている定義の一例として、Canale & Swain（1980）*ではコミュニケーション能力は次の4つの要素から構成されています。

①文法能力（grammatical competence）：語彙、文法、発音等に関する能力であり、従来の言語能力のほとんどが含まれる。

②談話能力（discourse competence）：前後関係、場面、文脈などの状況を正確に把握して、的確に伝達できる能力。例えば、"Do you have a pen?" と尋ねられた際に、その場面の状況から「ペンを貸してほしい」という依頼であると判断し、"Here you are." と言ってペンを差し出すこと。

③社会言語（学）的能力（sociolinguistic competence）：相手に応じて適切な表現（敬語など）を使うなど、社会言語学的要素を考慮する能力。例えば、レストランで従業員が客に注文を尋ねる際に、"What do you want?" ではなく、"What would you like?" と丁寧表現を用い、客も "I'd like ～." と答えること。

④方略的能力（strategic competence）：コミュニケーションをより円滑に進めるために必要とされる能力。例えば、相手の話していることが聞き取れなかった際に、"Pardon?" などと言って聞き返すこと。

一般的に、①の文法能力さえあればコミュニケーションできると考えがちですが、例示からもわかるように②〜④も重要な要素であり、小学校英語でも指導したい事柄です。

〈活動例〉
CLTでは、状況や文脈を明確にして、ペアワークやグループワーク、ロールプレイなどの活動を行います。その際、コミュニケーションする必然性があり、できる限り現実味のあるやり取りとなるようにすることが重要です。例えば、次の活動例では、自分の持っている情報と相手が持っている情報にずれ（information gap）があるため、コミュニケーションする必然性が生まれるので、子どもは英語を聞いたり話したりする活動に自然に参加することができます。

【インフォメーション・ギャップ活動（Information-gap task）】

　4種類程度の子ども部屋のイラストを準備し、ペアになる子どもが異なるイラストを持つように配布します。子どもは、お互いの部屋に何があるかを尋ね合います。その際に感想（I like 〜. I want 〜. Your room is nice. など）を加えても良いことにすると、より生き生きとしたやり取りになります。

S 1 ：I have a desk in my room. Do you have a desk?

S 2 ：Yes, I do. I have a desk, too. I like my desk. I have two pencils on my desk. How about you?

S 1 ：I have three pencils on my desk. I have a table in my room. Do you have a table?

S 2 ：No, I don't. But I have a sofa in my room. Do you have a sofa?

S 1 ：No, I don't. I want a sofa. Your room is nice.

4）タスク中心教授法
（Task-based Language Teaching / TBLT）

　タスク（task）とは言語習得を目的として行う課題や作業のことです。この教授法では学習者のニーズに基づいてタスクを選定し、タスクを遂行するために目標言語で積極的に相互交流する機会を学習者に与え、教室内で意味を伝え合おうとする双方向の努力（＝意味交渉）を活発に行わせます。この相互交流（interaction）＊の中で意思の疎通に支障が出た場合、対話者はお互いに言葉を修正したり、修正を求めたりして、意味を伝え合おうと努力します。その結果、学習者に理解可能なインプット（comprehensible input）や、相手からのフィードバック（feedback）、およびアウトプットする機会などを与えるため、第二言語習得が促進されると考えられています。

　タスクの実行に際しては、グループワークやペアワークが用いられることが一般的であるため、協働学習による達成感を得ることもできます。そして、タスクは現実社会での言語使用を反映したもの（例えば、買い物）が望ましいとされていますが、その場合でも、モデルスキットを丸暗記すれば遂行できるタス

相互交流（interaction）
このように目標言語による相互交流が習得を促進するという考え方は相互交流仮説（the Interaction Hypothesis）と呼ばれ、TBLTの理論的背景になっている。

クでは真の意味での「意味のやり取り」は発生しません。したがって、どのようなタスクであっても、できる限り本物らしい「意味のやり取り」となるようにタスクを計画することが重要です。また、この教授法の短所としては、タスクの多くが語彙項目を並べることによって遂行できてしまうこともあり、必ずしも文法能力の向上につながらないという指摘もあります。

〈活動例〉

　教室を場面とした身近なタスクとしては、「友だちの好きなものを尋ねながら、友だちのためのバフェ（またはTシャツ）を作ろう」「クラスメイトの好きなスポーツ（または給食のメニュー）を尋ねて、クラスの人気ランキング表を作成しよう」などのタスクが考えられます。また、社会生活の中で子どもが

身近に感じられるタスクとしては買い物があります。買い物には目的が必要となりますが、例えば、「家庭科で学習した栄養の知識を生かして、安くて栄養のあるランチメニューを考えよう」のように、他教科での学習と関連させることによって、子どもはより身近に感じることができます。そして、店員と客の役割分担をして、一定のルール（例えば、値引き交渉の有無）のもとにやり取りを行うようにします。

5）内容中心教授法
（Content-based Instruction / CBI）

　目標言語を用いて理科、社会などの教科の内容（content）や環境問題などの特定テーマの内容を学習者に教え、その過程において目標言語を自然な形で習得させようという教授法で、Content-based Approachとも呼ばれます。この教授法は、私たちの実際のコミュニケーションでは、言語は考えや情報等の「内容」を伝えたり、理解したりする道具であるので、第二言語の指導においても「内容」の伝達を重視しようとする考え方に基づいています。

　CBIにはイマージョン・プログラム（immersion program）のように学校での教科学習の多くを目標言語で行うものから、外国語の授業において内容を重視したトピックを設定して目標

言語で授業を行うものまで、幅広いレベルでの活用方法があります。前者の例を挙げれば、日本の学校で国語の授業以外の全教科を英語で行うトータル・イマージョンや、一部の教科を英語で行うパーシャル・イマージョンがあります。いずれの場合も、教師が扱う内容について熟知している必要があり、英語と当該教科の両方に精通している教師を確保することが容易ではないという課題があります。また、言語形式よりも内容に重点が置かれるため、文法能力の伸長はあまり期待できないという指摘もあります。

　一方で、小学校学習指導要領には、「言語活動で扱う題材は、（中略）、国語科や音楽科、図画工作科など、他教科等で児童が学習したことを活用したり、学校行事で扱う内容と関連付けたりするなどの工夫をすること。」との記述があり、他教科等の学習の成果を外国語科の学習の中で適切に生かすことが推奨されています。同解説には、国語科で学習したローマ字や音楽科でのリズム、図画工作科での制作物などを英語の授業で活用する例が示されています。小学校英語ではCBIとして他教科の新しい学習内容を扱うことは現実的ではないため、CBIを広義に捉えて実践することが考えられます。つまり、上述のような他教科での学習の成果を取り入れたり、すべての子どもが十分に理解している既習の学習内容を取り上げたりして、子どもの関心が「英語」よりも「教科内容」に向くようなCBI的な授業実践を検討するとよいでしょう。

〈活動例〉
　いろいろな教科でCBIにつながる学習内容が考えられます。教科と学習項目と表現例には、次のような内容が挙げられます。

- 社会科：食料の産地や輸入先（Beef comes from Australia.）、私たちの町の地図作り（Let's make a town map.）
- 算数科：加減乗除（Two plus four is six. Eight minus five is three. Five times seven is thirty-five. Nine divided by three is three. What is six plus one minus two? It's five.）
- 理科：食物連鎖（Let's think of the food chain. Rabbits eat plants. Eagles eat Rabbits.）、アサガオ（morning glory）の栽培、蝶（butterfly）の一生

- 図画工作：水彩画（Let's draw / paint a picture.）
- 家庭科：調理実習（Let's make onigiri / curry and rice.）
- 体育科：バレーボール（Let's play volleyball.）

6）内容言語統合型学習
（Content and Language Integrated Learning / CLIL）

ESL
p. 39も参照。

EFL
p. 39も参照。

　教科等の内容（content）の学習と外国語という言語（language）の学習を統合して（integrate）行う学習であり、前述のCBIとは内容と言語を統合的に教える点では共通している指導法です。両者の相違点は起源にあり、CBIがアメリカのESL*環境の学習者をネイティブ教師が指導するためのものであったのに対し、CLILはヨーロッパのEFL*環境の学習者を非ネイティブ教師が指導する方法として普及し始めたという違いがあります。

　CLILの主な特徴は、４つのC（4Cs）と呼ばれている４つの軸、つまり、内容（Content）、言語（Communication）、認知（Cognition）、文化（Culture/Community）が存在することです。具体的には、内容（Content）と言語（Communication）を統合しながら学習を進めていきますが、その際に、学習者が考えたり、分析したり、振り返ったり、知識を応用したりする認知活動（Cognition）や文化理解を促す学習（Culture/Community）も行い、これらの４つをセットとして授業実践を行います。

〈活動例〉

　前述のCBIでも紹介した家庭科でのカレーライス（curry and rice）の調理実習をCLILとして実践します。家庭科の時間に日本語で行っているため、子どもにとっては英語でも取り組みやすい内容となり、今度はALTの先生といっしょに行うことから、英語を使う必然性も生じます。まず、調理実習を振り返りながら、語彙や表現を指導します。そして、カレー自体はインドが発祥地ですが、その後イギリスに渡り、明治時代に日本に入ってきて現在私たちが食べているカレーライスができた経緯を説明し、異文化理解の中の文化交流につい

Let's make curry and rice.

ても思考を促します。

7）文法訳読法
（Grammar Translation Method）

　文法と訳読の指導を中心とする外国語教授法で、中世以来現在まで広く用いられている教授法です。日本の中学校や高等学校での英語の授業でも、従来からよく用いられてきました。この教授法では、教師は学習者の母語で文法用語を使って文構造などを説明し、分析的に目標言語を理解させようとします。そして、学習者は文法事項を暗記して文法のドリル練習と翻訳（つまり、読むこと）に取り組みます。一方、聞くことや話すことの練習は行われません。このように母語に対する依存度が強いため、目標言語の運用能力（特に、聞いたり話したりする能力）を高めることができないという短所があります。半面、長所としては、知的に高度な内容の教材を扱うことができ、母語によって意味内容を明確に把握したり、文法構造を体系的に指導したりすることができます。

　この指導法に対する反動として、現在ではコミュニカティブ・ランゲージ・ティーチングが外国語指導法の主流となっており、聞くことと話すことを指導する小学校外国語活動では、この指導法を活用する場面はありません。しかし、前述した長所は他の指導法にはないものであり、読むことを指導する外国語科において、これらの長所が活かせる学習段階での効果的な活用方法を検討する価値はあるでしょう。

〈活動例〉
　小学校外国語科では英語と日本語の語順の違いを指導しますが、その場面で文法訳読式の長所を活用して効果的に指導することによって正確な理解を促し、子どもに「わかった」という満足感を与えることが可能です。ここでは、好きな動物について伝え合う活動を例に取り上げます。

　①好きな動物について、全体やペアで聞いたり話したりして音声に慣れ親しみます。
　②その中での子どもの発話を受けて、教師はI like dogs. と板書して、全員で文字を確認します。そして、日本語の意

味を子どもに尋ねます。

③Aさんの答え「私は犬が好きです。」を英語の下に板書します。

④教師は、I like dogs.の文の単語を１つずつ指さしながら、語順の通りに「私は、好きです、犬が。」と訳してみせます。そして、「Aさんが答えてくれた正解と、何か違うよね。」と子どもに尋ね、英語と日本語の語順の違いについての気付きを促します。

⑤子どもの気付きを拾いながら、日本語は「〜は＋〜を＋〜する」の語順になるが、英語は「〜は＋〜する＋〜を」の語順になることを確認します。ここで、主語、動詞、目的語などの文法用語を使用するかどうかは教師の判断に委ねられます。

⑥子どものいろいろな発話（I like cats. ／ I like birds. ／ I like pandas.など）を板書し、読むことを通して意味と語順を確認します。

⑦最後に、話題を変えて、好きな食べ物やスポーツについて伝え合います。文法訳読式で日本語による説明で活動が終わってしまうと、子どもの頭の中に英語ではなく日本語が残ってしまうので、最後は言語活動で終わるようにします。

| まとめ |

　本章では、７つの外国語教授法を紹介し、小学校英語での活用方法を検討してきました。これらの教授法の特徴が学習者の状況や指導目標に合っていなければ、期待される教育効果を得ることはできません。したがって、教授法に関する十分な知識と、子どもや教育課程についての深い理解の両方が必要であり、適切な教授法を組み合わせて活用できることを目指しましょう。

（田辺尚子）

※実際の指導の組み立て方や活動については、第13章、第14章を参照。

参考文献

アレン玉井光江（2010）	『小学校英語の教育法 ― 理論と実践』 大修館書店
笹島茂（編著）（2011）	『CLIL：新しい発想の授業 ― 理科や歴史を外国語で教える!?』三修社
白畑知彦ほか（2019）	『英語教育用語辞典第3版』 大修館書店
田崎清忠（編）（1995）	『現代英語教授法総覧』 大修館書店
樋口忠彦ほか（編著）（2017）	『新編小学校英語教育法入門』 研究社
松村昌紀（編）（2017）	『タスク・ベースの英語指導：TBLTの理解と実践』 大修館書店
Krashen, S. D., & Terrell, T. D. (1983)	*The Natural Approach：Language Acquisition in the Classroom.* Oxford：Pergamon Press.
Richards, J. D., & Rodgers, T. S. (2014)	*Approaches and methods in language teaching*（3rd ed.）. London：Longman.

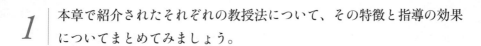

課 題

1 本章で紹介されたそれぞれの教授法について、その特徴と指導の効果についてまとめてみましょう。

2 本章で紹介された教授法のうち1つを選び、具体的な活動の例を考えてみましょう。

第4章 国際理解教育と英語教育

If there is any one secret of success, it lies in the ability to get the other person's point of view and see things from his angle as well as your own.

成功の秘訣というものがあるとしたら、それは他人の立場を理解し、自分の立場と同時に他人の立場からも物事を見ることのできる能力である。（ヘンリー・フォード）

国連本部ビルに投影された
SDGsのロゴマーク

dpa／時事通信フォト

はじめに

　インターネット・SNSをはじめとする様々なメディアや交通機関の発達により、世界は身近な存在になり、文化的バックグラウンドが異なる人々と直接関わる機会も急速に増えてきています。グローバルに活躍することが当然のように求められる現代、教育を通して、一人ひとりに国際社会を生きるための資質が必要であり、その能力育成を行う必要性を疑う余地はありません。

　指導にあたっては、世界に関する知識や情報を与えるだけでは十分でなく、学習者自ら世界が直面している問題に気づき、問題解決のために何をなすべきかを考えることができるようにならなければなりません。実際に行動を起こし、社会やコミュニティに働きかける姿勢・態度・価値観と、それに必要な知識・技能を身に着けさせることが重要です。

　左の写真は、2015年開催の第70回国際連合総会で採用されたSustainable Development Goals（SDGs、持続可能な開発目標）のロゴマークです。この17色は、持続可能な世界の実現のために、国連加盟国が2030年までに達成すべき17のグローバル目標（すべての人に健康と福祉、気候変動の具体的な対策など）を表しています。この様に、未来を支える子どもたちが取り組まなければならないグローバルイシュー（地球課題）は多岐にわたります。そしてそれが複雑化する中で、必要不可欠になってくるのはコミュニケーション能力と異文化理解能力であることは明白です。このことは、英語教育における国際理解教育の重要な視点になります。

　本章では、英語教育を通してなすべき国際理解教育のあり方について、そのねらいや内容、指導方法を考えるとともに、い

くつかの実践例を紹介していきます。

4-1. 国際理解教育のねらい

　外国語教育の教材や教科書に載っている外国の文化（有名な食べ物や世界遺産物など）を紹介することや、日本文化（地域の有名な祭りや伝統的な遊びなど）について英語で発表しているだけでは、国際理解教育を十分に行っているとは言えません。外国の文化の紹介などは、英語学習の切り口として利用するのはとても効果的ですが、単に文化紹介のみで終えてしまってはいけません。そのような教育実践を、文部科学省の国際教育推進検討会は、「誤った国際理解教育」であると言及しています*。

　国際理解教育の定義について考えてみましょう。国際理解教育のテーマは「地域・他国の研究、平和教育、人権教育、環境教育、異文化間コミュニケーション」であることはよく知られています。そして、頻繁に使われる定義は国際協力推進協会（2001）の「他国・他文化の理解や相互依存関係の理解、人権や多様性の尊重を基盤にして国際的に平和な社会を形成する市民を養成するための教育」です。おわかりのとおり、この定義はかなり抽象的であり、何をどのように指導していけばよいのかわかりづらいものとなっています。この曖昧さが、例えば、「他国の文化を紹介するため、ネットからダウンロードした写真をプリントアウトして学習者に見せ、その違いを知ることが国際理解教育の実践である」という様な勘違いを生んでしまっているのです。

　Radar（2018）*は国際理解教育について、具体的な定義と実践しやすい方法を提唱しています。まず、国際理解の定義は「自らと異なる人々と効果的かつ適切に対話する意欲と能力」であり、この意欲と能力を育成する教育実践は、図1のような資質（信念、価値観、態度）と能力（知識、理解、スキル）の育成を中心に行う必要があると説いています。そしてそれぞれ、信念、価値観、態度の観点には「他者への理解・尊敬・好奇心」など、知識・理解の観点には「自尊心の育成」など、スキルの観点には「コミュニケーション能力」などが含まれます。

国際社会を生きる人材を育成するために
文部科学省（2005）「国際社会を生きる人材を育成するために」初等中等教育における国際教育推進検討会報告（案）
http://www.mext.go.jp/b_menu/shingi/chousa/shotou/026/houkoku/05061501.htm

Radar（2018）
Radar氏は「Engagement for Positive Action」を4つ目の観点としているが、ここで示した資質・能力を育成していく中で、生まれるものでもあると考えている。

図1

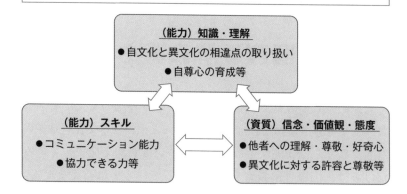

この国際理解教育の枠組みで外国語教育をどのように実践するべきなのかを考える際、金森（2001）が述べた「外国語や異文化の知識やスキルのみならず、コミュニケーション能力、特に人と触れ合う体験及び自己表現活動、を育成するための指導を通して、自尊心・他者尊重の態度も育てることが大切」であるという点がカギになってきます。特に、小学生の発達段階を鑑みると「態度・価値観の育成が一義的なもの」であると金森は述べています（図2）。同じように、Fountain（1990）も児童期と呼ばれる６歳から12歳の教育実践で重点を置くべきものは「自尊心・コミュニケーション力・協力する姿勢」の育成と述べています。以下、外国語の授業でどのように国際理解教育に取り組めばよいのかを、①「知識・理解」（自尊心育成の観点から）、②「スキル」（コミュニケーション力育成の観点から）、③「信念・価値観・態度」（協力する姿勢を育成する観点から）考えていきます。

図2

「知識・理解」だけではなく「自尊感情」の育成へ

国際理解教育で身につける知識は、萬谷（2008）が紹介した

「生活文化に関わる知識」と「言語に関わる知識」に分けられます。前者は例えば、文化的シンボル（国旗など）、文化的資産（食文化など）、文化的行動（あいさつなど）に関する知識がそれにあたります。後者は、目標言語の外来語、発音、語順などの知識を指します。この両方を学ぶことにより好奇心が刺激され、外国語を学ぶ動機が生まれるほか、日本文化および日本語の理解がより深まると言われています。

それでは、なぜ自尊心育成が知識・理解の観点に含まれているのでしょうか。それは、自尊心を育成するためには、自分についての「知識」、自分についての「理解」が必要不可欠であるからです。自尊心とは、北（2015）によると、「自分はかけがえのない存在である、価値のある存在であると思う心情のこと」ですが、内閣府は日本人の自尊心が他国と比較して圧倒的に低いことを報告しています（内閣府 2014）。子どもたちが彼ら自身を肯定的に捉えることができないということです。このままでは、異文化を仕方なく受け入れたり、外国は憧れの存在としてみるだけという態度が育ってしまったりします。それは自文化・異文化を尊重する態度ではありません。

自尊心が高いと自己中心的になる恐れがあるのではと警戒する人もいますが、自尊心が高ければ他者理解に優れていたり、異文化を積極的に受け入れたりすることができるということはかなり前から知られています（Mussen & Eisenberg-Berg 1977）。ですから、小学校段階での自尊心育成は、異文化を持った人の考えを双方向から考えることができる態度を育み、将来グローバルイシューについて考える際の平和的な問題解決を可能とするのです。

自尊心は、「学習者同士」や「学習者—教師」で行われる授業内外のインターアクションで、また、肯定的な人間関係を築く中で高まります（Fisher & Hicks 1986）。つまり、学習者の発言や質問などによるクラスメートや教員とのやりとりから得た建設的なフィードバックを通して学習者が自分のことをより理解し、学習者は自分自身が認められていると感じれば、それが自信につながるというわけです。なお、学習者の自信が高まれば、さらに自分のことを受け入れることから、物事を積極的に考えられるようになります。このように自尊心育成を目標とした教育実践は国際理解教育の実践であるとも言えます。その学習コンテンツや環境を提供するのが教師の役目なのです。

コミュニケーション力の育成を

　他者や異文化を理解するために、Fountainは子どもにとって必要なコミュニケーション力とは「聞き取り力、情報を吸収する力、質問をする力」と述べています。これらを身につけるためには、練習が必要であり、コミュニケーション力を身につける必要があるわけです。その必要性は、今日の子どもたちが抱えている問題（家庭内トラブルから学校内いじめ等まで）を見ればわかるはずです。多くの場合、未熟なコミュニケーション力*が原因で起こっており、そして、これらの問題を解決に導くのもコミュニケーションなのです。

　小学校の段階では、まず、自分や他者の感情を理解することから始めるべきであるとFountainは述べています。そしてそのためには、「feelings（感情）」を表すことばをできるだけ多く学習する必要があります。多くの外国語教育の教材や教科書で取り扱うのはfine（元気）、sleepy（眠い）、sad（悲しい）、happy（幸せ）、tired（疲れている）、hungry（おなかがすいている）、angry（怒っている）などとかなり限られていますが、感情豊かな子どもを育てたいのであれば、例えば、thankful（感謝している）、relaxed（リラックスしている）、stressed（ストレスを感じている）、positive（よい気分）、refreshed（清々しい）、loved（好かれていると感じている）、nervous（緊張している）、hurt（傷ついている）、sick（具合が悪い）、goofy（楽しいことがしたい）、proud（誇りを持っている）などもあってもよいのではないでしょうか。カウンセリングやコーチングの世界でも、自分と他者の感情を理解できる人は自分や相手を傷つけない傾向が強く、人間関係を築きやすいとする多くの研究報告があります（Goleman 2006）。多くの自治体や学校が「自己表現できる子を育てる」という教育目標を掲げている理由も同じではないでしょうか。

　感情理解のほか、コミュニケーション力として、自分の意見を明確かつ適切に表現する能力も必要です。これは、他者理解・他者尊重の態度の基盤にあたるものです（Fisher & Hicks 1986）。その中でも、「意見を適切に表現する」ことができるかどうかによって、最終的にコミュニケーション力の育成が成功したかどうかがわかります。大切なのは、相手の立場に立って物事を表現できるかどうかなのです。実は、外国語教育の強みを利用し、この能力を育成することは可能です。なぜなら、まだ完

未熟なコミュニケーション力
（財）21世紀ヒューマンケア研究機構家庭問題研究所（2005）「家庭生活と家族のコミュニケーションに関する調査研究報告書（平成17年）」

壁ではない外国語を用いてコミュニケーションを行う際、相手に伝わるためにどのように表現するのがよいのかを追求すると、自然と相手の立場に立った物事の伝え方をじっくり考える機会が生まれてくるからです。指導者は、そのような機会をできるだけ多く外国語の授業で提供する必要があると言えるでしょう。

　「どの漢字が好きですか？」と尋ねられたとき、その漢字をどちら向きに書きますか。この簡単なやり取りから、自分が相手の立場に立ってことばを表現しているかどうかがわかります。

「信念、価値観、態度」の育成につながる協働的学びを

　国際理解教育を取り入れた小学校外国語教育では、上述のような知識・理解とスキルをねらいとして持っていますが、実践が実りのあるものにするためには、信念・価値観・態度の育成も大切にしなければなりません。外国語の授業で多く取り入れたいのは、外国語を用いてコミュニケーションを図る体験をしながら何かを成し遂げるための、学習者同士の協力の場です。つまり、クラスメートと何かを作り上げたという達成感を与えるタスク（課題）の設定と学習環境の整備が必要です。外国語の授業で指導しがちなのは「Yes / No」や「意見」をはっきり言うことや相手の目を見て話そうなどという点ですが、これらの点以前に大切なのは、何かを伝えたい気持ち、何かを知りたい・理解したい気持ちです。表面的な態度や発音の正確さなどはその次なのではないでしょうか。

　担任の先生は学習者一人ひとりの特徴を理解した上で、タスクには必ず全員が貢献しなければならないものを設定することが大切です。しかし、グローバルイシューなどの複雑なテーマのディスカッションを行う必要はありません。CO_2を削減する方法のディスカッションなどは社会科の授業で母語を利用して行う方が深い学びができるからです（福田 2017）。それに、小学校で初めて出会う外国語でその様なテーマを取り扱うと、ほとんどの場合、子どもが「We should recycle.（私たちはリサイクルするべきです）」など教員や教科書が発するメッセージをそのまま鵜呑みにしたり、オウム返したりして終わる結末になってしまい、深い理解が生まれているわけではありません。まずは、子どもが最も身近に感じる教室や学校についてのテーマから始めてみましょう。

　外国語教育の場合、よくある活動に、「ALTのための校内案

内図」や「子どもが住んでいる英語の地域観光マップ」を作成するなどの活動があります。前者の活動であれば、例えば、ある子どもは音楽室、別の子どもは体育館等を担当すればそれぞれの興味や関心を利用して協力できますので、最後に一人ひとりに達成感を与えることができます。後者の場合、観光客やALTに何を紹介するのかをグループで考えたり、意見を発表したり、お互いの気持ちを考慮したりしながら、クラスメートと一緒に目標の達成に向かって協力する必然性が生まれます。この様に、子ども同士で取り組み、問題解決をし、目標達成をすることで、1人ではなく他人と協力をするようになるのです。お互いの協力から生み出された相乗効果があったことに気づけば、将来、様々な地域や地球課題の解決に他者や異文化を持った人と取り組む際のよい経験となるはずです。

　外国語活動では、ゲームを利用する頻度が多いですが、定番のビンゴやカルタのような「勝敗が決まってしまうゲーム」は英語スキルだけで勝敗が決まってしまい、勝つ子どもはいつも同じになりがちです。結果として負ける子どもの英語に対する劣等感を増幅させる危険性が高くなってしまいます。「競争」ではなく、「協力」して学習できる課題を可能な限り提供する方が好ましいと言えます。

文化の相対性に気づく学び

　子どもたちが地球市民に育つことを願わない人はいないでしょう。世界中のいろいろな人たちと、積極的にコミュニケーションを図り、問題解決に取り組めるようになって欲しいと願うはずです。最も大切なことは、自尊心を高め、コミュニケーションを図り、協力し合う体験ができる場を提供することです。協力し合いながら課題に取り組むことで、失敗や成功を繰り返し、相手の意見や気持ちが理解できない時の対処法や、明確に自分の考えを表現する方法など、様々な気づきが生まれるはずです。外国の文化を紹介するだけの誤った国際理解教育では地球市民が育つはずはありません。やり方をまちがうと、反対に、特定の文化の崇拝や自分・自身の文化に劣等感を抱くようになったり、ステレオタイプが生まれてしまいかねません。

　地球市民は文化の相対性に気づくことから生まれてきます。例えば、世界の様々なじゃんけんを体験し、オリジナルのじゃんけんを創る活動を通して、すべてのじゃんけんの基本的な役

割は同じであり、ただ単にジェスチャーや掛け声が違うだけに
すぎないこと、良し悪しがあるものではないということに気づ
くはずです。また、数を数える際の指の使い方にしても文化に
よって違いがあることが多く、初めて知った時には驚きがある
はずです。ただし、それぞれの数え方には利点があったりそう
でない点が考えられる場合もあり、お互いの文化は違っている
けど共通点があること、どちらかが優れているということでは
ないことに気づくようになります。

　文化の相対性に気づくと、自文化への肯定感も高まり、さら
に自文化をもっと学びたい・伝えたいという意欲も沸いてくる
ものです。さらに、自分理解につながるようになれば、自尊心
も高まります。自分の文化を肯定的に捉えることができれば、
例えば、学校内の国際交流イベントで外国の方に文化を教わる
ことだけではなく、相手に自分たちの文化を伝えたいという気
持ちが芽生え、コミュニケーションをするモチベーションにも
つながります。1人では上手くできなくても、クラスメートと
協力することで積極的に取り組むことが出きたり、何とか伝え
ることができたりする成功体験を持つことで、多くの気づきが
生まれるとともに、主体的な学びに向かうようになってくるは
ずです。

4-2. 教材例

自己紹介活動から友達紹介へ

　小学校の外国語教育の教材として、外国の子どもの自己紹介
や自分たちの住む町の紹介が多くあります。例えば、インドの
子どもが自分のことや学校で一番好きな科目は数学であること
を紹介したり、アメリカの子どもが黄色いスクールバスで登校
するという情報が提供されたりする内容になっています。その
紹介を見た後に、今度は、日本の子どもたちも英語で自己紹介
や町の紹介をするという活動です。SkypeなどのICTを活用す
ることで、その場でのやりとりも可能ですし、自分だけではな
くクラスの友達を相手に紹介することまで取り入れてみると新
しい言語材料を使うことが生まれてきます。He can ...（彼は〜

ができる）やShe is good at ...（彼女は～が得意）を使用することを条件とすると、相手の情報を聞き出すためにお互いにコミュニケーションをとる必要が生まれます。友達同士で意外と知らなかったことを発見することもできますし、自分に関することでも、友達に聞かれて初めて気づいたり再確認したりすることも少なくありません。コミュニケーション活動を通して、自己発見や自己理解、そして他者理解の育成にもつながります。

世界の給食の紹介からThank You Lunch（感謝のランチ）活動へ

　世界の給食という国際理解教育の教材がありますが、教材の紹介だけに終始し、「インド人はカレーを食べる」とか「カレーを手で食べている」などのイメージを子どもに与え、ステレオタイプが生まれる可能性があります。「日本人は寿司ばかり食べている」「おにぎりを手で食べている」というイメージを持たれているのと同じです。国際理解の教材としては不十分です。

　「自分がお世話になっている人へ感謝の気持ちを込めて作ったお弁当の紹介をしよう」という活動にすると、お世話になっている人の食べ物の好みに関する情報を得る必要があるので、What food do you like?（好きな食べ物は何？）What food don't you like?（苦手な食べ物は何？）などの質問をしながら、その人についてより理解する必要が生まれてくるはずです。また、ヘルシーフードピラミッドを利用して、よりヘルシーなお弁当を作る活動にすると他教科との連携も生まれた相手意識を持った活動になるというわけです。

ヘルシーフードピラミッド

好きなスポーツ選手の発表から「We Canの木」のプロジェクトへ

　What is your favorite sport?（あなたの好きなスポーツは何？）やWho is your favorite ... player?（あなたの好きな～選手は誰？）という対話活動を行う際、子どもが自分の好きなスポーツや選手の発表で終わらせるのではなく、一工夫することで自尊心と他者理解を育成する活動に変化させることが出来ます（古賀・飯沼 2009）。1人に1枚葉の形をした用紙を配り、その用紙に子どもができることを（例えば、I can run fast.〈私は速く走ることができる〉I can study math hard.〈私は算数を

一所懸命勉強できる〉など）書いてもらいます。その後、一人ひとりが自分の書いたことの発表を行い、全員分の葉を木に見立てた模造紙に貼ると、すてきなクラスの「We Canの木」が出来上がります。活動中のみでなく、この木が教室掲示として存在することで、休み時間にこの木を眺めながら子ども同士や子どもと先生とのコミュニケーションが生まれ、自己理解、他者理解の機会を自然に発生させることができます。

We Canの木

海外の標識から「アルファベット・マッチング」活動へ

　多くの教科書に海外の道路標識を紹介する画像が載っています。どのアルファベットが使われているのかなど、子どもは興味津々です。アルファベットへの興味をさらに引き出し、協力する楽しさやノンバーバルコミュニケーションの効果を実感できる活動として「アルファベット・マッチング」を紹介します。

　まず、アルファベットの1つの文字を1枚のカードにプリントし、そのカードを2〜4等分に切ります。1人1枚のアルファベットのパーツを受けとり、Do you have A? などと会話をしながら仲間を探しアルファベットを完成させます。完成したアルファベットを並べかえると隠されていた単語がわかるというゲームです。この活動を通して、アルファベットの練習のみならず、多くの人との協力する楽しさを体感することができます。

　また、「バースデーライン」という活動があります。お互いの誕生日を聞き合いながら、最終的にクラス全員が誕生日の順番に並ぶという活動です。子どもたちは協力をしながら、When is your birthday? と友達のバースデーを聞き合いバースデーラインを完成させる活動です。単純な活動のようにも思えますが、やり終えた時の達成感は1人だけで行う活動よりも随分と大きいようです。

海外の家族紹介から「My Book（自分の本）」作成へ

　送られてきた海外の家族写真を利用して、father、brother、sister、sonなど家族の表現やapple、tomato、table、candleなど、果物や野菜、家具などの表現を練習することができます。反対に、発信活動としてはどのような活動が考えられるでしょうか。高島（2014）は、「自己紹介絵本を作成する」活動とし

My Book

て、音声表現に慣れてきた時点で、My name is …（私の名前は〜）や My birthday is …（私の誕生日は〜）、I like …（私は〜が好き）などを使い、自己紹介絵本の作成を提案しています（中学年では、数字や絵を描く段階に留めておきます）。作成の途中で、友達とお互いにどのようなものを書いているのかを見せ合ったり、Guess What（あてみよう）の活動として利用したりすることで、クラスメートから面白いアイディアをもらったり、協力の姿勢やコミュニケーションを図る場面が生まれたりします。完成した絵本はグループ内で発表をします。「友達の意外な一面や良さに改めて気づき、よりよい学級づくりの一歩」にもなるようです（高島 2014）。ポートフォリオとして残しておくことで形成的評価に利用することも可能ですし、完成した本は、高学年に上がってから復習教材として利用したり、ライティング活動で文字を足したりすることも可能です。

絵本から「気づき」をうながす

　国際理解教育で育みたい資質・能力にふさわしい絵本はたくさんあります。利用する絵本は、簡単な英語、繰り返しが多く、理解可能なインプットになるものを選択しましょう。

　自尊心を高めるメッセージが込められている絵本の１つに、I Don't Want To Be A Frog（Petty & Boldt 2015）というものがあります。主人公のカエル君は自分にできずに他の動物にはできること（鳥は飛べるなど）を羨ましがって、その動物になりたいといつも思っています。ところがある日、自分が他の

The Feelings Book

何の動物でもなくカエルであることで、命を救われ、そしてこの経験から自分のことが好きになるというお話です。I want to …（私は〜をしたい）、I can …（私は〜できる）や I like …（私は〜が好き）が繰り返して使用されています。

　The Feelings Book（Parr 2005）は、感情表現が多く取り上げられています。I feel silly. や I feel brave. など、絵を見るだけで多くの英語表現を学べる一冊です。

　They All Saw A Cat（Wenzel 2016）は、人と協力することにおいて大切なことが何かを気づかせるメッセージが込められています。いくつかの動物の視点で猫が描かれているのですが、例えば、ネズミから見た猫は怖い動物だったり、鷲から見

た猫はとても小さい動物だったりといった感じです。使用され
ている英語は、動物の名前（dog, fox, fish, mouseなど）と
seeの過去形sawの繰り返し（The dog saw a cat.など）が殆ど
です。物事をいろいろな視点から見ることの楽しさがわかる絵
本です。

| ま と め |

　平成20年中央教育審議会の答申では、小学校外国語教育において「国際感覚
の基盤を培う」という文言が明記されています。小学校における外国語教育の授
業では、国際理解教育が目指す異文化に関する知識と理解等のほか、コミュニケー
ション能力、つまり、自分の意見を明確に表現する技能や相手の話に耳を傾けて
聴こうとする態度の育成も重要であることを常に頭に置いて指導しなければなら
ないことがわかります。そのためにも、子どもの自己理解が高まる自尊心の育成
とコミュニケーション力の育成、協力の体験から育まれる他者理解の推進が、国
際理解教育の座標軸であるということを押さえておきましょう。

　「なぜ英語を勉強するの？」と子どもに質問されたらどのように答えるか、考
えてみてください。国際理解教育を取り入れた外国語教育は、言語を習得するこ
とだけを狙いにするものではありません。外国の文化についての知識を得ること
でもありません。国際理解教育を取り入れた外国語教育の実践は、自分と相手を
いろいろな面において成長させてくれる最高の機会となり得る学びなのです。英
語によるコミュニケーション活動を通して自尊心が高まれば、自分に自信がつき
ます。コミュニケーション力を身につければ、他人のことを理解できるようにな
ります、そして、誰かと一緒に何かに取り組むことで、活動に深みが増せば、協
力する楽しさがわかります。いろいろな人と一緒に生きていくことの意味や楽し
さにも気づくことができるはずです。　　　　　　　　　　（福田スティーブ利久）

参考文献

金森強（2001）	『小学校の英語教育』東京：教育出版
北俊夫（2015）	「自尊心をどう育てるか」『教育の小径10月号 No. 84 ぶんけい教育研究所：文溪堂
日本国際理解教育学会（編）（2015）	『国際理解教育ハンドブック』東京：明石書店
高島英幸（2014）	『児童が創る課題解決型の外国語活動と英語教育の実践』 東京：高陵社書店
内閣府（2014）	「特集　今を生きる若者の意識〜国際比較からみえてくるもの〜」 『平成26年版　子ども・若者白書（概要版）』 URL: https://www8.cao.go.jp/youth/whitepaper/h26gaiyou/tokushu.html
福田スティーブ利久（2017）	「国際理解教育，グローバル教育の視点を生かした授業作り report 7 指導と教材の工夫例」金森 強・本多敏幸・泉 惠美子（編著） 『主体的な学びをめざす小学校英語教育　教科化からの新しい展開』東京：教育出版
萬谷隆一（2008）	「第7章　国際理解教育と英語」『小学校英語教育の進め方』金森強 東京：成美堂
Fisher, S., & Hicks, D. (1986)	*World Studies 8-13*. New York: Oliver & Boyd.
Fountain, S. (1990)	*Learning Together*. Surrey UK: WWF.
Goleman, D. (2006)	*Emotional Intelligence*. New York: Bantum.
Mussen, P., & Eisenberg-Berg, N. (1977)	*Roots of Caring, Sharing, and Helping*. San Francisco, CA: W. H. Freeman.
Petty, D., & Boldt, M. (2015)	*I Don't Want To Be A Frog*. New York: Penguin Random House.
Parr, T. (2005)	*The Feelings Book*. Hachett UK: Brown Books for Young Readers.
Rader, D. (2018)	*Teaching and Learning for Intercultural Understanding*. New York: Routledge.
Wenzel, B. (2016)	*They All Saw A Cat*. San Francisco, CA: Chronicle Books.

1 国際理解教育としての外国語教育の実践に必要となる3つの観点と、それらを指導するにあたっての留意点をまとめてみましょう。

2 日本と海外の「生活文化」や「言語文化」を切り口に、子どもの好奇心を刺激する題材を1つ選び国際理解教育につながる英語の授業を考えてみましょう。

● Column ●

国際理解教育の実践に役立つリソース

〈理論編〉

● スーザン・ファウンテン著・国際理解教育センター編訳（1994）『いっしょに学ぼう』国際理解教育センター《国際理解教育の解説と活動事例集》

● ミルドレッド・マシェダー著・ERIC国際理解教育資料情報センター編訳（1994）『いっしょにできるよ』国際理解教育センター《実践できるアクティビティを大集結》

● エリザベス・キャリスター、ノエル・デイヴィス、バーバラ・ポープ共著・国際理解教育センター編訳（1994）『わたし、あなた、そしてみんな：人間形成のためのグループ活動ハンドブック』国際理解教育センター《人間関係を築く140の活動事例》

〈教材編〉

● 町田淳子著（2016）『今日は何の日：Around The World世界のトピックシリーズ』光村教育図書《国際理解教育のテーマを毎日紹介》

● こどもくらぶ編（2010）『大人と子どもの遊びの教科書』今人舎《英語の遊びから世界のジャンケンまで数多くの教材を勢揃い》

● The World's Largest Lesson（2015）Project Everyone《持続可能な開発目標に関するレッスンプラン、写真、動画等を無料で提供》

第5章

評価の意義と評価方法

たゆまざる　あゆみおそろし　かたつむり

（北村西望　長崎の「平和記念像」で

知られる彫刻家）

はじめに

　「評価」と言うと、指導者が学習者を評価する（点数・成績をつける）ことだけをイメージする人もいるかもしれません。しかし評価は、教師が自分の授業を、目標と照らして振り返り改善するための「授業評価」でもあります。「目標をしっかり定めているか」「何を育てるための活動か」「評価の規準・基準はどうなるのか」が十分に考えられている「指導と評価の一体化」への意識がある場合と、「形だけ整えた授業」では、授業の効果に大きな差が出るものです。ここでは評価の意義とその具体的な方法を考えます。

5-1. 評価の意義と役割

1）「評価」を通して「学び」を形成する

　本来、評価はだれのために、何のために行うのでしょうか。一般の人や保護者が「評価」と聞いて考えるのは「子どもにつける点数や成績」「学習者の能力を測定するテスト」、あるいは通知表の「評定」であることが多いでしょう。つまり評価は「学習者がどれだけのこと（知識や技能等の能力）を身につけたかを示すのに用いられるもの」と考えられ、能力測定テスト等では、平均点と比較することで、各学習者の理解度を相対的に知るだけで終わりがちです。

一方、学習者にしてみれば、評価は「教えられたことや活動したことについて、何が大切だったのかを振り返る機会」だと言えます。所定の項目に対して答えられない、あるいは適当な反応ができないということは、すなわち身につけるべき力をつけていないということであり、復習する必要があると知る目安になるわけです。評価を通して自分が学んだことを身につけていることの確認もでき、更なる学習への動機づけとなる場合もあります。つまり、「評価を通して学びが形成されていく」とも考えられるのです。教師にとっては、「学びとしての評価活動」を意識することが大切になると言えるでしょう。

2）指導者にとっての「評価」のあるべき姿

　ペーパーテストにおいて、学習者や保護者が参照するのは、たいていの場合は点数や平均点のみです。しかし、教師は授業の観察を通した「見取り」も実施していますし、試験においても学習者の答案用紙等に目を通し、問題ごとの正答率やまちがいの傾向なども把握することができます。そこで得られることは何でしょうか。

　評価とは、学習者一人ひとりの習熟度を知るためだけではなく、指導そのものを省察し、指導計画、年間カリキュラムの改善へとつながっていくべきものでもあります。例えばペーパーテストにおいて、多くの子どもがある問題だけできていなかったとすれば、関連する授業内容、教材、指導法が適していなかったのではないかと考えることができます。そこで、再度、ほかの教材や指導方法を用いて指導することが必要になります。それでもうまくいかないなら、また別の方法をとる必要があるでしょう。あるいは、年間カリキュラムの教材配列に問題があるのかもしれませんし、学年をこえた系統的なカリキュラム開発ができていない場合もあるでしょう。このように、「評価」が教師の授業そのもの、またカリキュラムの改善・開発にもつながることを考えれば、多様な評価の方法を用いて、目標とした学力の育成ができているかどうかを確実に押さえていくことが大切となることがわかります。

3）いつ評価をするか

　評価には様々な方法があり、評価する時機も様々です。毎回の授業の見取りによる評価も必要ですし、長いスパンで評価をすることもあります。学習者の変容を記録するだけではなく、指導者が自分の指導に足りなかった点を振り返るための情報として利用し、アクション・リサーチ*的に授業改善を進める助けとして利用する視点を持つことが必要です。

　評価の時機については、授業中に、あるいは授業後すぐの評価もあれば、時間をおいて評価するほうが望ましい場合もあります。学期や学年をこえて長期的に育むべき力もあります。同じ項目について、別々の機会に繰り返し評価することがあってもかまいません。

アクション・リサーチ
指導の改善、問題の解決のために教師が行う調査・研究などのこと。

4）授業での評価方法

　授業における具体的な評価の方法としては、授業中の教師の観察に加えて、子ども自身が授業を振り返って評価する「自己評価表*、チェックリスト」や、友達の取り組みを互いに評価する「相互評価表」、活動で使用したワークシートや活動風景の記録（写真、ビデオ、作成物）等のポートフォリオ*などを利用した、多様な評価方法考えられます。

　特に、授業の終わりに先生が行う振り返りのコメント、自己評価表の評価項目は、子どもにどのような力を身につけてほしいのかを伝える貴重な手立てとなります。学習活動の一つとして捉え、振り返りによるメタ認知につながる「学習としての評価活動」の役割が大切になってきます。子どもに自身で「振り返りシート」に記入をさせることを通して、意識的に自己評価を行うことができるようになります。学びを振り返るとともに、その意味を確認し、今後の学びの見通しを持つ「学びのオーナーシップ」が生まれることが大切になるからです。

　自己評価表は、子どもにその日の授業のめあてや身につけたい能力がルーブリックの形等でわかりやすく工夫されて示され、成長や変容を視覚化できるようにイラストやスタンプ、シール等、上手に活用したいものです。年間を通して、このような自己評価表をワークシートと一緒にファイルさせ、ポートフォリオとして残していくことも大切です。

自己評価表
自己評価表の具体例は第14章を参照。

ポートフォリオ
評価表やワークシート、自分の作品など、学習した内容をファイルにまとめたもの。

ポートフォリオには英語学習に関する学習者の学習カルテとしての役割を持たせることができます。英語を学んで何をしたいのか、どのような英語使用者になりたいのか、これまでにどのような学びをしてきたのか、取得した能力試験等の資格等を記したり、実際に作成したエッセイやスピーチなどをDossierとして含めたりすることが可能です。

このような記録は、自己の英語学習を振り返る際に役立つだけでなく、進学した先に提出することで、指導者側にとって意義のある情報ともなるはずです。実際、欧州ではポートフォリオが進学の際の評価の対象になる場合もあるようです。また、Dossierに含まれているスピーチややりとりの動画は次年度の授業の際、モデルとして利用されることで、学習者の目標になったり動機づけになったりもするはずです。デジタル・ポートフォリオにすることで、いろいろな使用の可能性が広がるはずです。

5-2. 評価、目標、指導内容の一体化を

1）評価を考えることが、よい授業につながる

評価と目標は表裏一体です。すなわち、目標とする能力を育てるためには、授業において評価の対象となるような活動が必ず含まれていることが必要となります。例えば、「聞く態度を育てる」ことを目標（ねらい、めあて）とするならば、その能力を評価するためには、当然「聞く活動」が必要です。また、「最後までしっかり聞く」「内容に注意を払いながら聞く」「必要な情報をとらえながら聞く」等を評価するのであれば、それぞれを評価するためにふさわしい活動や、必要な手立て（指導法、教材）が準備されていなければなりません。そして、そのねらいが達成できたかどうかを、いつ、どのように評価するのか、評価の方法も考えておく必要があります。当然、評価方法の「妥当性」、「信頼性」、「実施の可能性」を考えることもなされなければなりません。評価を考えることが、よりよい授業を準備することにもつながるのです。

2）目標（めあて）に合った評価のことば

　例えば「本時の評価規準」として、「相手に伝わる工夫をしながら自分の思いや考えを伝えあっている」を挙げたとすれば、振り返りの時間には、この規準に関連する評価を述べることになるはずです。工夫をする具体的な子どもの姿を考え、その姿が活動の最後に表れるような指導が必要であり、そのために適切な言語活動が準備されなくてはなりません。また、子どもが自己評価や相互評価において表した内容に、評価規準に関連することが含まれていないとすれば、目標がしっかり伝わっていなかったか、あるいは、授業の教材や指導方法に問題がある可能性があります。

　子どもの相互評価による振り返りのことばが「○○さんの声が大きくてよかった」というものばかりだとすると、「声の大きさ」だけが「相手に伝わる工夫」であったことになります。伝えるために、話すスピードを変えたり、はっきり話したり、ジェスチャーをつけたり、顔の表情をつけたり、別の言い方で言ったりするなどの様々な工夫が生まれる指導や手立てが十分でなかったことになるわけです。つまり、目標─活動─評価の一体化ができていなかったということであり、教師自身の授業を省察する材料となるはずです。

3）「ことば」としての指導と評価を

　すぐ隣にいる人に、"What's your name?" と、大声で発話させる授業を見たことがあります。買い物ゲームなどでも、自分が発話したり質問したりすることだけが目的になってしまい、人の話をしっかり聞く、適切な声の大きさや口調を工夫するなど、本来のコミュニケーションのあり方について、あまり考えられていない授業もあるようです。

　人と人とをつなぐ「ことば」として指導を行うようにすると、「大きな声で」という指示は必要がなくなるはずです。声の大きさばかりを強調した指導は、「ことばの教育」としてふさわしくないのはもちろん、英語の自然なイントネーションもこわれてしまうことになります。「ビッグ・ボイス」から一歩進んで、場面や相手との関係に配慮した適切な発話ができるような資質を育成する指導へと変えていくことが必要です。大声を出

させることをよしとする授業が多いということは、指導者の「コミュニケーションへの意識」がまだ十分ではないということかもしれません。ことばとしての英語の指導、評価と目的の一体化を進めていくことで、自然に改善されていくことが期待されます。

　また、目標において「豊かなコミュニケーション活動を持つ」としながらも、「シールを何枚集められましたか」という振り返りのことばを与える授業を見ることもあります。そうなると、「豊かなコミュニケーション」の中身は、「できるだけ多くの人と会話をすること」になってしまいます。しかしコミュニケーションには質と量の両方が必要なはずです。目標が抽象的だと、このようなことになりがちです。「豊かなコミュニケーション活動を持つ」とは具体的にどんなことなのか、例えば「相手の話をしっかり聞く」「相手にわかりやすいようにはっきりと伝える」「相手から聞いたことを確実に記録する」など、評価規準に対応した具体的な子どもの変容の姿を目標として考えることから始めるとよいでしょう。

5-3. 外国語活動、外国語科を通して育む「見方・考え方」

　外国語活動、外国語科における見方・考え方として、文部科学省 教育課程部会教育課程企画特別部会（2016）に以下の記述があります。

○他者とコミュニケーションを行う力を育成する観点から、社会や世界とのかかわりの中で、外国語やその背景にある文化の多様性を尊重し、外国語を聞いたり読んだりすることを通じて様々な事象等を捉え、情報や自分の考えなどを外国語で話したり書いたりして表現して伝え合うなどの一連の学習過程を経て、子供たちの発達段階に応じた「見方・考え方」が成長することを重視し、整理することが重要である。

○外国語教育において育成すべき資質・能力を踏まえ、外国語教育の「見方・考え方」は、「社会や世界、他者との関

わりの側面から言語を捉え、外国語やその背景にある文化の多様性を尊重し、コミュニケーションを行う目的・場面・状況等に応じて、外国語を聞いたり読んだりして情報や考えなどを形成・整理・再構築し、それらを活用して、外国語を話したり書いたりして適切に表現し伝え合うために考えること」と整理する。

さらに、「具体的な改善事項」として、教育課程の構造化の視点から、資質・能力を育成する学習過程の在り方について次のように述べています。今後の外国語教育の在り方を示していると言えそうです。

○外国語教育の「見方・考え方」を働かせる学習過程に改善するため、育成すべき「知識・技能」「思考力・判断力・表現力等」「学びに向かう力・人間性等」の三つの資質・能力を確実に身に付けられるように改善・充実を図る必要がある。

○外国語教育における学習過程では、児童生徒が、

①設定されたコミュニケーションの 目的・場面・状況等を理解し設定する、

②目的に応じて情報や意見などを発信するまでの方向性を決定し、コミュニケーションの見通しを立てる、

③対話的な学びとなる目的達成のため、具体的なコミュニケーションを行う、

④言語面・内容面で自ら学習のまとめと振り返りを行うというプロセスを経ることで、学んだことの意味付けを行ったり、既得の知識や経験と新たに得られた知識を言語活動へつなげ、思考力・判断力・表現 力等を高めていくことが大切になる。

5-4. 評価の観点と評価規準

毎回の授業には、めあて（目標）があり、その目標を達成するためにふさわしい指導方法と教材が生まれてきます。そし

て、授業で育てるべき力（規準）が身についたかどうかを測る
ための「ものさし」が「評価基準」だと言えます。目標、評価
規準・基準、教材、評価方法がそろって、初めて授業の実施が
可能となるわけです。各授業においては、具体的にどのような
ことができていればその日の「めあて」を達成できたと判断す
るかの基準を考えておくことが必要です。

　授業で育成する能力として評価規準を明確にし、基準を設定
することで、指導者が授業の中で求める子どもの変容の姿が明
らかになります。どのように指導すれば望まれる能力が身につ
くかが明確になると同時に、子どもにとっては、各単元、各授
業等でどのような力をつけるのかが明らかになり、授業に主体
的に取り組めるようになるはずです。

1）評価の観点

　学習指導要領では、全ての教科等において、教育目標や内容
を、資質・能力の３つの柱に基づき再整理し、資質・能力の育
成を目指して「目標に準拠した評価」を行うことになっていま
す。観点別評価については、目標に準拠した評価の実質化や、
教科・校種を超えた共通理解に基づく組織的な取組を促す観点
から、全ての教科等の目標及び内容を「知識及び技能」、「思考
力、判断力、表現力等」、「学びに向かう力、人間性等」の育成
を目指す資質・能力の３つの柱で再整理して示されています。

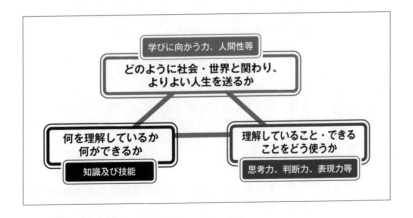

　また、各教科における評価の基本構造は、次ページのように
図示化されています。

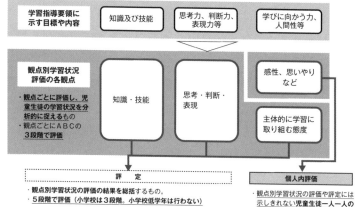

各教科における評価の基本構造

・各教科における評価は、学習指導要領に示す各教科の目標や内容に照らして学習状況を評価するもの（目標準拠評価）
・したがって、目標準拠評価は、集団内での相対的な位置付けを評価するいわゆる相対評価とは異なる。

学習指導要領に示す目標や内容
知識及び技能　｜　思考力、判断力、表現力等　｜　学びに向かう力、人間性等

観点別学習状況評価の各観点
・観点ごとに評価し、児童生徒の学習状況を分析的に捉えるもの
・観点ごとにABCの3段階で評価

知識・技能　｜　思考・判断・表現　｜　感性、思いやりなど　／　主体的に学習に取り組む態度

評定
・観点別学習状況の評価の結果を総括するもの。
・5段階で評価（小学校は3段階。小学校低学年は行わない）

個人内評価
・観点別学習状況の評価や評定には示しきれない児童生徒一人一人のよい点や可能性、進歩の状況について評価するもの。

2）外国語活動・外国語科において育てるべき資質・能力

「指導と評価の一体化のための参考資料（2020）」は、外国語活動・外国語科において育成すべき資質・能力：「領域別の目標」及び「内容のまとまりごとの評価規準の例」として、以下の内容を表しています。

「領域別の目標」

	知識及び技能	思考力、判断力、表現力等	学びに向かう力、人間性等
聞くこと	ア ゆっくりはっきりと話されれば、自分のことや身近で簡単な事柄について、簡単な語句や基本的な表現を聞き取ることができるようにする。 イ ゆっくりはっきりと話されれば、日常生活に関する身近で簡単な事柄について、具体的な情報を聞き取ることができるようにする。 ウ ゆっくりはっきりと話されれば、日常生活に関する身近で簡単な事柄について、短い話の概要を捉えることができるようにする。		
読むこと	ア 活字体で書かれた文字を識別し、その読み方を発音することができるようにする。 イ 音声で十分に慣れ親しんだ簡単な語句や基本的な表現の意味が分かるようにする。		

	知識及び技能	思考力、判断力、表現力等	学びに向かう力、人間性等
話すこと・やり取り	ア 基本的な表現を用いて指示、依頼をしたり、それらに応じたりすることができるようにする。 イ 日常生活に関する身近で簡単な事柄について、自分の考えや気持ちなどを、簡単な語句や基本的な表現を用いて伝え合うことができるようにする。 ウ 自分や相手のこと及び身の回りの物に関する事柄について、簡単な語句や基本的な表現を用いてその場で質問をしたり質問に答えたりして、伝え合うことができるようにする。		
話すこと・発表	ア 日常生活に関する身近で簡単な事柄について、簡単な語句や基本的な表現を用いて話すことができるようにする。 イ 自分のことについて、伝えようとする内容を整理した上で、簡単な語句や基本的な表現を用いて話すことができるようにする。 ウ 身近で簡単な事柄について、伝えようとする内容を整理した上で、自分の考えや気持ちなどを、簡単な語句や基本的な表現を用いて話すことができるようにする。		
書くこと	ア 大文字、小文字を活字体で書くことができるようにする。また、語順を意識しながら音声で十分に慣れ親しんだ簡単な語句や基本的な表現を書き写すことができるようにする。 イ 自分のことや身近で簡単な事柄について、例文を参考に、音声で十分に慣れ親しんだ簡単な語句や基本的な表現を用いて書くことができるようにする。		

「内容のまとまりごとの評価規準の例」

	知識・技能	思考・判断・表現	主体的に学習に取り組む態度
聞くこと	［知識］ 英語の特徴や決まりに関する事項を理解している。 ［技能］ 実際のコミュニケーションにおいて、自分のことや身近で簡単な事柄についての簡単な語句や基本的な表現、日常生活に関する身近で簡単な事柄についての具体的な情報を聞き取ったり、日常生活に関する身近で簡単な事柄についての短い話の概要を捉えたりする技能を身に付けている。	コミュニケーションを行う目的や場面、状況などに応じて、自分のことや身近で簡単な事柄についての簡単な語句や基本的な表現、日常生活に関する身近で簡単な事柄についての具体的な情報を聞き取ったり、日常生活に関する身近で簡単な事柄についての短い話の概要を捉えたりしている。	外国語の背景にある文化に対する理解を深め、他者に配慮しながら、主体的に英語ではされることを聞こうとしている。

	知識・技能	思考・判断・表現	主体的に学習に取り組む態度
読むこと	[知識] 英語の特徴や決まりに関する事項を理解している。 [技能] 実際のコミュニケーションにおいて、活字体で書かれた文字を識別し、その読み方（名称）を発音する技能を身に付けている。音声で十分に慣れ親しんだ簡単な語句や基本的な表現を読んで意味が分かるために必要な技能を身に付けている。	コミュニケーションを行う目的や場面、状況などに応じて、活字体で書かれた文字を識別し、その読み方（名称）を発音したり、音声で十分に慣れ親しんだ簡単な語句や基本的な表現を読んで意味が分かっている。	外国語の背景にある文化に対する理解を深め、他者に配慮しながら、主体的に英語で書かれたことを読んで意味が分かろうとしている。
話すこと・やり取り	[知識] 英語の特徴や決まりに関する事項を理解している。 [技能] 実際のコミュニケーションにおいて、指示、依頼をしたり、それらに応じたりする技能を身に付けている。日常生活に関する身近で簡単な事柄についての自分の考えや気持ちなどを伝え合ったり、自分や相手のこと及び身の回りの物に関する事柄について、その場で質問をしたり質問に答えたりして、伝え合ったりする技能を身に付けている。	コミュニケーションを行う目的や場面、状況などに応じて、指示、依頼をしたり、それらに応じたりしている。日常生活に関する身近で簡単な事柄についての自分の考えや気持ちなどを伝え合ったり、自分や相手のこと及び身の回りの物に関する事柄などについて、その場で質問をしたり質問に答えたりして、伝え合ったりしている。	外国語の背景にある文化に対する理解を深め、他者に配慮しながら、主体的に英語を聴いて伝え合おうとしている。
話すこと・発表	[知識] 英語の特徴や決まりに関する事項を理解している。 [技能] 実際のコミュニケーションにおいて、日常生活に関する身近で簡単な事柄や自分のことについて話す技能を身に付けている。身近で簡単な事柄についての自分の考えや気持ちなどを話す技能を身に付けている。	コミュニケーションを行う目的や場面、状況などに応じて、日常生活に関する身近で簡単な事柄や自分のことについて話している。身近で簡単な事柄についての自分の考えや気持ちなどを話している。	外国語の背景にある文化に対する理解を深め、他者に配慮しながら、主体的に英語を用いて話そうとしている。

	知識・技能	思考・判断・表現	主体的に学習に取り組む態度
書くこと	[知識] 英語の特徴や決まりに関する事項を理解している。 [技能] 実際のコミュニケーションにおいて、大文字、小文字を活字体で書いたり、音声で十分に慣れ親しんだ簡単な語句や基本的な表現を書き写したりする技能を身に付けている。自分のことや身近で簡単な事柄について、音声で十分に慣れ親しんだ簡単な語句や基本的な表現を用いて書いたりする技能を身に付けている。	コミュニケーションを行う目的や場面、状況などに応じて、大文字、小文字を活字体で書いたり、音声で十分に慣れ親しんだ簡単な語句や基本的な表現を書き写したりしている。自分のことや身近で簡単な事柄について、音声で十分に慣れ親しんだ簡単な語句や基本的な表現を用いて書いたりしている。	外国語の背景にある文化に対する理解を深め、他者に配慮しながら、主体的に英語を用いて書き写したり書いたりしようとしている。

　指導案を作成する際は、上記の規準例を踏まえて、各授業の目標、評価規準を作成することになります。より良い授業を作るためには、評価規準が具体的に授業においてどのような子どもの変容の姿となって現れるかを考え、指導内容や流れ、用いられる教材、評価の方法や時期は適切かどうかをしっかりと考えておくことが大切です。

3)「思考・判断・表現の能力」と「主体的な学びに取り組む態度」の評価について

　例えば、コミュニケーションを行う目的・場面・状況等に応じて、情報や考えなどを的確に理解したり、適切に表現したりするコミュニケーション力を育成するには、英語の語句を記憶させて言えるようにするだけの学習では十分ではありません。相手の発話を考えながら聞き、理解し、適切に反応したり、質問したりする能力の育成が求められることになるはずです。高度な内容を扱うことはできないにしても、言語活動を通して人と関わり、思考し、自らの想いや考えを伝え合う過程を通して新たな考えや事実を知り、自らを変容させるような機会がなければそのような力が育つはずはありません。「思考・判断・表現力等」の観点において、どのような力がつけばよしとするか

を具体的な子どもの姿として捉えておく必要があります。

「思考・判断・表現の能力」の評価を考える際、①what to sayと②how to sayの２つの点において意識をすることが必要になります。

①発信する内容の構成や伝えるために用いる言語の選択、発信する順番の工夫
　　⇒　言語材料（語・句・文・文の構成）に関する知識、内容に関する思考の深まり
②相手に配慮し、目的、場面、状況、自身の気持ちや情報を表現する工夫
　　⇒　覚えた事を発話するだけでなく、考えて表現することで言葉としての使用に

また、「主体的に学習に取り組む態度」の評価に際しては、「単に継続的な行動や積極的な発言を行うなど、性格や行動面の傾向を評価するということではなく、各教科等の「主体的に学習に取り組む態度」に係る観点の趣旨に照らして、知識及び技能を習得したり、思考力、判断力、表現力等を身に付けたりするために、自らの学習状況を把握し、学習の進め方について試行錯誤するなど自らの学習を調整しながら、学ぼうとしているかどうかという意思的な側面を評価することが重要である。」と示されています。挙手の回数やノートの取り方などの形式的な活動で評価したりするのではなく、子どもたちが自ら学習の目標を持ち、学び方を見直しながら学習を進め、その過程を評価して新たな学習につなげるといった、学習に関する自己調整を行いながら、粘り強く知識・技能を獲得したり思考・判断・表現しようとしたりしているかどうかという、意思的な側面を捉えて評価することと記されています。授業内でどのような子どもの姿が見られたら自己調整を行っていると考えるのかを考えることが必要になります。規準の文言だけ見ると「思考・判断・表現の能力」との違いが見えにくくなってしまいますが、「知識・技能」「思考・判断・表現の能力」を身につけるために自身の学習方略を洗練させているかどうかが、「主体的に学習に取り組む態度」だと言えるでしょう。

5-5. 振り返りの時間のあり方

　授業の終わりに、教師自ら、また子どもも、その時間にめあてとしたことが達成できたかを振り返ること（評価）の重要性はすでに述べたとおりです。子どもの自己評価、相互評価、教師による授業中の「見取り」（観察）、作成物の確認を通して、総合的な振り返りをすることで、大切なポイントを押さえることができます。よかった点などを振り返ることで自らの成長に気づく機会となり、子どもの学習への動機づけを促すことにもなるでしょう。

1）大切にしたい教師のことば

　子どもたちにとって、教師のことばは大きな意味を持っています。教師からの振り返りのことばにこそ、伝えたいメッセージを含めるようにしたいものです。活動を振り返って、いかにコミュニケーションが取られていたかについてコメントすることが大切です。毎回根気強く、活動の中に見られた「グッド・コミュニケーター」としての子どもの取り組みについて述べることで、次第に子どもたちに大切なことが伝わっていきます。そのためにも、活動中、机間指導をしながら、しっかりと子どもたちの活動の様子を観察する必要があります。

2）子どもがじっくり考えられる時間を与える

　教師が授業のめあて（評価の規準）をしっかりわかっていることは当然ですが、それを子どもに伝えることも必要です。黒板に授業のめあてを書くだけで終わりではなく、教師がどのような子どもの変容を求めているのかが具体的にわかる文言のめあてを記したり、振り返りシートや、自己評価表、相互評価表を工夫したりすることが大切です。学期末に学習の履歴を振り返り、子ども自身がどのように成長してきたのかを確認するために自己評価表を用いることも可能です。その際、ビデオや写真（デジタル・ポートフォリオ*）に撮っておいた活動の様子

デジタル・ポートフォリオ
ポートフォリオは、学習の成果物として、子どもたちのワークシートや作品などをまとめたもの。これのデジタル版をデジタル・ポートフォリオと呼ぶ。p. 82、83も参照。

などを見ながら実施すると変容・成長が明らかになって効果的になります。また、毎回の授業の評価、単元ごとの評価、学期ごとの評価を計画的に行うことが大切です。

　評価をする際は、振り返りのことばだけではなく、やりとりの活動場合であれば、友達がどんなことを話してくれたのかを思い出し、確認する活動を行うことも効果的です。そのような振り返りの活動を続けることで、「しっかり相手の話を聞く態度」や「話の内容を覚える姿勢」を習慣化することにつながります。また、このような活動は、子どもが「友達が自分の話したことをちゃんと覚えていてくれた」と確認する機会にもなり、子どもの自尊感情を高めることにも繋がるはずです。発信・やりとりを行う意義として感じられるでしょう

　子どもがじっくり考えながら1時間の活動を整理する機会にできるかどうかが、その授業の成功を左右するとも言えます。自己評価表に適当に○をつけさせるのではなく、体験したことをしっかり振り返らせ、感じたことを思い出させ、考えてもらうことで、「学び」が起こり深まるのです。このように、振り返りの時間をしっかりと授業に位置づけることで、「コミュニケーション・ことばの指導としての英語の授業」が生まれてくるはずです。

3）自己評価表の具体例

　次のページに自己評価表の例を挙げています。「できた」「楽しかった」「わかった」といった項目立てよりも、評価規準をより具体的に反映させ、「何ができたのか」を学習者に伝えることが大切です。なお、年間の授業を通して評価するべきこともありますが、授業のめあては毎回変わるところもあるはずです。自己（相互）評価表の項目も毎回若干の変更が必要になるはずです。自ずと振り返り表の形式も少しずつ変わるはずですし、学年によって振り返り活動を充実させるための工夫も必要になってくるはずです。

●中学年向け自己評価表

振り返りシート

年　　組　　名前 _____

＊友達・先生の話し方
や聞き方で、まねし
たいことを書きまし
ょう。

	あまりできなかった → よくできた			
1）声の大きさや言い方を工夫して自分の気持ちを伝える工夫をした。	1	2	3	4
2）相手にていねいにはっきりと伝えることができた。	1	2	3	4
3）英語（と日本語）について新しい発見があった。	1	2	3	4
4）ゲームなどルールを守り、友達と協力して行うことができた。	1	2	3	4
5）友達や先生の新しい面を見つけることができた。	1	2	3	4

●5年生　ふり返りカード

「ひびっこ弁当を紹介しよう」
－中学生に自分たちの伝え方をきいてもらおう－

A　した　B　どちらかといえばした　C　どちらかといえばしなかった　D　しなかった

1．弁当の特ちょうが伝わるように、大事な言葉を強くゆっくりと話した。	A・B・C・D
2．弁当に興味をもってもらえるように、明るい表情や声で話した。	A・B・C・D
3．弁当についてたずねられていることをきき取った。	A・B・C・D

4．中学生との交流で気づいたこと、学んだこと

....

....

....

資料提供：広島県尾道市立日比崎小学校

小中連携の一環として、小学5年生と中学1年生がオリジナル弁当を伝え合う授業（外国語活動）の際に使用していた振り返りカードです。

5-6. パフォーマンス評価

　パフォーマンスの評価を実施するためには、実際に言語活動：話す（やりとり、発表）、書く活動を通した評価が必要になります。評価を客観的で信頼性、妥当性が高いものにするためにはどのような工夫が必要でしょうか。

1）評価の方法とルーブリック

　パフォーマンス評価の方法としていくつかの方法が考えられますが、どの方法を選ぶかは各学校の実態に応じて決定されることになるはずです。

① 授業中の言語活動を見取る

② パフォーマンステストを実施する

③ 成果物（ワークシート）や録画したものを後日評価する

評価に客観性を持たせるためには、評価基準が必要になります。評価基準は、ルーブリックの形で指導者側だけでなく学習者と共有しておくと有効です。何を基準に「よくできた」「おおむねできた」「改善が必要」と判断されるかを具体的な文言で学習者に渡すことで、身につけるべき力を具体的に伝えることが可能となります。

　Speaking（やりとり、発表）についてのパフォーマンス評価用ルーブリックはよく目にしますが、Listeningのルーブリックはあまり聞いたことがありません。コミュニケーションには話し手だけではなく、聞き手の存在が必要です。Listeningのためのルーブリックが考えられて良いはずです。話し手、聞き手、両方のルーブリックを作成し、学習者に渡すことで話し手だけではなく、良き聞き手を育てることを指導者側も意識することが大切です。

Speakingの基準例

A 十分身に 　　つけている	相手に配慮しながら、スピード、強調、間の取り方、声の調子等、ジェスチャー、顔の表情等を効果的に用い、思いや考え、情報を十分伝えることができている。
B おおむね 　　満足できる	相手に配慮しながら、スピード、強調、間の取り方、声の調子等、ジェスチャー、顔の表情等を工夫して用い、思いや考え、情報を伝えることができている。
C 更なる 　　努力が必要	スピード、強調、間の取り方、声の調子等、ジェスチャー、顔の表情等を用いてはいるが、思いや考え、情報を伝えることができていない。

Listeningの基準例

A 十分身に 　　つけている	しっかりと考えながら話を聞き＊、正確に理解し、適切に反応している。
B おおむね 　　満足できる	考えながら話を聞き、理解し、反応している。
C 更なる 　　努力が必要	話を聞いてはいるが、十分理解せず、また、反応をしていない。

＊しっかりと考えながら聴く：理解する。予測する。要約する。反論する。
　適切に反応している：うなずく、あいづちを打つ、質問する。

2）形成的な評価としてのポートフォリオの活用

　自律的な学習者を育成するためには、形成的な評価が行えるように、学習者の成長の軌跡と学びの道しるべとなる学習ロードマップを利用すると良いでしょう。ポートフォリオとして自己評価表等を利用した評価活動を通して「学習としての評価活動」を進めるとともに指導者による丁寧な支援・指導が生まれる工夫や手立てにつながるはずです。

　各領域別技能のルーブリックで望まれる具体的な姿が示されることで、子どもたちが「学習のための評価活動」として利用できるようにすることが肝心です。ルーブリックについては、言語活動の目標にふさわしい内容であることはもちろん、子どもの実態にあっていることが重要になります。また、発達段階に応じて、文言や形式等に工夫をし、イラストやグラフ等を使用することも効果的と言えます。

| まとめ |

　目標、指導、評価は三位一体とも言えるものであり、授業作りに欠かせない視点です。「どのようなことができれば目標が達成したと言えるのか」を考えることが「どのような手立てが必要になるのか」を考えることにつながり、授業改善へとつながっていきます。そして、どのような力をつけてほしいのかを評価の際に子どもたちに伝え続けることで、子どもたちの変容をうながすことにつながるはずです。

(金森強)

参考文献

国立教育政策研究所 (2011)	「外国語活動における学習評価」
国立教育政策研究所 (2011)	「評価規準の作成のための参考資料、評価方法等の工夫改善のための参考資料」
文部科学省 教育課程部会 (2016)	「次期学習指導要領に向けたこれまでの審議のまとめ（素案）」平成28年8月1日　教育課程企画特別部会　資料3-2②
文部科学省 （2017）	「小学校学習指導要領」　平成29年3月　告示「小学校学習指導要領（平成29年告示）解説」外国語活動・外国語編　平成29年7月
吉島茂・長谷川弘基 (2004)	『外国語教育Ⅲ — 幼稚園・小学校編』朝日出版
(2007)	『外国語教育Ⅳ — 小学校から中学校へ』朝日出版
Council of Europe. (2002)	European Language Portfolio: Teachers Guide.
Little, D. (2002)	The European Language Portfolio and Learner Autonomy.
(2003)	The European Language Portfolio in us: Nice examples.

課題

1 指導者にとっての「評価」の意味と役割についてまとめてみましょう。

2 実際の指導案を作成し、目標に合った評価規準、活動内容を組み立ててみましょう。

カリキュラム・年間指導計画作成のポイント

第**6**章

はじめに

　小学校外国語活動・外国語科で大切にすべきことは、英語についての知識や技能の習得だけではなく、異なる文化や言語に体験的にふれることを通して、相手に配慮しながら積極的にコミュニケーションを図ろうとする姿勢や、文化・言語の相対性についての価値観を育てていくことがあるはずです。さらに、全人教育としての視点から、「コミュニケーションをとろうとする力」「人と関わる力」を育てる活動や指導内容を考える必要があります。カリキュラム作りにあたっては、学習指導要領に示された目標や内容を読み解きながら、子どもの興味・関心や諸条件を考慮し、各学年の目標、また教材や指導法も含めて検討していくことが必要です。

6-1. カリキュラム作成の視点、留意点

1）各学校の教育目標と実態に合わせて

　年間指導計画の作成にあたっては、目標と同様に、各学校のこれまでの実践、教師の経験・資質、また子どもの実態を踏まえた内容にすることが望まれます。

　高学年の英語教科化にあたり、これまで「年間35時間」しか実施していなかった学校が「週2コマ・年間70時間」を実施することになり、カリキュラムや指導案、指導者への校内研

修、さらには教材まで、与えられたものを消化するだけになっている学校もあるようです。各学校の目標、クラスの実態、教師の経験や個性も生かされずに、画一的な内容を行うだけになってしまい、小学校で外国語活動・外国語科を行う意義さえ見えなくなる危険性があります。早急に形を整えることよりも、各学校が継続して教員研修に取り組みながら、ゆっくりと積み上げていけるような環境整備を進めていくことが必要です。

2）言語材料の選び方

　目標と評価・指導内容は表裏一体です。子どもにどんな力をつけたいかという目標を考えることは、すなわち「子どもがどのような具体的な姿を見せていれば目標に達したと言えるか」という「評価規準」を考えることでもあります。逆に言えば、何を評価するかを考えることで、「どんな内容を指導するか」も見えてくると言えます。

　中学校以降の英語の教科書では、学ぶ内容（言語材料）は、文法事項や文型、機能を中心に選択・配列されています（文法・機能シラバス*）。しかし小学校段階では、英語についての知識を系統的に学ぶことよりも、「英語を使ってコミュニケーションを体験する」ことを重視する観点から、例えば「家で、学校で、街で」といった「場面」を重視する「場面シラバス」、「たずねる、頼む、謝る」といったことばの「機能」を重視する「機能シラバス」、課題への取り組みを通してことばを学ぶ「タスクシラバス」といった配列方法などを適宜取り入れることになります。2020年から使用されることになる各社の検定教科書がどのようなシラバスになるかはわかりませんが、少なくとも、文法・機能シラバスにはならないはずです。

　子どもの発達段階に合わせて題材（あいさつ、身のまわりのことば、学校生活といったトピック）を考え、言語材料（実際の英語の語彙や表現）を選択することが重要です。学年が上がったからといって新しい内容を取り入れるのでなく、前の学年の活動を踏まえて、表現や語彙に広がりを持たせ、活動内容に変化をつけたり負荷を多くしたりするなどしながら、何度も同じ表現に出合えるように、言語材料をスパイラル（らせん状）*に配列することに留意します。新出の語彙やフレーズにばかり取り組むのではなく、既習内容を意識的に活動に取り入れることも必

シラバス
指導内容のこと。

スパイラル（らせん状）
同じ言語材料に、時や場面、活動内容を変えながら、何度も出合うこと。

要です。同じ表現に出くわす回数を増やすことで子どもの理解を深め、発話に慣れさせることが可能となるからです。何度も取り組むことで「わかった、簡単だ」と思わせ、むずかしさを感じることから起こる「英語嫌い」を作りださないことが大切です。

　また、子どもの興味関心や発達に応じて、自分や家族のことから、学校、地域、社会（日本・世界）へと視点を広げるような題材を取り入れていくことも大切です。さらに、他教科で学ぶ内容、国際理解教育や情報教育、福祉教育、環境教育といった他領域と関連づけた活動*を考えること、また、英語を通して日本語や日本の文化・伝統などへの興味を、実態に応じて持たせるとよいでしょう。

他教科・他領域と関連づけた活動
例として、p. 235を参照。

3) 指導者の役割とT.T.（ティーム・ティーチング）

　特に中学年の外国語活動では、「担任が中心にALT（外国語指導助手）などを活用して行う」とされており、現役の小学校教員が、他の科目と同じように外国語活動も担当できるようになることが期待されています。小学校の教育課程に外国語活動・外国語科が位置づけられ、本格的に大学での教員養成も実施されています。暫定的に外部講師やALTの力も必要でしょうが、最終的には教員が1人でも授業を担当できるようになる必要があります。

　専科教員*による高学年の英語科の指導を始めている行政もあるようですが、指導経験が短かったり、言語習得理論などの基本的な知識や英語運用能力が十分でなかったりする場合もあり、言語教育・コミュニケーション教育という特殊性から、活動が活発に進まなかったり、授業運営がうまくいかなかったりする例もあるようです。これまでの取り組みから、担任による積極的な関わりが、子どもたちのコミュニケーションへの態度に大きく影響することが挙げられています。一人ひとりをよく知り、子どもの生活全体を把握している担任が外国語活動・外国語科も担当することは、全人教育である小学校の学習の場において非常に意義のあることです。外国語活動という新しい学習によって、これまで埋もれていた子どもの個性や才能を発見したり、新しい人間関係が生まれたりすることも報告されています。そしてまた担任が、外国語教育という新しい分野に子ど

専科教員
現状では、中学または高校の英語教員免許を持ち、外部講師として、あるいは小学校教員の立場で、英語活動のコーディネーター的な役割を担う教員。

もたちと一緒にチャレンジすることで、学校全体の雰囲気や教師集団のコミュニケーションも大きく変わり、新しい授業作りが他教科にもよい影響をもたらしたという報告もあります。

　ALTや外部講師はあくまでもアシスタントであり、カリキュラム作成は当然のこと、指導案の作成、そして実際の授業も、学校の教員が中心に進めることが必要です。なかには「指導計画も授業もALT（または外部講師）にお任せ」という学校があるかもしれませんが、早くそのような状況から脱却していく必要があります。

　授業の中心は担任になるわけですが、直接的に異文化と接触し、英語を使う機会となるALTとのティーム・ティーチング（T.T.）の時間は貴重であり、その良さを最大限に生かした授業にする必要があります。ALTの個性や文化背景、アイディアを活用した授業を行うことが理想です。年間指導計画の作成にあたっては、ALTやゲスト・ティーチャー、日本人英語教師（以下JTE：特別非常勤講師や専科教員を含む）がどのくらいの頻度で授業に参加できるのかも考慮する必要があります。担任が作った指導案にもとづいて、ALTやJTEが補助教員として参加できることを基本に考え、補助教員がいない場合には、その部分はICT教材などを上手に活用することも求められます。

　また、担任が1人で授業を行うときに予習や復習として活用できるよう、ALTやJTEにはビデオなどの教材制作*に協力してもらうことも考えられます。

ビデオなどの教材制作
第11章も参照。

4) 高学年に合った指導内容の検討

　同じ題材を扱う場合でも、子どもたちの実態や発達段階によってその指導方法や教材などを考える必要があります。最初からむずかしい内容を聞いたり話したりできるわけがありません。歌やチャンツ*なども使って、簡単な会話や表現にふれながら、基本的な表現に慣れる活動、友達との英語での簡単なコミュニケーションを楽しめる活動を組み込むようにします。ただし、日本の小学校でこれまでよく用いられてきた英語の歌は英語圏の幼児向けのものが多いようです。あまりに幼稚なものは避け、振りやジェスチャーなどは歌詞の場面や文脈に合ったものを使用するとよいでしょう。

　論理的にものを考えることができるようになる高学年におい

チャンツ
英語の自然なイントネーションやストレスをこわさずに、音楽に乗せて英語を発話する活動や教材のこと。p.163も参照。

ては、目的に向かってタスクを達成する教材や、他教科の知識を活用するものなど、知的好奇心を満たす活動内容＊も必要になってきます。歌であれば、子どもたちの趣向に合うもの、ゲームであれば、やりがいのある知的な活動を考える必要があります。また、ペアやグループで協力して行うタスク、新しい情報のやりとりが起こるようなコミュニケーション活動、子どもの個性やアイディアを生かした自己表現ができるような活動を考えるとよいでしょう。

文字指導については、これまでにどのくらい音声としての英語にふれてきたかということが重要です。小学校における限られた授業時間で優先すべきことは何なのかを、卒業までの到達目標とともに考えなくてはなりません。特に文字を覚えさせ、定着させるような練習によって、小学校の段階で英語への苦手意識を与えるようなことがないよう、十分な注意が必要です。

5）他教科との連携

英語と他教科とを連携させて、教科横断的な活動内容を盛り込むことは、小学校、また担任ならではの工夫が生かされる部分です。子どもが持っている知識や体験、他教科で学んだ知識を題材として、英語の活動にからめ、やりがいのあるものにしていくことで、高学年でも思わず取り組みたくなる活動ができるようになります。

例えば、社会科で学んだ都道府県の名前やその土地の名産物を題材にした英語のクイズ＊を行う、家庭科や食育の分野であれば、食べものの語彙を栄養素と関連づけながら導入し、より安い価格で食材を手に入れるというタスクを英語を使ってなしとげる、各自がオリジナルのヘルシーメニューを作って英語で発表するなどの自己表現活動が考えられます。

ほかにも、「なりたいもの、職業」を題材とした授業＊では、ジェンダーについて調べたり考えさせたりする時間と連携させることもできますし、学校として福祉教育や環境教育、地域学習などに取り組んでいるのなら、そういったテーマと英語での活動を連携させる工夫＊もできます。

他教科ですでに学んだ内容やテーマと英語表現とを関連づける工夫をすることで、子どもにとって「英語でもわかった」「おもしろい」という体験をたくさんさせることができます。その

活動内容
具体例は第13章、第14章を参照。

英語のクイズ
活動例としてp. 208参照。

「なりたいもの、職業」を題材とした授業
第14章にて単元計画と指導案を紹介している。ジェンダー学習との連携例はp. 270参照。

連携させる工夫
p. 238も参照。

体験が、さらなる動機づけにつながることが期待できます。

6-2. 時間割作成における ポイント

　年間指導計画における時間割の作成にあたっては、45分間の授業を基本とする、15〜30分を1つの単位（モジュール）として考える短時間学習、また、毎日少しずつ英語にふれさせるような「帯状時間」を活用することなどが考えられます。各学校の実態や子どもの興味・関心に合わせて運用していくことが必要です。以下に、いくつかのポイントを示します。

1）継続的に少しずつでも英語にふれる時間を確保する

　言語習得の観点からは、毎日少しの時間でも英語にふれる時間を作るようにすることが望まれます。そのためには帯状時間として時間を取る、毎日15分を外国語科の時間とするなどの方法があります。

　例えば、帯状時間ではビデオでスキットを見たり、歌やチャンツなどを聞いたりして新しい語彙や表現に慣れ、別の授業では、それらの復習や確認から始め、ドリル活動や関連するコミュニケーション活動に広げることが考えられます。また、給食の時間や休み時間などに、BGMとして英語の歌やチャンツを聞くのも取り組みやすい活動です。

　モジュールの活用は、1単位での活動も、前後の時間と合わせて長めに時間を取った活動もでき、柔軟性のある時間割が可能になります。ただし短い時間での設定は、取り組みやすいメリットがある反面、じっくり取り組んだり、しっかり考えたりするような活動には向いていません。通常の45分授業などとうまく組み合わせていくことが必要です。

2）ALTと定期的に英語を使う機会を作る

　多くの場合、ALTやゲスト・ティーチャーが学校に来る日は限られているでしょう。しかし直接、外国の人や外国の文化に

ふれる体験は、共通性やちがいに気づく機会として貴重です
し、英語を学ぶことへの一番の動機づけにもなります。ALT
などの来校があるときには、慣れ親しんだ英語表現などを使っ
て、担任だけではできない直接的な言語体験活動や国際理解教
育の活動を準備したいものです。

　クラス数が多い場合はALTが各クラスの指導に参加できる
時間が少なくなってしまいますから、学年合同で取り組むよう
な時間枠を取ったり、時間枠を短くいくつも取ったりするなど
の工夫が望まれます。習ったことを使って、ALTや外国人ゲ
ストとコミュニケーションがとれるような活動を仕組めば、子
どもにとって大きな動機づけとなります。

3）交流会などの機会にはたっぷり時間を取る

　「総合的な学習の時間」の一環として国際理解教育に取り組
んでいる学校であれば、ALTやゲストとの交流会にたっぷり
と時間を取って、ふれ合える機会を持ちたいものです。交流会
に合わせて単元作りをすると、目標がはっきりすることで言語
使用への意識が変わるはずです。また、「田植え、ミカン狩り、
絵手紙作り、伝統芸能、伝承遊び、運動会」などの活動に地域
の人々に協力をしてもらい、ALTやゲストと半日ないし１日
の時間を取って交流することができれば、学校を地域に開放す
る機会ともなり、地域を巻き込んだ教育の実践としての意義も
大きいと言えるでしょう。

4）他教科や「調べ学習」と連携させる

　「合科的・横断的な指導（クロスカリキュラム）」の視点から、
外国語活動・外国語科を、関連科目と続けて時間を取るという
工夫も考えられます。限られた時間を有効利用するために、特
別活動やクラブ活動、学校行事などの時間を上手に使って、外
国語活動・外国語科の授業と連携させる工夫も大切です。ただ
し、CLILとしての指導は子どもの限られた言語運用能力を考
えると実質的であるとは言えません。小学生段階に相応しい指
導法や内容であるべきです。

6-3. 1単元の組み立て方

計画
単元全体の実際については
第14章参照。

1つの単元（テーマ）を何時間かけて、どのような計画*で行うかは、その単元や選んだ教材によっても異なります。どのような流れで活動を発展させていくかについて考えてみましょう。

毎時間、前の時間の復習を組み込みながら、少しずつ表現に慣れさせ、最終的には「実際に英語を使って何かをする」という体験ができるようにします。表（p.107）の①「表現に慣れる活動」から②の「表現を使った簡単なコミュニケーション活動」という順番は、毎回の授業*の基本的な流れです。まず①の段階では、目標とする表現がどんな意味でどのように使われるかを、実演、教材やジェスチャーなど、様々な方法で伝えます。「聞く活動」を中心に、十分に音声に慣れさせてから、チャンツや歌を使って、あるいは楽しく繰り返す活動（役割練習や、だれかになりきって演じるなど）を用いて練習し、発話の準備を行います。表現に慣れるためのドリル活動は、内容に注意を向かせることで、いつの間にか「何度も聞き、何度も言ってしまう」ように工夫することが大切です。ただ何度も繰り返させるだけの単調なドリル練習に陥らないよう注意する必要があります。

毎回の授業
１時間の組み立て方について
ては第14章１節参照。

次に②の段階では、目標表現を用いながら、友達同士で新しい情報のやりとりが起きるような活動を仕組みます。そして③では、ワークシートなどを用いて「グループで目的（仕事）を成し遂げる」ような課題を与え、そのために習った目標表現を使用する機会にします。その際、状況を設定するなどして、話し手や聞き手の気持ちを考えさせ、コミュニケーションが起こる状況や相手との関係などを明確に示し、本当のコミュニケーションの体験に近づけるようにします。また、自分のアイディアや本当の気持ちを表現できるような手立ても大切です。自己表現によって友達、先生とのラポール*が生まれ、子どもたちは教室や先生のことがより好きになるはずです。教室が安心して自己表現できる空間になれば、学校が子どもたちにとって「豊かな人間関係を築く」ことのできる場になるはずです。

ラポール
よい人間関係のこと。

④は「調べ学習」や他教科との連携として、主に母語を使っ

て行う指導となります。この活動は、単元の最初、あるいは途中に実施してもよいでしょう。そこで得られた情報が刺激となって、英語での活動につながることで、活動がより活発になったり、理解が深まったりすることも期待できます。

【表】単元の組み立て方と流れ*

流れ
①から④の具体例は第14章2節～7節を参照。

活　動	内　容	育てたい気持ち
①新しい目標表現に慣れる活動	デモンストレーション、歌やチャンツ、簡単なゲームなど、十分な「聞く活動」から「話す活動」の準備としての、いろいろなドリル活動	「簡単だ、できた」「次の時間は何が起こるのかな?」「もっとやってみたい!」(興味・関心を高める)
②目標となる表現を使った簡単なコミュニケーション活動	新しい情報を友達とやりとりする活動	「友達が自分の言うことを一生懸命聞いてくれた」「○○ちゃんの話を一生懸命聞いてあげた」「コミュニケーションって楽しい!」(自尊心、他者尊重、ラポールを育てる)
③自分たちのアイディアを盛り込んだタスクを行う活動	自分のアイディアを表現する、友達と協力してタスクを達成する、発表するなどの活動(高学年向け)	「自分のアイディアをみんなが聞いてくれた」「みんなと協力して目標を達成できた」「プレゼンテーション、うまくできた。次はこうしたいな」
④さらなる活動に発展させる(オプション)	国際理解活動・調べ学習・他教科との連携、復習	「へ～。おもしろい」「もっと知りたい、調べてみたい」

課　題

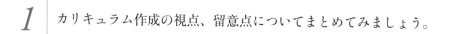

1 カリキュラム作成の視点、留意点についてまとめてみましょう。

2 他教科との連携について考え、活動案を作成してみましょう。

小学校の
英語授業作り

はじめに

　「外国語活動・外国語科」の時間において、子どもたちはいろいろな不安を感じる可能性があります。例えば、「ALT（外国語指導助手）や先生の話していることを、自分だけがわかっていないのではないのか」「自分が言ったことが相手に伝わっていないのではないか」「まちがったことを言ってはいないか」「まちがった発音をしてはいないか」「みんな簡単に単語や文を覚えられるようだけど、自分には難しい」など、様々なことを感じながら授業を受けていると考えられます。

　授業では、このような不安をなるべく減らし、外国語を学ぶことへの積極的な姿勢を育むことが必要となるわけです。外国語を学ぶこと自体に、他の教科とは異なる不安があるとも言えます。その不安を取り除くためには、ふだんから一緒に過ごしている担任教師の役割が重要になります。

　子どもの発達段階や学級の実態を最もよく知っているのは担任教師です。一人ひとりの子ども、学級全体をどのように育てたいのかを意識した目標を置くこと、その目標にふさわしい「外国語活動・外国語科」の実践が期待されます。よりよい授業作りには、全教科の年間カリキュラムや学校行事・交流会などとの連携を図ることも大切です。そのような情報を持っていることも担任教師の強みでもあります。本章では、担任ならではの授業作りに必要な視点を明らかにし、よりよい外国語活動・外国語科実施のための留意点を示したいと思います。

7-1. 担任ならではの授業作り ——単元作りの視点

1)「育てたい児童像」を明らかに

　各学校には「育てたい児童像」があり、その目的にすべての教育課程が向かっていくものです。指導要領に示された目的、指導上の配慮事項を踏まえて、どんな力を育てたいのかを明確にできるのはそれぞれの学校であり担任です。

　例えば、「豊かなコミュニケーション能力の育成を図り、友達や先生の声に耳を傾ける児童を育てる」ことを目標とする学校であれば、「外国語活動・外国語科」の時間を含めたすべての教育課程を通して、「聞く」ことに関連するコミュニケーション能力の育成への工夫を図るはずです。

　広島県尾道市立日比崎小学校では、「聞く」「聴く」「訊く（描く）」という三段階*を意識したコミュニケーション活動を「外国語活動」の取り組みの指針として行ってきました。すべての教育課程にこの意識を持ち、日々の実践を行っています。このように、自校の教育課程における「外国語活動・外国語科」の位置づけをしっかりと確認しておくことが大切だと言えます。そうすることで、指導方法や授業形態、評価規準がはっきり見えてくるからです。

　育てたい児童像に向かっているかどうかは、「授業でどのような子どもの変容を期待するのか」「そのために最も適した指導形態や指導方法、活動・評価方法はどのようなものになるのか」をしっかりと考えることから生まれます。

2) クラスに合わせて単元をカスタマイズする

　カリキュラムや単元の作成においても、学級の実態に合うものでなければなりません。子どもの発達段階や学校の年間行事、地域や学校の特色も考慮したカリキュラムになっていればさらに望ましいと言えます。

　既存の教材をそのまま使うのではなく、各校の実態にふさわしいものにカスタマイズすることができるはずです。例えば、

三段階
「聞く」（話を聞き、大まかな情報を得ている）「聴く」（興味を持って必要な情報に耳を傾ける）「訊く（描く）」（話の内容を考えながら、質問や疑問を考えながら聞く。さらに自分の気持ちを表現する）という「きく」の三段階を示す。

文部科学省の共通教材を利用する場合、他教科とのクロスカリキュラムを意識すれば、どの時期にどの単元を実施するかが、地域や学校によって変わるはずです。

　また、育てたい力や期待する具体的な子どもの変容の姿に応じて、指導に用いる活動も変わります。いつ、何をどのように指導するのかを十分検討する必要があり、共通の理解と方針を持ち、教員間で情報を共有しておくことが欠かせません。

　中学年から高学年までの4年間を通したカリキュラムを意識するとともに、目的や評価方法、用いる教材・教具を共通のものとして使用できるように工夫することも重要です。ALTや外部の講師では、日常的に情報交換や相談をする時間が十分にとれないことが多いはずです。小学校教員が「教師集団」として、外国語活動・外国語科のあり方の研究や教材開発に努めることが大切です。

3）「聞きたい」「伝えたい」を生かす活動の選定

　「聞く（聴く）こと」「話すこと」のいずれも、まずは、「聞（聴）きたい」「話したい」という気持ちがなければ、ことばとしての使用につながることはないはずです。CDから流れる音声であろうが、ALTが話す内容であろうが、子どもが聞きたいと思う内容でなければ、聞く必然性がありません。話すことにおいても、伝えたい事がなければ、伝える必要はありません。無理やり言わされるのではなく、子どもが言いたくなるように、まず心が耕されなければならないのです。そのための活動をしかけることが重要であり、その際、子どもたちのことをよく知っている担任だからこそできることがたくさんあります。

　子どもたちの間で最近はやっていること、学校外で習っていること、体験したことなど、子どもの身近な話題を選ぶことが、担任であれば容易にできるはずです。また、子どもたちがALTとやってみたいと思っていること、聞いてみたい、伝えたいと思っていることを踏まえながら、ALTと関わりたくなるように、いろいろな時間を使って子どもを導くことも可能です。

　もちろん、クラスの子どもたちに考えてほしいことや感じてほしいこと、先生が伝えたいメッセージを、さりげなく外国語活動・外国語科の中に含めることもできます。英単語やフレーズに慣れさせることを目的に行うゲームなどは、ややもすると

単なる競争になってしまいがちですが、協働学習や「育てるカウンセリング」と呼ばれるグループ・エンカウンターの知識のある担任であれば、そのようなまちがいは起こらないはずです。

7-2. 授業作りの視点

1）どの子をどこで、どう生かすかを考える

　担任が指導の中心になるメリットとして、子どもたちを熟知していることがあります。クラスの人間関係、子どもの興味・関心のある事柄、得意分野、他教科や年間行事についての詳しい情報を持っているのも担任にほかなりません。また、授業のどの場面でどの子どもを生かしていくかを考え実践することは、担任でしかできない重要な仕事です。

　例えば I like ... がテーマの単元であれば、「この子はサッカーが好き」「あの子はテレビ番組に詳しい」など、担任だから知っている情報をうまく使い、その子の活躍する場面を作りだすこともできますし、そのクラスに向かない話題も判断できます。ALTや外部講師ではこうはいきません。

　クラスの中にはいろいろな子どもがいます。1人で前に出てパフォーマンスできる子もいれば、友達にまぎれてでないと前に出ることが苦手な子どももいます。グループ活動においても、リーダー的な役割を果たせる子どももいれば、自分の考えに固執し暴走しがちな子、協調してリーダーをサポートする子どももいます。活動にふさわしい授業形態を選択する際にも、担任であれば、より効果的なペアやグループ分けができますし、活動によっては、グループ活動を選ばないなど、授業形態の選択も適切に行うことができるのです。

　また、年間行事や時間割などはもちろん、子どもの体調や集中力など、毎日を共に過ごす担任だからこそわかることもたくさんあります。運動会の練習で朝から疲れている、前の時間が体育で水泳や持久走を終えたばかり、給食の直後など、子どもたちの状態を踏まえてどのような活動から入るのが適切か、前もって考えることもできるわけです。

2) 「コミュニケーションの質」を意識すると人間関係が変わる

　他教科と比べてはっきりとした正解・不正解がなく、子どもの発言・発話を教師がほめたり、友達とペアになって関わったりする活動が多い英語の授業を、学級経営に生かしている先生方もたくさんいます。

　担任主導の外国語活動を通して、「クラスの雰囲気がよくなった」「人間関係が変わった」「教師と子どもの関係が近づいた」「子どもたちに思いやりの態度が育った」といった報告もあります。「クラスのいろいろな子どもとわけへだてなく関わろうとする気持ちや進んで協力しようとする気持ち、温かい気持ちでコミュニケーションを図ろうとする子どもを育てる外国語活動」などの姿は、担任だからこそできる、小学校にふさわしい外国語活動の授業のあり方を示しているのではないでしょうか。

　小学校教育の専門家である担任の先生だからこそ、全人教育の視点で授業を創造することが可能になるのです。子どもたちの「人との関わり方」に、コミュニケーションの「質」の変容が起こるようにするにはどのような工夫が必要なのか。英語の語彙や表現を覚えさせるだけでなく、「関わる」ことの意義や楽しさ、ことばの豊かさやおもしろさ、つまり、コミュニケーションそのものを十分に意識した教育として外国語活動・外国語科をとらえると、そこに中学校の外国語科では起こり得ない新たな教育的意義があるのかもしれません。

3) 学びの共同体をはぐくむ「協働学習」*の視点

協働学習
p. 121、186も参照。

　学習者中心の授業のあり方の1つの方法として協働学習が注目されています。学級が「学びの共同体」となることこそが、担任が一番望むことであり、それは外国語活動の時間だけではなく、すべての教育課程における学びを促進させる重要な要素となるからです。

　クラスの絆を強める活動として外国語活動・外国語科をとらえると、新たな教育の意義が見えてきます。教師中心の指導スタイルを変えるのは簡単なことではありませんが、学習者中心の指導方法、協働学習だからこそ生まれるクラスやグループの絆、その過程で起こる「関係性を築く」ことなど、「ことばを使う学び」である英語だからこそ取り組んでほしい点です。協働

学習は受け身の学びではなく、積極的な学び（Active Learning）が生まれる機会ともなり、学ぶことの楽しさを知る体験的な学習になることが期待されます。

4）自他の存在を認め合うコミュニケーションに
── 構成的グループエンカウンター（SGE*）の視点

　意図的にコミュニケーション活動を与え、お互いが受け止め合いながら自尊感情*や他者を受け入れる姿勢を育み、自分を見つめ、受け止める、「育てるカウンセリング」と呼ばれる手法として、構成的グループエンカウンター（SGE）があります。

　このSGEの視点を外国語活動に取り入れ、人間関係作りに生かす実践をされている先生もたくさんいます。SGEをそのまま実施するのはむずかしいかもしれませんが、「自分が受け止められる瞬間を作ることから、友達を受け止めることの大切さに気づかせる」といった理念など、外国語活動・外国語科において心に留めておきたい点がたくさんあります。

　自分の発話に友達が耳を傾け、自分が受け止められていると感じるとき、子どもたちはコミュニケーションの意義に気づくかもしれません。友達の話に耳を傾ける姿をほめられたり、友達との関わりを通して自分の存在意義を感じたり、関わることの楽しさを知ったりすることができれば、教室が安心して学べる場所になるはずです。

　ある学校で次のような活動を行ったそうです。まず、kind、funny、smart、cool、strong、cute などのピクチャーカードを全員に持たせ、クラスをグループに分けます。英語の歌（I like you because you're <u>kind</u>. というフレーズの繰り返しで、下線部が変わる曲 I Like You*）を流しながら、そのカードが当てはまる人に1人ずつ渡す活動を行います。子どもたちは You are kind. などと言いながら、照れくさそうにカードの交換を始めます。活動が終わる頃には、各自の手元に、「自分のよいところ」を教えてくれる、友達からもらった数枚のカードが集まります。もう一度、同じ歌を聞かせます。子どもは、歌える部分だけを口ずさみながら、うれしそうにカードをながめています。

　このような、お互いを認め合う活動を繰り返していくうちに、子どもたちの日本語での関わり方まで変わってきたといいま

す。友達の長所を見つけて伝え合う「○○名人」という活動を行っている先生もたくさんいますが、外国語活動・外国語科で同様の活動を行うこともできるはずです。

5）良きコミュニケーションのモデルとなる

　担任は授業の進行の補助係ではありません。授業を通してどのような力をつけたいのか、その目的のためにどのような活動が必要なのか、教材・教具は何を選ぶべきか、評価・振り返りはどのような方法が望ましいのか、十分に考え、準備されたものでなければならないはずです。この部分を外部講師やALTに任せてしまっては責任の放棄と言われてもしかたありません。

　また、教室では、子どもの前でALTなどとコミュニケーションを持ちながら授業を作る「英語を使うモデル」の役割が大きいと言えます。そのためにも、「良きコミュニケーションのお手本」を示すことが肝心です。ALTの発話が聞きとれなければ、聞き返したり、もう一度言ってもらったりすることを見せることも必要ですし、ゆっくり、はっきり、丁寧にコミュニケーションを取る姿を子どもたちに見せることも大切です。

　クラスルーム・イングリッシュにしても、ペラペラと早く話すのではなく、子どもたちがちゃんと顔を上げて教師の方を見てから、丁寧に指示を出すことが大切です。他の授業では当たり前のようにそのようにしているはずですし、そのような姿を通してこそ、ことばの大切さやジェスチャー、顔の表情、イントネーションなどの重要性に気づかせることができるのです。ことばだけで "Eye contact." "Smile." "Gestures." と唱えるより、先生自身が良きモデルになることのほうがずっと大切です。

　全人教育としての小学校における教育であることを忘れずに、どんなコミュニケーションを取る人間に育ってほしいのか、担任の願いをこめた授業作りこそが、外国語活動においても求められると言えます。

7-3. 人と関わる楽しさを学ぶ

1)「覚える」よりも「伝え合おうとする」ことを

　「ことばを使って人と関わることを楽しむ、人と関わることを学ぶ」、ここに「ことばの教育」「全人教育」としての外国語活動・外国語科の意味があるのです。

　授業において、「英語表現が言えたかどうか、覚えたかどうか、できたかどうか」ということよりも、「状況に応じたコミュニケーションがとれること」「ことばをきちんと伝え合うこと」「相手に反応すること、相手の気持ちによりそうこと」を大切にします。これは母語でのコミュニケーションでも当然のことです。「わからないときには聞き返すことができたか」「ことばをきちんと伝えられたか」「友達といい関わりができたか」が、大事なのです。

　そのためにも教師のことばは重要です。「大きな声が出てよかった」ではなく、「クリアボイスで最後までしっかり伝えようとしていたね」「進んで友達と関わっていたね」「○○さんは、友達を助けて協力していたね」「わからないときには、Once more, please.と聞き返すことができたね」といったことを評価することで、大切なことが何なのか、子どもたちにもしっかり伝えるようにしましょう。

　外国人ゲストとの交流会において、子どもたちが初めて出会う外国の方とも、学習した英語を駆使してなんとかコミュニケーションを取ろうとする姿に感銘を受けます。そこでは、相手に関心を持ち、進んで人と関わり、コミュニケーションを楽しむ子どもたちの姿が展開されます。子どもたちは、世界中の人と英語を道具として関わり合い、コミュニケーションの楽しさを感じ、文化の違いを知り、あるいは人として同じことをも実感し、「楽しかった！　こういう機会がまたあるといい」と感じているようです。人と関わる道具としての英語を使って、「関わるって楽しい！」という瞬間を作ってあげることが大切です。

2）「表現したい」気持ちを受け止める

　「子どもそれぞれが、自分を表現すること」も、特に大切にしたい部分です。先生が提示する絵を見てI like ... と言うのと、自分で心を込めて描いた絵を見せてI like ... と言うのでは表現意欲が違ってきます。授業では、子どもが英語表現を『自分のことば』として言いたくなるような内容、場、状況を設定することが大切です。

　「My Dream」という活動があります。「将来なりたいもの」について、子どもたちが自分のアイディアで小道具や衣装などを身につけ、思い思いの発表をします。ある時、いつもは大人しい1人の女子が、とても恥ずかしそうに小さな声で、でもにこにこの笑顔で「看護師」になりたい気持ちを表現していました。自分のことを表現することができた嬉しさと達成感にあふれたその子の表情は本当に印象的でした。

　どの子もみな、自分のことを表現したいという強い気持ちを持っています。それはその子の「社会的存在、自分自身の存在そのもの」に関わる、とても大切な気持ちです。その思いをしっかりと受け止め、評価してあげられる外国語活動・外国語科であることが大切です。

3）人間関係作りの基盤として

　ことばは交わさず、友達と目を合わせ、しっかり握手して座るSilent Greetingというノンバーバル活動があります。子どもたちはこの活動で、ことばはなくてもにっこりと笑顔になり、「心地よい気持ち」になって授業に入っていきます。

　英語の授業というと、「大きな声で」「元気よく」活動をすることがよしとされる傾向が今でもあります。しかし、コミュニケーションを学ぶということを考えたとき、本当に必要なのは「相手と心が通じ合う」ことではないでしょうか。その体験が、子どもたちにとって、これからの人間関係作りの基盤になるからです。

│ま と め│

　「外国語活動・外国語科」を「英語の授業」ではなく、「ことばの教育」「コミュニケーション教育」の一貫としてとらえると、指導の視点は変わります。学校や学級の実態に合った、全人教育としての指導、育てたい児童像につながる指導を考え、目標と評価の一体化を意識した担任ならではの授業実践が望まれます。

（金森強・遠藤恵利子）

参考文献

金森強（2011）	『小学校外国語活動　成功させる55の秘訣』成美堂
Paul, D. 金森強（監訳）（2004）	『子ども中心で始める英語レッスン －学ぶ力を育む英語の教え方－』ピアソン桐原
国分康孝（1992）	『構成的グループ・エンカウンター』誠信書房
McCarfferty. S., Jacobs. G., DaSivia Iddings. A（2006）	*Cooperative and Second Language Teaching,* New York, Cambridge University Press

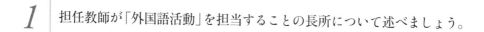

課　題

1　担任教師が「外国語活動」を担当することの長所について述べましょう。

2　全人教育としての「外国語活動」を考える際、知っておきたい関連する領域の知識などについて、考えてみましょう。

授業作りの視点「5つのエレメント」

●「ことばの教育」としての外国語活動を

2001年より外国語活動に取り組み、独自の「My Englishプログラム」の開発を進めてきました。当初より金森強先生（現文教大学教授）に学びながら、子どもに育てたい力は何か、「ことばの教育」である外国語活動を通して育てられる力は何か、そのために留意すべき点は何か、指導にあたって忘れてはならない点は何か、について試行錯誤しながら模索してきました。

2017年度末まで3つの勤務校それぞれにおいて教師集団の合意形成を図りながら外国語活動を実践するにあたり、基本に押さえてきたことがあります。それは、「外国語の学習は『ことばの学習』であり、『コミュニケーションについて学ぶ場』である」ということです。その外国語学習の位置づけのもとで、以下の5つを「大切にしたいこと（基本方針）」に据えて実践を進めてきました。

(1) ことばを人と人をつなぐ道具として大切にしたい。
(2) 相手のことをよく聞くことを大切にしたい。
(3) 自分が言いたい、伝えたいことを大切にしたい。
(4) 必然性のある、意味のあるやり取りを大切にしたい。（必要があって聞いたり伝えたりする状況を作りたい。）
(5) 自己表現を通して自己肯定感を持ったり、他者への関心を高めたりすることを大切にしたい。

●「授業作り5つの視点」

上記の方針を踏まえて、具体的には次に述べる「5つの視点」が授業に具現化されるように留意しながら実践します。

(1) **コミュニティ作りの視点——子ども同士の人間関係作りが基本にある授業**
   信頼感、安心感、関わる楽しさがあってこそコミュニケーションがとれると考え、子ども同士の関係作りを授業の要素として取り入れ、関わり合いのある授業を作る。

(2) **オリジナリティの視点——子どもにとって意味や必要感のある教材や活動のある授業**
   ことばがことばとして機能するためには子どもにとって必然性のある、意味のある言語活動・表現活動でなければならない。既存の教材だけでなく、子どもの個性や生活、関心、創造性を生かし、自己表現意欲が高まるようなオリジナリティあふれる教材や活動を取り入れ工夫する。

(3) **グループワーク・ペアワークの視点——友達と協力してやる楽しさ・達成感のある授業**
   友達と助け合い、協力して活動し、達成感を味わうことによってさらにモチベーションが高まり、信頼感や他者尊重心がはぐくまれると考える。協力して取り組む活動を取り入れる。

(4) **自己表現を高める視点——自分の思いを自分のことばで表現できる授業**
   どの子も「伝えたい、伝えることが楽しい」と感じる自己表現の場を設定するようにする。一人ひとりの子どもが、話し手としての自分のことばを大切にして表現し、また聞き手としては友達の表現に耳を傾けることで、自己肯定感や他者理解も深まると考える。

(5) **既習事項を生かす視点——学習したことをスパイラルに生かしながら進める授業**
   学習したことを次の授業や日常生活の中で生かす。コミュニケーションの道具として英語を使う具体的で実際的な場面をうまく組み入れるような視点や姿勢を持ち、挨拶や対話的なやり取りに既習事項を入れながら、既習表現に繰り返し出会えるようにする。

以上のようなことを常に念頭に置いて授業作りを行い、英語ということばを媒介にし「関わり合い」を大切にした授業を積み重ねる中で手応えを感じていることは、子どもたちの変容です。子どもたちは異口同音に、「自分の言いたいことをわかってもらえて嬉しい」「相手の考えていることがわかった」「助けてもらって協力してできた」「いろいろな人とやってみて楽しかった」「English Dayで自分の英語が通じた」「英語で質問してみたら、ゲストの方の国や好きなことがわかった」等々の感想を表現しています。

英語という道具を用いながら、①人と関わる力（人間関係形成力）　②自分を表現する力（自己表現力）　③相手の気持ちを考え、思いを寄せる力（相手意識）　④力を合わせて取り組む力（協力）を育むことができるのではないか、と考えてきました。「小学校教育の土台＝人として育つ」ことをコミュニケーション力という1つの側面から担える可能性を見いだせるのではないか、との思いを持って実践を追求してきました。

(遠藤恵利子)

何よりも「安心できる」
教室でありたい

英語の授業には、なぜ「大きな声で」「ゲームや競争で盛り上がる」「ハイテンション」な授業が多いのでしょう。それらは本当に大事なことなのでしょうか。

「ことばの教育」「コミュニケーションの教育」として考えたときに、忘れずにいたい基本的な視点を考えます。

● 子どもの心の動きを大切に

ある小学校の公開授業で、担任の先生がALTの先生とあいさつをする際のことです。担任の先生の "Hello! How are you, Mr. Baker?" に対してALTのベーカー先生は、"Hello, 中村センセイ." と答えた後で "I feel cold." 寒いです）と体を震わせました。するとその表情を見てクラスの1人の女の子が「だいじょうぶ〜？」と心配そうに聞いたのです。とても優しい口調で、本当にベーカー先生のことを心配しているようでした。ですが担任の先生は、「この授業では日本語はダメ」という顔をして、その女の子に "In English." 英語で）と言いました。せっかくの心のこもった「だいじょうぶ〜？」がかき消された感じがして、私はとても残念に思いました。

何か自己表現をするときには、まず心の動きがあるはずです。大切なのはこの「心の動き」ではないでしょうか。伝えたい気持ちがあれば、伝える努力をするものです。ベーカー先生を心配するこの子どもたちであれば、「だいじょうぶ？」を表す表現、"Are you OK?" もすぐに身につくはずです。

ここで担任の先生が「○○ちゃんありがとう。ベーカー先生だいじょうぶかな〜？ Mr. Baker, are you OK? みんなも一緒に聞いてみようか」と言ってあげれば、その子の発話を生かすことができたはずです。この先生は普段はとても優しい方です。他の授業であれば違った対応をしたに違いありません。研究発表ということもあり、英語を使わなくてはと緊張してしまったのでしょう。

● 安心できる環境があっての学習

「マズローの5段階欲求の法則」で、基本的な欲求である「生理的欲求」の次の段階にあるのが「安全の欲求」です。「命を脅かされるような恐怖にさらされていない」のはもちろん、「心に不安がなく、安定した状態」を求めるということです。

授業にも同じ視点が必要だと私は考えます。学習は「安心できる環境」があってこそ成り立ちます。「英語の授業だから日本語は禁止」という指導は、英語で十分にコミュニケーションが取れる段階ならよいですが、ほとんど英語がわからない段階の子どもにとっては、大きなストレスになりかねず、これでは「安心できる教室」とは言えません。友達と協力する活動や、互いに認め合える教室の雰囲気がないと、不安はさらに大きくなってしまいます。

十分に音声を聞く機会を与えられていない段階で1人ずつ発表させる、発音や小さな間違いを細かく直していく、あるいは子どもの理解をはるかに超えるような英語をずっと聞かせるような活動は、いずれも根本的なところに問題があると言えるでしょう。

「英語を教える」ことばかりに気持ちがいってしまうと、「全人教育」としての小学校教育の役割を忘れてしまう場合があるようです。心の動きあってこそのコミュニケーションであること、安心できる環境こそが学習の前提であることを肝に銘じておきたいと思います。

(金森強)

協働学習(Cooperative Learning)の可能性 ～ジョージ・ジェイコブズ氏との対談より～

● はじめに

　平成20年に、シンガポールの教育制度、言語教育政策の調査を行った際、協働学習（Cooperative Learning）の権威であるジョージ・ジェイコブズ氏と対談をする機会を得ました。氏はRegional Language Center（RELC）で長い間教鞭をとり、ASEAN諸国の英語教師の研修を担当してこられた方であり、協働学習の方法をとり、外国語教育に取り入れた実践を推奨する代表的な学者です。以下、氏との対談の要点を紹介します。

● 協力する楽しさや意義を感じられる授業を

　コミュニケーション能力を育てる英語の指導で重視されるのは、教師主導ではなく、学習者中心の授業です。教師が知識を与えるのではなく、学習者が言語を活用し、実際にコミュニケーション活動を通して育つのがコミュニケーション能力です。教師が学習者を評価する教師対学習者の形態ではなく、学習者が互いに反応し関わることが評価となり、その体験がさらなる学びにつながる動機にもなるとするものです。

　1人でできたり、わかるようになったりすることもありますが、能力の高い大人・教師や友達と一緒に取り組むことで、より高い能力の育成や深い理解につながることが起こり得ます。これは、ロシア人学者ヴィゴツキーの最近接発達領域（Zone of Proximal Development）＊という考え方です。また、最初は1人でできなかったことも、友達や大人・教師と共に行ううちに徐々にできるようになり、サポートのために置いてあったscaffolding（足場）をはずしても達成可能になります。このような考えから、互いが高め合う関係の中、協働して学習を進めることには大きな意義があると考えます。

　指導においては、競争だけで動機づけをするのではなく、協力することの楽しさや意義を感じられる指導の実施が大切です。ことばの教育である外国語教育において、ペアやグループでの、コンテンツベースやテーマベースの活動を上手に進めることによって、学習者はより学びを深めることができるはずだからです。　　　　　　　　　　　　　　　　　　　　　　　　　＊p. 41も参照

● 互いを尊重し合う態度の育成へ

　氏の話で最も印象深かったのは、早い段階から習熟度別のクラス編成にするようなことはせずに、多様な子どもが共に学び、協力し合って課題を解決したり、関わったりする時間を持つことが大切だと熱く語っていた点です。将来どんな仕事に就いても、この体験が、同じ人間として互いを尊重し合う態度の育成につながると氏は言います。「効率よく見える教育が、実は長い目で見ると効果的な教育になっていない場合がある」という氏の考えには、納得させられる点が多くあります。

　ペア活動やグループ活動を意図的に組み、協働学習につながる教材開発が必要となること、日本では日本の学習者に適した教材開発や指導の工夫が必要という助言をいただきました。教師中心の授業形態に慣れてしまっている我々にとって、今後、取り組むべき重要な視点であると考えています。（金森強）

※参考文献
McCarfferty.S., Jacobs. G., DaSivia Iddings. A(2006) *Cooperative and Second Language Teaching*, New York, Cambridge University Press

第8章 特別支援教育における外国語活動

子どもたちは、批判よりも（良き）お手本を必要としている

（ジョセフ・ジュベール　フランスのモラリスト、文学者）

Children have more need of models than of critics.

はじめに

　外国語活動は、特別支援教育においても実施することが学習指導要領に明記されています。国立特別支援教育総合研究所（2011）によれば、平成23年度の必修化に先行して、約37％の特別支援学校ですでに外国語活動が行われていたという報告があります。

　しかし、子ども一人ひとりの個性や特性を考慮すると、外国語活動の指導は容易なことではありません。また、通常学級での実践事例や指導案をそのまま取り入れることも効果的とは言えません。それではどのようなことに留意して実践を進めていけばよいでしょうか。

　最新の実践研究には、特別支援学級だからこそ外国語活動の良さがより生きる取り組みがいくつも見られます。それらを踏まえ、特別な支援を必要とする子どもに対する外国語活動のあり方、指導上の留意点などについて考えていきます。

8-1. 特別支援教育における外国語活動の概要

1）学習指導要領における位置づけ

　特別な支援を必要とする子どもに対する外国語活動の指針として、特別支援学校用の学習指導要領には、次のように記されています（文部科学省 2017、「第4章　外国語活動編」）。

（1）児童の障害の状態や特性及び心身の発達の段階等に応じて、指導内容を適切に精選するとともに、その重点の置き方等を工夫すること。

（2）指導に当たっては、自立活動における指導との密接な関連を保ち、学習効果を一層高めるようにすること。

このように、通常学級での外国語活動との大きな違いは、自立活動との密接な関連を持たせるという点にあります。

特別支援学級の子どもたちには、個々の障がいによる学習上または生活上の困難を改善・克服するための指導が必要となるため、各教科等のほかに「自立活動」の領域が設定されており、その指導を行うことにより、人間として調和のとれた育成を目指しています。

自立活動は「人間としての基本的な行動を遂行するために必要な要素」と、「障害による学習上又は生活上の困難を改善・克服するために必要な要素」で構成され、その代表的な要素である26項目が「健康の保持」「心理的な安定」「人間関係の形成」「環境の把握」「身体の動き」および「コミュニケーション」の6つの区分に分類・整理されています。

このうち、「人間関係の形成」や「身体の動き」、「コミュニケーション」などは、外国語活動が目指す「コミュニケーション能力の素地」の涵養という目的と密接に結びついていると考えられます。そこで、外国語活動の実施にあたっては、子どもの特性や個性を十分把握した上で、自立活動の内容と有機的に結びつけ、それぞれのニーズにあったアクティビティを考案し、指導案を作成することが望まれます。

2）現状と課題

特別支援学級を担当する現場の先生方からは「外国語活動以外の授業や個別支援計画などもあり、とても時間が足りない」、あるいは「年齢や障がいの異なる児童たちに対して、どのように英語にふれさせるべきかわからない」といった不安の声が報告されています（中山 2010）。特別支援学級での外国語活動に関する資料*は、通常学級での外国語活動の実践事例や指導案に比べて、研究授業などで公開されることが少なく、共有され

資料
公開されている先導的な実践例としては、星居（2008）や杉山・鈴木・小林（2010）、伊藤・小林（2011）、久保・金森・中山（2012）、塚田・吉田・中山（2013）、松岡・中山（2014）がある。

にくいという現状があります。同時に、子ども一人ひとりの学年や特性、個性を考慮すると、他校の画期的な工夫や様々なよい取り組みを、そのまま利用することは効果的とは言えない実状もあります。

ただし、そうした事例には、教材研究の過程を含め、何に留意して指導内容を精選し、またアクティビティ開発の際にはどのような工夫をしたのか、さらに自立活動といかに関連づけたのかなど、参考になる要素が豊富に盛り込まれています。次節以降では、そうした取り組みを踏まえ、指導に際しての留意点を考えていきましょう。

8-2. 指導上の留意点

1）子どもの特性と外国語活動の特徴から

子どもたちの特性を知る

特別支援学級に在籍する子どもの多くは、教科学習における困り感（つまずき）や生活経験の不足、特定の対象物へのこだわり、順位や勝ち負けに対する執着心などの様々な特性を持っています。一方で、視覚情報を理解（処理）しやすかったり、興味のあることには集中力が持続したりするなど、学習を支える特性も持ちあわせていることがあります。子どもが苦手なことを、一人ひとりの課題としてとらえ直し、また、得意なことをうまく仕組みながら、自立活動と平行して活動内容を考えることが第一歩と言えます。

外国語活動の特徴

外国語活動が他の授業と異なる点に注目してみましょう。第一に、外国語活動で扱う英語は、母語である日本語よりも抑揚があり、表情や動きを伴うので、日本語によるコミュニケーション活動とは異なる新鮮な刺激を与えることができます。次に、リズミカルな歌やダンス、チャンツ、ゲームなど身体を動かしながら英語の音に親しむ活動や、紙芝居や好きな動物などのピクチャーカードなど、楽しい教材・教具にふれる機会が多く、

表現することの楽しさや大切さも体験できます。さらに、外国語活動では、「英語の習得を第一義としない」ため、教科学習と比べて進度や習熟度による個人差が少なく、ペアワークなどで友達と一緒に活動することで、一体感や自信を感じる機会を与えられ、劣等感を抱きにくい面もあります。

外国語活動がもたらす刺激

　このような外国語活動の特徴が、特別支援学級の子どもたちによい刺激を与えているという事例の声を、現場の先生方へのアンケートより紹介します（中山2010）。

［事例1］
● 「Hello!」や「Good morning!」などの発話に対して、個人差はあるが、驚いたり、すぐにオウム返しをしたり、何か違うなという表情を見せたり、様々な反応を見せてくれた。その日のうちに、私（担当者）を見ると、習った英語を使って声をかけてくれる子もいた。
● こだわりのある子どもであったが、気に入った単語については、教師の発音を反復・記憶し、時間が経過しても上手に言えていた。また、買い物の最中、バナナを見たときに「バナーナ」と、楽しそうに言っている姿を見て、とてもうれしかったという保護者からの感想もあった。

［事例2］
● 活動内容がシンプルでリズム感があるせいか、とても積極的に授業に参加しているようだ。
● 外国語活動中は歌ったり、踊ったり、また集団でのゲームなどを通して協調性を身につけているように見える。

　ふだん、子どもたちは個別支援計画に沿って個々の活動や学習を行うことも多いのですが、このように外国語活動では学習上の能力差を気にせず、みんなが一緒に活動するという授業内容が可能です。このことが、活動内容をより一層楽しくさせているのかもしれません。

2）指導における配慮・工夫の事例

　実際の取り組みから、指導における工夫や配慮の例を紹介します。

情緒や身体の解放を図る

　机上での文字とことばだけの学習は、子どもにとって負担となります。粗大運動*や協応運動*が苦手な子どもも多いので、英語の歌を用いたダンスなど、体を動かす活動を取り入れ、情緒や身体の解放を図ります。姿勢や運動、視線など様々な支援が必要となることもありますが、目と手の共同作業（例えば、好きな果物や動物の絵を描かせ、英語で発音するなど）や子どもの得意としている分野を活動内容に仕組むことで、理解の促進や集中力を支えることも大切です。

視聴覚教材を有効に活用する

　耳からの情報が入りにくい子どもに対しては、視聴覚教材を活用して、視覚的なわかりやすさを高めることが大切です。興味・関心が狭いと感じられる子どもでも、例えば、「Missing Gameを、好きなキャラクターや動物などの絵を用いてパソコンと電子黒板で行うと、とても興味を持って活動に参加できた」、あるいは「絵本の読み聞かせを電子黒板で行うことで、集中して聞くことができた」などの報告もあります。

ルールや活動内容を「簡素化」「ビジュアル化」する

　ワーキングメモリ（作動記憶）*の少なさから、頭の中でイメージすることが苦手な子どもは、授業の流れや活動内容の手順、ゲームのルールなどを理解できなかったり、急な変更に対して対処が困難になり不安になったりすることもあります。このような場合の工夫例としては、活動内容を具体的なものにした上で、「スケジュールを黒板や教室の壁などに掲示する」、「ルールがわかりやすいように、ことばだけではなくルールを書いた表、図、絵など視覚的に確かめられるものを用意する」、「順番が守れるように、順番表など視覚的に確かめられるものを用意する」など、すぐに確認できるようにすることで、子どもが安心して授業に臨めたという報告があります。

　また、使用する教材の情報量を最小限にし、複雑なイラスト

粗大運動
全身を使って行う運動。

協応運動
2つの動作を同時に行う運動。

ワーキングメモリ
p. 47参照。

ではなくシンプルでイメージしやすいものを用意したことで、注意が散漫にならず、授業に集中できたという報告もあります。その他、授業の開始と終わりにはそれぞれ同じ音楽を流して、外国語活動の始まりと終わりをパターン化することで、動機づけになるとともに、子どものクールダウンを行うことができたという報告もあります。

〈外国語活動の特性を生かした取り組みの例〉

ソーシャルスキル・トレーニング（SST*）を取り入れた活動例

●「**感情合わせゲーム**」（元旭川市立豊岡小学校教諭・塚田初美）

日本語では、感情を「ことば」と「ジェスチャー」の組み合わせで表すことは多くないかもしれません。しかし英語では、体を使って感情を表現することはよくあることです。そこで、「楽しいな」「悲しいな」「おなかがすいたな」「怒ってるよ」などの感情を英語で表現させながら、外国語活動にSSTを導入することを考えました。

SST
Social Skills Trainingの略。生活技能訓練。社会生活を送る上で必要な対人技能を養うための認知行動療法。

【活動の進め方】

①happy、sad、angry、hungryなどの英語表現に対して、「感情を連想させるものの絵」「感情を示す顔のイラスト」と「（身近な人として）担任の顔の写真」を準備しておき、提示する（写真）。

②提示内容に合わせて教師が感情を込めながら英語表現を発話し、子どもにも発話させる。

感情に関わるイラストや写真を電子黒板に提示。写真はhappyの例。

身近な人の感情表現を題材として扱うことで、相手の感情を読み取ることが苦手な子どもたちのSSTとして活用できる活動です。

外国語活動のゲームには、「ルールを守る」「負けを受け入れる」「相談する」「協力する」など、ソーシャルスキルを学ぶための大切な要素が多く含まれています。そこで、こうしたゲームも、アレンジ次第で、子どもが仲良く積極的に参加できる活動になると考えます。

事例紹介協力：AEEN（旭川英語教育ネットワーク）

| まとめ |

　特別支援教育における外国語活動はまだ始まったばかりであり、「教室環境の整備」や「支援員などのマンパワー（サポート体制）の強化」、「子ども一人ひとりの特性の把握」「障がいの程度に応じた指導法」など、授業実践に向けた様々な課題があります。しかしながら、その課題を乗り越えるための工夫や取り組みには、「特別支援学級で有効な指導は、通常学級でも有効であるはず」という可能性と効果を見出すことができ、今後の発展が期待される分野と言えます。

（中山晃）

参考文献

文部科学省（2017）	『特別支援学校　幼稚部教育要領　小学部・中学部学習指導要領　平成29年度4月告示』
国立特別支援教育総合研究所（2011）	『専門研究A　特別支援学校における新学習指導要領に基づいた教育課程編成の在り方に関する実際的研究（平成22〜23年度）アンケート調査報告書（速報版）』
伊藤嘉一・小林省三（編著）（2011）	『「特別支援外国語活動」のすすめ方』図書文化
久保稔・金森強・中山晃（2012）	「ICTを利用した特別支援学級における外国語活動」『JES Journal』vol. 12 p. 4-18
塚田初美・吉田広毅・中山晃（2013）	「ソーシャルスキル・トレーニング（SST）を導入した特別支援学級での外国語活動」『JES Journal』vol. 13 p. 4-19
松岡美幸・中山晃（2014）	「特別支援学級と交流学習での外国語活動の試み」『JES Journal』vol. 14 p. 36-49
杉山明枝・鈴木幸子・小林省三（2010）	「特別支援学級における英語活動 –小学校での実践から–」『川崎市立看護短期大学紀要』第14号第1巻 p. 83-90
中山晃（2010）	「特別支援学級での外国語活動における留意点と教員支援に関する基礎調査」『日本教育心理学会第52回総会論文集』p. 509
星居優子（2008）	「特別支援学級においての英語活動」『第8回小学校英語教育学会福島大会要綱』p. 31

課　題

1　様々な特性や障がいを持つ子どもに対して、外国語活動を実施する上での工夫や配慮についてまとめてみましょう。

2　本章の参考文献リストを含め、特別支援学級（学校）での実践例や実践研究論文を収集し、外国語活動においてどのような工夫がなされているかを話し合ってみましょう。

クラスルーム・イングリッシュの活用

第9章

ことばを高尚にするのは思想である

（ヘレン・ケラー
米国の教育家、社会福祉事業家）

はじめに

　授業の進行・指示に用いられるクラスルーム・イングリッシュ（教室英語）は、他教科の授業で使われる表現とも共通点が多く、ジェスチャーなど理解の助けとなるものを与えながら使用することで、子どもはそれほど困難に感じずに意味を理解できるようになります。教室で繰り返し使用することで、イントネーションやストレスなど、英語の音の特徴とともに、英語の語順にも無意識のうちに慣れるという効用もあります。

9-1. クラスルーム・イングリッシュを使う意味

1) 日本人教師が英語を使う姿勢を見せる

　「授業を全部英語で進めよう」と力む必要はありません。まず、できるところから、やさしい英語を使ってみることを考えましょう。母語話者と同じような発音である必要はありません。日本人の先生が「英語を使う姿勢」を子どもに見せることが、何よりも大切なのです。担任の先生が「学習者の良きモデル」として、堂々と英語を使い、また、積極的にALT（外国語指導助手）とコミュニケーションをとる姿を見せることは、子どもたちにとって大きな目標となり、励みとなるはずです。単語や文のアクセントの位置に気をつけながら、通じる発音を目指しましょう。

2）ALTとのコミュニケーションを助ける

　クラスルーム・イングリッシュは、ALTが授業に参加した際に、円滑なティーム・ティーチング（T.T.）をうながすという役割も担います。日本人教師がクラスルーム・イングリッシュを使うことによって、授業の進行状況、活動の内容、また、次に何をしようとしているのかを把握することができ、ALTは、より積極的に子どもに関わっていくことができます。

3）子どもの発話を支援する

　子どもが発話をする際、最初の1語がでてこない場合があります。I... He... She... などと先生が言ってあげると声を出しやすくなります。後につけてrepeatさせる時でも、最初の語や音声をヒントとして言うようにしましょう。また、子どもの発話に対して、しっかりと反応するように心がけましょう。Really? That's nice. Great. Awesome. Tigers? Oh, you like Tigers, the baseball team.などと発話の内容に応じて反応してあげることで、子どもは聞き手を意識した発話をするようになります。先生が聞いてくれていることがわかると、発話の姿勢も変わるものです。That's a great idea. That's interesting. Oh, chocolate. I like chocolate, too.など、できる範囲で反応することが大切です。子どもの発話の支援となるように心がけましょう。

9-2. クラスルーム・イングリッシュ使用の留意点

1）理解できるインプットをたくさん与える

　「All Englishの授業が優れた授業」というわけではありません。英語を使う際には十分な注意と配慮が必要です。子どもの理解をこえるような英語をただ聞かせるだけでは、逆に子どもに不安とストレスを与え、教師の自己満足で終わってしまう場合もあります。英語の習得にはたくさんの量の英語にふれることが必要という考えから「英語のシャワーを浴びることが大

切」と言われますが、わからない英語のシャワーを浴びせても、わからないままで終わってしまいます。外国語学習の入門期に必要なのは「理解できるインプットをたくさん与える」ことなのです。そのための工夫がなされていなければ、意味のわからない経を聞いているのとかわりはありません。クラスルーム・イングリッシュについても同じことが言えます。次から次へと新しいフレーズを使う必要はありません。子どもが理解できる内容を、繰り返し使うことに意味があります。

2）「コミュニケーション」としての積極的な使用が大切

　クラスルーム・イングリッシュの利点を最大限に生かすために、先生は適切な声の大きさで、ゆっくり、はっきりと英語を話すことを心がけます。最初は、意味を理解させるためにジェスチャーや行動、表情、イラスト、また日本語のヒントを用いたり、ALTと一緒にデモンストレーションをして見せたりするなどの工夫も必要になるでしょう。子どもが英語の指示だけでも理解できるようになってきたら、徐々にジェスチャーや日本語の使用を減らしていくようにします。子どもに英語で指示をするときも、自然なコミュニケーションになるよう、子どもに「語りかける」つもりで英語を使うことが大切です。また、ALTとのT.T.においては、子どもに本当のコミュニケーションの様子を見せることを意識しましょう。話をしっかりと聞こうとする態度、相手に意思を伝えるための工夫を先生自身が示すことが大切です。わからないときに聞き返したり、確認したりするのも自然なことですから、「わからない」「通じない」とあせらず、堂々と聞き返したり言い直したりします。ALTと担任の先生が自然に会話をする様子は、子どもたちにとっては、外国の人たちと協力して仕事をする「未来の自分たちの姿」をイメージさせることにもつながります。

9-3. クラスルーム・イングリッシュの実際

　以下に、覚えておきたいフレーズを、状況・場面ごとに掲載しています。授業の進め方についてのポイントも簡単に記しました。フレーズはCD（および音声ストリーミング）にもBGMつきで収録していますので、日本語を見て英語が口から出るまで練習してみましょう。英語が自然に口から出てくるには、何度も練習をしておく必要があります。実際に、教室で子どもを目の前にして英語を使っている場面をイメージして、練習してみましょう。

- ●音声の後についてフレーズごとに練習しましょう。
- ●スラッシュ（／）をはさんだ表現については、いずれも同様に使えます。
- ●カッコ内に並んでいる語は、入れ替えて練習してみましょう。
- ●日本語を見て言えるようになったら、チェックボックスにチェックを入れましょう。
- ●CD TRACK17-19には、以下のフレーズのうち特に基本的なものを音楽に乗って練習できる「クラスルーム・イングリッシュ・チャンツ」を収録しています（スクリプトはP.140）。活用してください。

（1）授業の始まり（あいさつ、授業の始め方）▶▶

※雰囲気作りとして、先生が明るく授業を始めることが大切です。
　もちろん、不自然にテンションを上げる必要はありません。

① あいさつ1

基　本

□ （クラス全員に）こんにちは！ ｜ Hi, everyone! / Hello, class!

応　用

□ （クラス全員に）おはよう！ ｜ Good morning, class (everyone/everybody)!

□ （午後に）こんにちは！ ｜ Good afternoon!

□ （週末明けや休み明けに）おかえりなさい！ ｜ Welcome back!

　※Welcome back. は、月曜日の朝などの週明けや、夏休みなど長い休みの後などに、
　　「よく戻ってきたね」という意味で用いられます。

② あいさつ2

基　本

□ 元気ですか？　　　　　　　　　　　│　How are you? / How is everyone?

□ 私は元気です。あなたはどうですか？　│　I am fine. / How are you?

応　用

□ 元気です。○○さんは？　│　I feel good today. How about you, (Shinji)?

□ （とても）元気です。　　│　I'm fine! / I feel good. / I feel great! /
　　　　　　　　　　　　　　│　I'm great! / I'm good.

□ まあまあです。　│　I'm OK.

□ あまり調子がよくありません。　│　I don't feel well. / I don't feel good.

□ 風邪を引いています（頭が痛い／喉が痛い／おなかが痛い）。

　　│　I have a cold(a headache / a sore throat / a stomachache).

□ だれかお休みはいますか？　　│　Who's not here today? /
　　　　　　　　　　　　　　　　│　Who's absent today? / Is everyone here?

※体調についての表現は、何度もふれながら、
　少しずつバリエーションを増やしていけるとよいでしょう。

③ 天気や曜日をたずねる

基　本

□ 今日の天気は？　晴れ？　くもり？　そうですね、晴れです！

　　│　How's the weather today? / Is it sunny?　Cloudy?　Yes, it's sunny!

応　用

□ 見てごらん！　いい天気ですね。　│　Look!　It's a beautiful day today.

□ 今日は何曜日かな？　　　　　　　│　What day of the week is it today?

□ 今日は月曜日？　火曜日？　そう、火曜日ですね。

　　│　Is it Monday?　Tuesday?　Yes, it's Tuesday.

※天気や曜日のほか、ウォーミングアップとして、
　既習事項を使った簡単なやりとりも盛り込めるとよいでしょう。

④ 授業を始める

基　本

□ さあ、授業を始めましょう！　│　Now let's begin! /
　　　　　　　　　　　　　　　　│　Now let's start today's lesson!

応　用

□ 準備はいいですか？　　　│　Are you ready to start?
　　　　　　　　　　　　　　│　Is everyone ready to begin?

（2）ALTやゲストを迎える、子どもをほめる ▶▶

※子どもたちのゲストへの態度は、先生の紹介のしかたによっても変わってきます。
「出会いを大切にする」時間にしたいものです。

① ALT やゲストを紹介する

基 本

☐ ゲストを紹介します。ホワイト先生です。

> We have a special guest today.
> This is Ms. White.（※ Ms. は「ミズ」と発音する。）

☐ 先生はオーストラリアからきました。 | She is from Australia.

☐ ようこそ私たちのクラスへ！ | Welcome to our class!

応 用

☐ こちらがゲストのトンプソン先生です。 | This is our guest, Ms. Thompson.

☐ 新しい英語の先生を紹介します。ベーカー先生です。

> I'd like to introduce your new English teacher, Mr. Baker.

② 質問をする、させる

基 本

☐ では、先生に質問をしてみましょう。誰かいますか？

> OK, let's ask him/her some questions. Anybody?

応 用

☐ 質問の時間です！ | It's Question Time!

☐ 好きな食べ物（スポーツ、テレビ、動物）について聞いてみましょう。

> Let's ask him/her about his/her favorite food (TV program).
> Let's ask him/her about his/her favorite sport (animal).

③ 聞き返す

基 本

☐ もう一度言ってください。 | Sorry? ／ Pardon? ／ Say it again, please.

☐ ゆっくりお願いできますか。 | Slowly, please.

応 用

☐ すみません、もう一度お願いします。

> Excuse me? Would you repeat that, please?

☐ すみません、聞こえませんでした。 | Sorry. I couldn't hear you.

☐ もう少しゆっくりお願いします。 | Would you please speak more slowly?

※聞き取れなくてもあせらず、再度、またはゆっくり言ってもらうようお願いしましょう。

④ 子どもをほめる

基本
□ ○○さん、よくできました！ │ Good job, (Emi)!

応用
□ よかった！ すごい！ │ Great! / Well done! / Super! / Terrific! / Excellent!

□ よくやりました！ 素晴らしい。 │ You did a good job! I'm proud of you.

□ よくがんばりました！ │ Good try!

□ おしい！ │ Close!（※発音は［klous］で「ズ」ではないことに注意。）

※様々な場面で積極的に子どもをほめるようにしましょう。
子どもの間に入って個別にほめことばをかけることで、活動への意欲もより高まります。

（3）いろいろな活動を行う 1 ▶▶ CD TRACK 22

① 次の活動に移る指示をする

基本
□ 最初に歌を歌いましょう。 │ First, let's sing a song together.

□ ビデオを見ましょう。 │ Let's watch a video.

応用
□ CD を聞きましょう。 │ Let's listen to a CD.

□ 黒板（この絵／この本／このカード）を見てください。

│ Look at the blackboard (this picture / this book /this card).

□ さあ、それでは次の活動に移りましょう。

│ Now, let's go on to the next activity.

② 活動のめあてを伝える

基本
□ 友達のお話をよく聞きましょう。 │ Please listen to your friends carefully.

応用
□ アイコンタクトをとってくださいね。 │ Make good eye contact.

□ 友達とのコミュニケーションを楽しんでください。

│ Enjoy communicating with your friends.

③ ボランティアを募る

基 本

☐ 1人、前に出てきてください。 ｜ We need one person to come up to the front.

☐ だれかいますか？ 手を挙げてください。 ｜ Any volunteers? Raise your hands.

応 用

☐ ○○さん、前に来てください。 ｜ （Takuya）, please come up to the front.

☐ 誰かスミス先生を手伝ってあげてください。 ｜ Can someone help Ms. Smith?

☐ ホワイト先生が1人選びます。 ｜ Mr. White will pick one of you.

④ ゲームの説明をする

基 本

☐ ジェスチャーゲームをしましょう。彼らが何をしているのか当ててください。

　｜ Let's play a gesture game. Guess what they are doing.

応 用

☐ 私が何を描いているか（しているか）当ててください。

　｜ Guess what I'm drawing (doing).

☐ 見てください。このようにします。 ｜ Look at me. This is how to do it.

⑤ 注意を引く、集中させる

基 本

☐ はい落ち着いて！ 手を挙げてね！ ｜ OK! Calm down! Raise your hands!

☐ おしゃべりをやめてください。 ｜ Stop talking, please.

応 用

☐ 静かに。 ｜ Please be quiet.

☐ 話を聞いてください。 ｜ Shhh, everyone. Listen to me, please. /

　｜ Shh, quiet everyone.

☐ 注目してください。 ｜ Attention, please.

(4) いろいろな活動を行う ❷ ▶▶

※グループ分けをしたり活動の説明をしたりするときは、先生が実際に動いてみせたり、
デモンストレーションをしたりするとわかりやすいでしょう。

① グループ分けをする

基　本

□ 次は、グループを5つ作ります。　│ Now, we'll make five groups.

□ ペアを作りましょう。　│ Let's make pairs. / Work in pairs.

応　用

□ 5つのグループに分けます。　│ I'll divide the class into five groups.

□ 3人グループになりましょう。　│ Let's make groups of three.

□ あなたはA（B）チームね。　│ You join team A, please. / Please join team B.

② 教材を配る

基　本

□ ここにカードがあります。　│ Here are some cards.

□ 1枚ずつ取って、回してください。

　│ Take one and pass the rest. / Take one and pass them on.

応　用

□ このワークシートを（後ろに）回してください。

　　　　　　　　　　　　　　　│ Please pass out these worksheets.

□ 手伝ってくれますか？　ありがとう。　│ Can you help me? Thank you.

③ 活動を説明する

基　本

□ よく聞いて、正しいカードをすばやく挙げてください。

　│ Listen carefully. Raise the correct card quickly.

応　用

□ 正しいカードを持ってきてください。　│ Please bring the correct card to me.

□ グループリーダーは正しいカードを持って前に出てきてください。

　│ The group leaders, please come to the front with the correct card.

④ 手元で作業をさせる

基本

□ 正しい絵を指さしてください。 | Point to the correct picture.

□ 正しい絵を選んでください。 | Choose the right picture.

□ 丸を黄色で塗ってください。 | Color the circle yellow.

応用

□ 聞いて、用紙の正しい絵に丸をつけてください。

| Listen and circle the correct picture on your paper.

（5）授業を終える ▶▶

※よくできた点をほめる、ゲストの先生に拍手を贈るなど、楽しい雰囲気の中で、
次の授業へのやる気をうながすような終わり方を心がけましょう。

① ゲームの得点や結果を発表する

基本

□ 正解です！（そのとおり！） | That's right!

□ おしい！ | Close!

□ A グループに 1 ポイント！ | One point for group A!

□ B グループの勝ちです。 | Group B is the winner.

□ みんなよくがんばりました。 | You all did a good job.

応用

□ A グループに 1 ポイント！ そして優勝は A グループです。

| Group A gets one point! And the winner is... Group A!

□ おめでとう！ | Congratulations!

□ 引き分けです！ | It's a tie!

② 活動の評価、振り返りを行う

基本

□ Toru はとてもよく聞けていましたね。 | Toru, you were a very good listener.

□ Aya はとてもよくお話ができましたね。 | Aya was a very good speaker.

応用

□ Yumi は声がはっきり聞こえてよかったですよ。

| Yumi, your voice was very clear.

□ Yuta と Sayaka はアイコンタクトがとてもよくできていました。

| Yuta and Sayaka made good eye contact.

□ Miki の笑顔はとてもよかったですね。 | Miki, I liked your smile.

□ Daisuke の笑顔が素敵でした。　　　│ Daisuke had a great smile.

□ Akira と Mari はとても上手にコミュニケーションができていました。
　│ Akira and Mari, you communicated very well.

③ 教材を回収する・片づける
基 本
□ 終わりましたか？　│ Are you finished? / Are you done?
　　※終えたかどうかの動作をたずねるときは Have you finished? と現在完了形を使うが、
　　　これは「終わった状態」を表します。

応 用
□ 名前を書くのを忘れずに。　│ Please write your name on your paper. /
　　　　　　　　　　　　　　│ Don't forget to write your name on your paper.

□ 鉛筆を置いてください。　│ Put away your pencils.

□ プリントを後ろから前に回してください。　│ Please pass your papers to the front.

④ ゲストにお礼を言う
基 本
□ そろそろ終わりの時間です。　　　　　│ OK. It's time to say goodbye.

□ ベーカー先生にお礼を言いましょう。　│ Let's say, "Thank you," to Mr. Baker.

応 用
□ 楽しかったです！ ありがとう。　│ We had a great time! Thank you so much.

□ みんな、ホワイト先生に拍手を！　│ Class, let's give Ms. White a big hand!

⑤ まとめをし、授業を終える
基 本
□ 楽しかったですか？　│ Did you have a good time?

□ とてもよくできました。　│ You did a very good job.

□ みんな、それではまた次回！　│ Goodbye, everyone! See you next time!

応 用
□ また来週！　│ See you next week!

□ またすぐに会いましょう！　│ See you soon!

□ よい１日を！　│ Have a good day!

□ よい週末（朝、午後、１週間）を！
　　　　　　　　│ Have a nice weekend (morning/afternoon/week)!

クラスルーム・イングリッシュ・チャンツ

Classroom English Chants

（1） あいさつ〜いろいろな指示 ▶▶

Hi, everyone. How are you? Good morning, class.

We have a special guest today. This is Ms. White.

She is from Australia. Welcome to our class.

Let's start today's lesson. Are you ready to start?

First let's sing a song together. Good job!

Now let's go on to the next activity. OK?

Look at this picture. Let's watch a video.

Look at me. This is how to do it.

（2） いろいろな指示〜授業の終わり ▶▶

Now we'll make five groups. You join team A, please.

Here are some cards. Take one and pass them on.

Listen carefully. Find the correct card.

Raise the correct card as fast as possible.

Are you finished? Put away your pencils.

It's time to say goodbye. Let's say, "Thank you," to Mr. Baker.

Did you have a good time? You did a very good job.

See you next week! Have a good day!

（3） 活動のめあてと振り返りのことば ▶▶

Please listen to your friends carefully.

Make good eye contact.

Enjoy communicating with your friends.

Toru, you were a very good listener.

Aya was a very good speaker.

Yumi, your voice was very clear.

Yuta and Sayaka made good eye contact.

Miki, I liked your smile.

Daisuke had a great smile.

Akira and Mari, you communicated very well.

金森強

課　題

1 ｜ ペアやグループで子ども役に語りかけるようにクラスルーム・イングリッシュを使用する練習をやってみましょう。

2 ｜ クラスルーム・イングリッシュを使用する時の留意点をまとめてみましょう。

第10章 求められる教員の資質

元高校教師・チャレンジャー号乗組員
（クリスタ・マコーリフ
―― 教師の仕事とは、未来にふれること

I touch the future. I teach.

はじめに

　小学校で外国語活動や外国語科の授業を行うためには、どのような力が必要でしょうか。もちろん、外国語活動・外国語科も小学校の教育課程の一環ですから、小学校教員として必要な条件、例えば教職に関する知識、指導力、子どもの発達段階に関する理解、それに加えて教師の人間的な魅力や、「子どもが好き」「子どもの可能性を伸ばしたい」という情熱などが必要なことは言うまでもありません。本章では、それらの前提条件に加えて、外国語教育を行うために望ましいと思われる資質について考えてみましょう。

10-1. 外国語活動・外国語科を担当するのに必要な資質

　小学校で外国語教育を担当する教員は様々です。学級担任だけでなく、他学級の担任と授業を交換することもあるでしょうし、専科教員も増えてきました。専科教員が現在より増える兆しはありますが、日本中の外国語教育が専科教員により行われるというのは現実的ではありません。やはり主力となるのは学級担任でしょう。以下に、主として学級担任が外国語教育にあたる際に必要、または役に立つと思われる事柄を、（1）英語力を磨くこと、（2）指導力をつけること、（3）人としての幅を広げること、という3つの点から考えてみましょう。

1）英語力を磨くこと

　2017年12月に文部科学省が実施した「英語教育実施状況調査」によると、中・高の英語の免許を所有している小学校教員は、調査対象350,486人中18,801人（5.36%）で、英検、TOEFLなどの外部試験で英検準一級以上に相当する力を有しているという小学校教員は、3,590人（1.02%）でした。2013年度の調査では、前者が調査対象348,884人中の17,506人（5.01%）、後者が2,925人（0.84%）でしたので、資格保有者や高い英語力を持つ教員はわずかですが増えているようです。

　このような傾向はとても好ましいことです。小学校で扱う英語はもちろん英検準一級のレベルではありませんが、教師の英語力に余裕があれば、より充実した教材研究が行えたり、活動で使う表現を吟味したり、Small Talkを楽に行えたり、発音のモデルを示すことができたり、子どもの質問に答えたり…と、行えることがぐんと増えるでしょう。英語力はあるに越したことはありません。けれども、「英語ができることイコール指導できること」とも限りません。心配しすぎず、でも英語力を伸ばす努力は続けていきましょう。

クラスルーム・イングリッシュ（教室英語）を使いこなす

　授業で使う英語といえばまず「クラスルーム・イングリッシュ」（教室英語）です。あいさつや簡単な日常会話、指示表現やほめことばなど、英語の時間によく使う表現は、ぜひ操れるようにしておきたいものです。授業をしながら、少しずつレパートリーを増やしていきましょう。本書もたくさんのクラスルーム・イングリッシュをCDの音声とともに紹介しています。文部科学省が作成した「小学校外国語活動・外国語　研修ガイドブック」や市販の書籍、他の教師の授業から学ぶのもいいでしょう。

　子どもにとってわかりやすいかどうかは、言い方や言い回し、ジェスチャー、顔の表情など、ことば以外の要素とも大いに関係があります。例えば、「研修ガイドブック」には、「カードを友達に見せてはいけません」の英語表現例として "Don't show your cards to anyone." を載せています。これをそのまま授業で言うだけでは、恐らく初めて聞いた子どもたちはわからないでしょう。最初のうちは、教師が実際に子どものようにカードを

持ってみせ、のぞき込もうとするALTに "Secret! Don't look!" と言うような小芝居をしてみせた方がわかりやすいかもしれません。だんだん慣れていけば、そのうち "Don't show your cards to anyone." という指示だけでも、理解できるようになることでしょう。子どもの立場に立って、どんなクラスルーム・イングリッシュを、どのように使えば無理なく理解させられるかを、考えながら使っていきましょう。

外国語活動・外国語科で扱われる語彙・表現を知る

2020年以降の教育課程で行われる外国語教育では、小学生は700～800語程度の語彙を学ぶこととされています。高学年では複数の教科書が出版されることと予想されますので、教科書によって扱う語彙が異なるかもしれません。しかし、いずれにしても子どもの身の回りにある物の名前や、身近な話題などを中心に選ばれた語彙であろうと思われます。

移行期間に使用するために文部科学省が作成した4年生用のLet's Try 2のUnit 5は、文房具がテーマです。扱われているのは、pencil、notebookなどの他、staplerやglue sticksなどもあります。「ホッチキス」が英語ではstaplerだというのは、中学生や高校生でも知らないかもしれません。しかし、これらの文房具は子どもが毎日使うとてもなじみのあるもので、テキストで取り上げられるのも納得できるのではないでしょうか。

前述したように、英語力を向上させようと努力するのはとてもよいことです。けれども、大人のための英語教材などには、ネイティブの子どもなら当然知っているような語彙や表現が不足していることもあります。一般的な英語の学習だけでなく、子どもにとって身近な事物に関する語彙などを増やしたり、子どもが興味を持ちそうな話題や日常生活に関するコミュニケーションを、やさしい英語で表現できるような力を身につけたりするよう努力するとよいでしょう。勉強方法としては、教材研究をていねいに行ったり、子ども向けの絵本や歌などを活用したり、テレビで子ども向けの英語の教育番組を視聴したりといった方法などが考えられます。

2）指導力をつけること

どのようなことに気をつければ外国語活動の指導力を向上さ

せられるでしょうか。そのための視点を４つ提案したいと思います。

目の前の子どもに合わせる

　外国語教育が小学校に導入されてからかなりの年月が経ちました。私たちがかつて中学校や高校で英語を教わったように子どもに教えても、うまくはいかない、という認識は浸透してきたように思います。しかし、中学年から外国語活動が始まったり、高学年で「読む」「書く」を指導することになったりして、「たくさんのことを指導しなくてはならない」「定着させないと中学校で困るのでは」といった、焦りのような雰囲気が生まれているようにも感じます。けれども、やみくもに教え込もうとして、子どもを英語嫌いにしてしまったら、それこそ本末転倒です。

　例えば、長めのチャンツに子どもが戸惑っているようだったら、まずは手拍子だけをさせる、前もってリズムなしで練習しておく、いっぺんに行わずに毎時間少しずつやっていく、など、どんな方法なら子どもたちが無理なく学習できるか、様子を観察しながら工夫しましょう。

　また、同じクラスでも、積極的に友達に話しかける子、内気な子、じっくり考える子など、様々なタイプの子どもがいます。学級の子どもと日々向かい合っている学級担任の強みを最大限に生かし、一人ひとりの英語の体験を充実したものにしていきたいものです。授業を計画する際も、いつも同じような活動を行うのではなく、素早く反応するフェイント・リピートゲーム、じっくり観察して記憶できる子が有利な神経衰弱、運に左右されるすごろくなど、タイプの違う活動を盛り込むと、違うタイプの子どもが主役になれる場を作ることができます。ペアやグループで会話をするといった活動の際には、誰とでも仲良く話ができるように仕向けていくのも大事です。また、先生や友達からの「賞賛」は、子どもの心をほぐし、やる気にさせる特効薬です。

研鑽の場を作る・出向く

　中学年から外国語教育が始まり、学校の中で授業を担当する教員の数が増えたことと思われます。これまで一部の教員に任せきりにしていた学校も、そろそろ学校ぐるみで校内研修など

に取り組み、指導力を向上させる時が来ています。たくさんの教科や領域がある中で、外国語だけに時間を割くわけにはいきませんが、研究担当や外国語主任などを核として、研修のシステム作りを進めていきたいものです。専科教員がいる場合も、任せきりは得策ではありません。その教員あるいは自分が異動する可能性は大いにあります。外国語に限りませんが、特定の人がいるから行えているという状況は、学校にとってリスクが大きいのです。専科教員や外国語の授業が優れている教員がいるからこそ、その指導力や英語力から学んでおくことも大切です。

　一方で、小学校には様々な強みを持った教員がいます。外国語の担当者だけから学ぶのでなく、教育機器に明るい教員とともに外国語の授業におけるICTの活用を進めたり、若い教員がベテランの教員から学級経営を学びつつ、外国語の授業における子どもたちの対応に生かすなど、様々な協力体制も考えられます。

　同じ中学校区の小中連携、あるいは小小連携を行っている学校も多いようです。お互いの授業実践を知ることは、自己の指導力向上にもつながるものです。県や市町村の教育委員会には、引き続き研修の機会を充実させることを期待したいです。また、最近では教員の自主的な勉強会や研究会も増えてきました。機会があればぜひ参加してみましょう。

コミュニケーションを仕組む

　Communicationという語は、日本語で「伝達」と訳されることも多いのですが、「伝達」ではやや一方的な感じがします。外国語の授業でのコミュニケーションは、双方向のやりとりで、かつメッセージや気持ちを共有して共感できるような体験にしたいものです。コミュニケーション活動を計画する際には、「話す必然性のある場の設定」が大切であるということは広く認識されるようになってきました。「道案内の仕方を練習しましょう。プリントの地図を見て、①〜⑤の番号がついている建物への行き方を、"Where is the park?" "Go straight." などの表現を使って問答しましょう」というような活動は、目的も何もない、ナンセンスな活動です（繰り返し言って練習するという意義はあるかもしれませんが）。「引っ越してきたばかりのALTの先生が、用を足すためにいくつか行きたい場所があるそうです。白地図を見ながら行きたい場所を案内し、地図の上に記入して

あげましょう」というような設定だと、ぐっと現実のコミュニケーションに近づきます。子どもがわくわくして活動に取り組めるようなコミュニケーションの設定を行うのは、教師の腕の見せ所です。

　コミュニケーションは、言語を用いてなされるとは限りません。うなずいて同意を表したり、「水を持ってきて」という指示に動作で応えたり、さらには表情やジェスチャー、相手との距離など、言語を用いないコミュニケーションの手段はたくさんあります。視線や声の調子、話すペース、間合い、イントネーション、特定の語を強調すること、などなど、考えてみれば次々と出てくるでしょう。私たちが母語で話をする時は、それらの効果的な組み合わせを瞬時に判断し、ことばとともに使用しています。外国語の時間には、それら無意識的に行っていることを、意識的に駆使しないといけないという面もあるようです。どんな非言語的な要素をどのように使えばいいか、子どもたちにも様々な試みをさせ、実感させましょう。

　もちろん、気持ちや考えを伝えるために大きな役割を果たすのはことばそのものです。どういう内容をどのような語彙や表現で伝えたらよいか、自発的かつ創造的に子どもたちに考えさせたいものです。夏休みの思い出を友だちに伝えるのに、どの経験を話すことにすれば相手は興味を持ってくれるだろうかと考えるところからコミュニケーションへの主体性は始まっています。それを伝えることばを選ぶ際にも、この単元で学んできた英語表現や、先生がモデルとして示した言い回しだけでなく、これまでに学んだ表現や自分が知っている語彙などを使って、より深く、詳しく、おもしろく伝えることはできないだろうか、などと工夫をする姿勢を育みたいものです。「相手に配慮して」コミュニケーションを図ろうとする態度を育むことにもつながります。

　外国語の時間の終わりに、友達や先生の考えや気持ちがわかり、相手のことをもっとよく知ることができた、という気持ちに子どもがなっていれば大成功と言えましょう。

子どもの知的好奇心を刺激する

　子どもは本来、いろいろなことに興味を持っていたり、自分の世界を広げようとしたりしています。新しいことを学んだり、自分の思い込みをゆさぶられるような体験ができたり、自ら考

えて決定する機会を持つなど、様々な形で子どもが思わず「へぇ！」とか「そうなんだ！」とつぶやくような、知的な意味で楽しい活動を盛り込みたいものです。小学校の先生は、一日の大半を子どもと一緒に過ごし、他の教科も教えています。他教科や学級活動での学習内容、クラスで話題になっていることなど、身近なものを素材として大いに活用しましょう。

　ことばの面白さや、日本語と英語の違いなどにも注目させたいものです。高学年になると、アルファベットの文字とそれが表す音の関係に気づかせる活動なども行いたいものですが、「bananaもbreadもbという文字から始まっていますね。bという文字は/b/という音を表します」と言い聞かせるやり方では、子どもは何かを自分で発見することはできません。たくさんの食べ物のカードを使ったカルタ遊びで、「I like b, b, b, banana!」というような言い方をしてみるのはどうでしょうか。「b, b, b」の間に、bの音で始まるカードはどれだろうかと考えたり、bananaとbreadは同じ音で始まることを認識したりと、自分の頭を働かせて文字と音の関係を発見するでしょう。

3）人としての幅を広げること

　成長しつづける努力というのは、教師として、あるいは1人の人間として常に心がけておくべきことです。外国語教育のためには国際理解の視点なども必要ではないでしょうか。

多様な文化・言語への知識・理解を深める

　世界には約200の国・地域がありますが、それらの国の文化や言語、習慣や食べ物などについて、まず教師自身が知識や理解を深める必要があります。アンテナを高く張り、国際関係や、環境、福祉、経済など様々な問題についての情報を吸収しましょう。教師が何気なく盛り込んだ、ある国のエピソードやニュースが子どもの心に残り、世界へと視野が広がるきっかけになるかもしれません。

　また、外国の習慣や文化を知るのはよいことですが、それが子どもの先入観や偏見を形成する結果にならないよう気をつける必要があります。例えば、外国語の授業においてよく取り上げられるクリスマスにしても、英語圏ならどの国でもクリスマスを祝うとは限りません。また、自分たちと違う食文化につい

て、「こんなものを食べるなんて変だ」という決めつけを持たせることになったら本末転倒と言えるでしょう。子どもがいろいろな文化を受け止め、尊重し合う心が育つような活動・指導であることが大切です。また、日本の文化について理解を深め発信していくことも、大切な国際理解の一部と言えるでしょう。

魅力的な教師であるために研鑽を続ける

外国語の授業におけるコミュニケーション活動は、人と良好な関係を築く、いわば人間関係形成力を磨く場でもあります。外国語の授業での体験が、子ども同士のよりよい関係作りに寄与するよう、学級経営とも関連させながら授業を進めていきましょう。教師自身も、子どもから「先生ともっと英語でも話してみたい」「先生に出会えてよかった」と思われるような、魅力的な人間でありたいものです。そのためにも、研修に参加する、文献や実践例を調べる、教師同士で情報交換を行うなど、機会をとらえてたくさんの人と出会い、指導力や人間性を高める不断の努力が必要です。

10-2. 様々な指導者同士の連携

これまで、主に小学校の学級担任が外国語の授業を行うときの資質について述べてきました。外国語教育を担う主体はもちろん学級担任ですが、実際には、いろいろな人が授業に携わっているようです。文部科学省が実施した平成29年度の「英語教育実施状況調査」によると、外国語教育を担当している教員は、学級担任、同学年他学級または異学年他学級の担任（授業を交換している場合など）、その学校に所属する専科教員、他の学校に所属する専科教員、中・高に所属する英語教員、非常勤講師、特別非常勤講師など、様々な人が授業をしていることがわかります。これに加えて、いわゆるALTも、JETプログラムによるALT、自治体が独自に直接雇用しているALT、派遣契約の場合、請負契約の場合、地域人材などいろいろなALTがいることがわかります。これらの組み合わせを考えると、指導者の体制は本当に多様であることが窺えます。

　小学校の教員は、小学校教育のプロで、子どもをよく理解していますが、英語が得意な人はあまり多くないようです。一方、中学や高校の英語教師は、高度な英語力を有し、中高の英語教育に関する専門家と言えますが、小学校の授業を見たことがない人もまだたくさんいます。ALTも、英語のモデルを提供してくれる一方で、必ずしも日本の教育などについて理解をしているとは限りません。大学を卒業したばかりの若い人もいれば、日本に長く住んでいて日本語も堪能な人もいるでしょう。

　そこで、好ましい外国語教育のあり方や指導者同士の連携方法なども、一通りではないということは容易に想像がつきます。複数の担当者でティーム・ティーチングを行う場合などは、お互いに歩み寄り、それぞれの強みを持ちよる必要があります。特にALTは、日本語がわからなかったり、生活習慣などに戸惑っている人もいることでしょうし、勤務形態の違いが授業実践に影響することも少なくありません。一人ひとりと誠実に向き合う姿勢が欠かせません。

　学級担任以外が主体となって授業を行う場合は、担任との連携が不可欠です。高い専門性を持つ専科教員が行うことがいちばん望ましいと考えられることも多いのですが、担任でないことの難しさを感じる専科教員は多いようです。たくさんの学級を指導するので子どもの名前と顔が覚えられない、子どもの個性や特性を把握して指名することが難しい、学級により異なる雰囲気や学習の約束事に戸惑う、といった声を聞くことがあります。担任との連携とは、一緒に授業をするとか、授業をしないまでも教室にいて子どもをサポートしてもらう、といった直接的な連携もあるでしょうが、「あの担任の学級経営がしっかりしているから外国語の授業もうまくいく」といった、信頼関係も大切なようです。

　外国語の授業は、複数の指導者で行うことも多く、単独の授業とは違う困難さや気を遣う面もありますが、小学校は中高に比べて、チームで事に当たることに慣れているようです。外国語以外の授業でゲストを迎えることもよくあるでしょう。指導者の強みを生かし、連携が必要な場合には互いに協力しあって、外国語教育の質を高めていくことを期待します。

　小学校の外国語教育の拡充にともない、教師に求められる資質は少しハードルが上がったかもしれません。けれども、子どもの全人教育を担い、心と体の成長を助け、人との真摯な関わり方を身につけさせる小学校の教師の強みは、外国語教育にも必要な資質です。外国語教育の目標や内容をきちんと把握し、6年生卒業時にこんな子どもであってほしいというイメージを描いてみましょう。その実現のためにどんな指導を行いたいかを考えてみれば、英語力、指導力、指導方法や国際理解についての知識、また人格や教養など、自分が身につけるべき能力や資質が見えてくるのではないでしょうか。自らを向上させ、磨き続ける努力ができることも、教師として重要な資質の1つと言えるでしょう。

（アダチ徹子）

参考文献

文部科学省
「公立小学校・中学校及び
高等学校における英語教
育実施状況調査」
（平成25年度〜29年度）

http://www.mext.go.jp/a_menu/kokusai/gaikokugo/index.htm

課　題

1　小学校での外国語教育の実践のために必要な資質をまとめてみましょう。また、本章で挙げたこと以外にどんなものがあるか考えてみましょう。

2　自分の性格や特技などで、外国語教育に役立つことを挙げてみましょう。そして、不足している資質を補うためには、どのような勉強や研修が必要か考えてみましょう。

第11章 教材の使い方・選び方と開発方法

はじめに

　外国語の指導において、教材・教具が果たす役割は非常に重要です。特に小学校段階においては、ことばを音声でとらえ、その意味がわかるために、ことばの意味、またことばが使われる場面や状況を理解する助けとなる視聴覚教材が大きな役割を果たします。ここでは、利用したい教材・教具の選び方と使い方、開発方法について考えてみます。

11-1. 主な教材・教具とその特徴

　外国語の入門期の指導において特に大切なのは「聞く力」を育てることです。これが土台となってほかの力にもつながっていきます。指導においては、特にバラエティに富んだ音声教材が必要になります。テキスト等に付属の音声教材だけでなく、指導者の英語による発話も音声教材と言えます。楽しく繰り返し聞くことで発話にもつなげやすい「歌やチャンツ*」なども音声教材です。

チャンツ
p. 102、161を参照。

　音声を与える際に重要な役割を果たすのが、「先生のジェスチャーや先生の描くイラスト」「ピクチャーカード、写真」「おもちゃや人形、実物」「絵辞典や絵本」など、ことばの意味や使われる状況を示すための視聴覚教材や教具です。これらを効果的に活用し、理解を助けるようにします。指人形やパペットなどを教具として使うと1人2役ができ、新しい言語材料の導

入の際の、場面や状況設定に便利です。

　また、子どもがよく知っている人たちの情報、地域や学校に関する情報などを教材として生かすこともできます。子どもの作品や写真、持ち物や教室内のものも素材になりますし、実物が使えるとより効果的です。身近なものをいかに教材に変身させるかが大切なポイントです。

　ほかに、映像によって理解を助けるビデオ教材、双方的な活動が可能なデジタル教材、AI教材なども、その利点を生かしながら活用できるとよいでしょう。

　英語の雰囲気作りに役立つ教具としては、世界地図や地球儀、英語のポスター、また、ゲーム時に用いるコマとして、おはじきのほかに世界のコインなども使えます。外国の新聞や雑誌、海外の子どもたちの手紙や写真なども、動機づけに役立つでしょう。雑誌やチラシ、旅行のパンフレットの写真なども、切り取って教材にすることもできます。英語教室等がある学校は効果的なディスプレイをぜひ試みて欲しいものです。

　市販教材の選定には、目標と子どもの実態に合ったもの、子どもの興味・関心に合うこと、活動への意欲を高める内容であることなどが大切です。教材・教具の大きさ、絵や文字の大きさ、色づかい、耐性など、使用目的に適しているかも検討する必要があります。なお、英語圏の教材や、英語母語話者向け、第二言語として英語を用いる国等の教材の使用については、日本における外国語学習の実態やレベルを前提としないので、慎重に検討する必要があるでしょう。次ページに、小学校で用いられることの多い教材・教具、必要な機器などを挙げておきます。

小学校の外国語活動に役立つおもな教材・教具

※第12章と p. 176も参照。

1　実際に用いられることの多い教材

・ピクチャーカード
（提示用に大きなもの、
活動用に手札サイズ）

・歌、チャンツのCD
・リスニング活動用のCD

・活動用のワークシート
・環境によってはデジタル
　教材

2　場面設定に役立つ教具

・おもちゃ、人形、パペッ
ト、実物など

3　教材の素材になるもの

・子どもの作品や写真、持ち
物、教室や学校にあるもの
（カレンダー、時間割など）

・広告、パンフレット、チ
ラシなど

※必要な機器など

・CDプレーヤー
・テレビ、ビデオ・DVD
　プレーヤー
・環境によってはパソコンとプロジェクター、電
子黒板など

イラスト：本山理咲

①

②

③

ピクチャーカード類　＊詳しくは次節の1）を参照

　小学校の外国語活動でたいへんポピュラーな教材が、イラストや写真に文字が添えられた（ないものもある）ピクチャーカードです。絵や写真を見せながら音声を聞かせる（イラスト①）ことで、日本語で説明しなくても、音声と概念を頭の中で結びつきやすくできる教材として、広く用いられています。

　単語の導入の際、実物が教室内にあればよいですが、例えば「ライオン」を教室に持ち込むことはできません。その点ピクチャーカードは簡便性が高く、また黒板に掲示しておけるので、子どもが英語を聞いたり発話したりする際の助けにもなります。（1）単語を聞かせながらの導入に使用、（2）ドリル的な発話練習に使用（復習も）、（3）会話や対話を聞いたり発話したりするときのヒントとしての使用など、多目的に活用が可能です。

　例えば動物の単語を導入する際は、「今日は先生の好きな動物を紹介します。先生が一番好きな動物は何でしょう？　What's this?」などと言いながら、ピクチャーカードを少しずつ見せたり（イラスト②）、歌などにあわせてピクチャーカードを貼って

いったりします（イラスト③）。

　教室での提示用には、すべての子どもにはっきりと見えるような大きさのものを選ぶ必要があります。トランプサイズや手札サイズのピクチャーカードは、各自で行うゲーム活動やTPR*の活動、ペアやグループで行うカルタなどの活動に利用できます。授業以外の時間を利用してグループで絵を描かせたり、雑誌や広告を切り抜いて厚紙で補強したりして、手作りすることもできます。

TPR
p. 56を参照。

歌・チャンツ ＊詳しくは本章3節を参照

　歌、チャンツの使用には、大きく分けて英語圏の童謡や手遊びなど母語話者の文化などにふれることを目的とする場合と、何度も聞いて口ずさみながら、英語の表現に慣れ親しむことを目的とするものがあります。まちがった使用で多いのは、子どもの発達段階に合っていない、英米の幼児対象の歌や手遊びなど、英語の内容もよく理解できないような歌などが高学年で用いられていたり、国際理解教育の視点等から考えると大変浅い文化紹介で終わってしまっていたりする場面も見られます。

　歌は、雰囲気作りやウォーミングアップとしてだけでなく、語彙や簡単な英語の構文に慣れるための教材としても使用できます。発達段階に応じて、歌詞の意味に合うジェスチャーなどと一緒に導入してもよいでしょう。

マルチメディア教材

　音声、映像など複数の媒体を組み合わせたマルチメディア教材のうち代表的なものがビデオ・DVD教材です。場面設定、話者の表情やジェスチャーなどの映像の助けがあることで、英語の意味を理解しやすくなります。コミュニケーションの見通しをわたす際にも効果的です。デジタル教材は、教室提示向けのものと、それぞれの子どもが手元で操作して使えるものがあり、「双方向性がある」「必要な箇所を繰り返し視聴できる」「学習者のペースで進められる」「英語とともにコンピュータ操作に慣れることができる」「ゲーム形式のものも多く子どもが楽しみながら何度も取り組みやすい」などの特長があります。最近は、AIを用いた対話式の教材や発音指導のソフト等も開発されています。授業時数や単元の最終ゴールでの言語活動につながる効果的な使用を考えて用いるとよいでしょう。

リスニング教材とワークシート類

　子どもが目的を持って「聞く（・話す）活動」に取り組むために、音声を聞きながらイラストを選んだり印をつけたりするような活動が有効です。その際、音声と連動したワークシートなどが利用できれば、効果的に音声指導を行うことができます。ただし、コミュニケーション活動などにおいて、ワークシートに回答を記入することだけに集中してしまい、相手の顔も見ないようなことがないように、発話活動の際はその利用方法を工夫する必要があります。

絵本類

　英語圏の絵本は、小さい子どもには見るだけでも魅力のある芸術性の高い教材もあります。しかし、中学年以上には提示や使用の仕方に工夫が必要となります。絵に見入っているように見えても、すべての子どもが内容を理解しているかどうかはわかりません。子どもの発達段階に合った内容を選ぶこと、また、効果的な使用のためには、事前に新しい語彙や表現について情報を与える、先生の表情やジェスチャーを含めた補足情報を与えるなど子どもとのインタラクション（相互のやりとり）を持ちながら、英語を聞くことが起こる活動にすることが必要です。

ロールプレイ、スキット、英語劇

　ロールプレイやスキットなどの教材は、目標とする英語表現の発話練習の一環として利用することができます。その際には、会話が長すぎないこと、子どもが共感を持て、発達段階に合った内容であること、習った表現の復習や定着につながることが大切です。

　英語劇については、日常的な表現が多く含まれていること、多くの子どもが参加できることなどがポイントとなるでしょう。また、限られた活動の時間を単に劇のセリフを覚える練習だけに費やすようなことのないように、ねらいを定めた使い方が必要です。

　指導にあたっては、聞く人に意味が伝わること、また、イントネーションや声の大きさ、間の取り方、スピード、声の質等のプロソディや顔の表情や体の動き、ジェスチャー等のノンバーバルコミュニケーションを意識させ、気持ちを込めて発話させるようにします。スキットなどは、グループごとに異なる

場面や登場人物を設定し、状況に合った声色や表情で演じさせたり、ALTや先生が劇のストーリーをこわさない範囲でアドリブの会話を入れたりするなどの工夫をすると、ただ覚えたことを言うだけではない即興性のある「自分のことば」としての発話にすることができます。

アクティビティ集、レッスンプランなどの教材

　活動を選ぶ際は、小学校の教室での使用に適したもの、目標やねらいに合ったものを選ぶことが必要です。既成のものを使う場合も、子どもの実態と目標に合わせて、オリジナリティを加えて作り上げていくようにしましょう。音声や映像がついているとより使いやすいでしょう。

　各都道府県の地域に関連する教材の使用は将来の子どもたちの発信活動につながるものですから、積極的に利用したいものです。自分の住んでいる町、学校、自分のことについて聞いたり話したりする体験がなければ、発信することも難しいはずだからです。

国際理解につながる題材や教材

　世界の習慣・文化に関する情報などは、知識として教えようとすると、英語での指導はむずかしくなってしまいます。むしろ、コミュニケーション活動やタスク活動において、簡単な英語を使いながら、伝えたい内容にふれられるような活用ができるとよいでしょう。例えば世界の国旗*などは、色や形という言語材料の教材として扱うことができます。ほかに、世界各地のジェスチャーやじゃんけん、動物の鳴き声、色についてのイメージなどの題材を、さりげなく活動に盛り込むとよいでしょう。このとき、異なる部分とととともに共通点にも気づかせる工夫も必要です。

世界の国旗

活動の例はp. 235を参照。

11-2. 教材の選び方と指導の工夫
（ピクチャーカード、マルチメディア教材）

　教室で利用されることの多い教材のうち、ピクチャーカードとマルチメディア教材について、その選び方と指導の工夫につ

いて紹介します。

1）ピクチャーカードの選び方と指導の工夫

　単語・フレーズの導入によく用いられるピクチャーカードは、工夫次第でいろいろな使い方ができます。ピクチャーカードの選び方や使用上の工夫の方法、発展的な使い方を見てみましょう。

〔はっきりと、わかりやすいことが条件〕
　効果的に使用するには、絵や写真がわかりやすく、示される概念がはっきりしている必要があります。たくさんの情報が入っているものは、見栄えはよくても効果的でない場合もあります。

〔イラストよりも写真素材が使えるとよい〕
　例えば動物など、自然のものは、生き生きとした姿を伝えるために、写真素材＊が使えるようにしておくとよいでしょう。理科や生活科、環境教育にも利用できるはずです。

〔同じ概念を伝える別の絵・写真も使う〕
　同じ概念を伝える別のピクチャーカードを用意すると効果が増します。複数の絵や写真を使用することで、理解していた概念と「英語」との確認と定着をうながすことができるからです。例えば同じ職業のピクチャーカードでも、男性と女性の両方の絵や写真＊を準備できるとよいでしょう。

〔サイズ、使いやすさの工夫〕
　教室での提示には、Ａ４サイズ程度以上の大きさが必要です。また、同じカードを実寸大にしたり実物の数倍に拡大したりとサイズを変えることで、提示方法や提示場所など使用範囲も広がり、子どもの興味・関心を高めることができます。さらに、マグネットのついたカードケース＊が使えると、ピクチャーカードの代わりに子どもの写真や絵などを簡単に差し込んで使用でき、活動の範囲も広がります。

〔文法への気づきへの工夫〕
　品詞によって絵やピクチャーカードを色分けし、黒板に語順を意識して貼ると、子どもにおおまかな文法情報を視覚情報として与えることも可能になります。黒板に貼られたピクチャーカードの順番で発話していくだけで、文字を使用しなくても、自然に英語の語順（文法）になるわけです（例：cats、like、fishのそれぞれのピクチャーカードを順に並べるなど）。子どもが自

写真素材
以下はその例。

（出典：小社『らくらくピクチャーカード・セット』より。以下も同）

男性と女性と両方の絵や写真
p. 165、第14章のワークシートを参照。

カードケース
作品をカードケースに入れて黒板に貼ることで、子どもは顔を上げて発表しやすくなる。

（教材例：小社『らくらくカードケース』。両面マグネットのため、表と裏の両方が簡単に提示できる）

らルールに気づくための手立てともなるはずです。

〔文字の使用*にあたっての注意〕

　ピクチャーカードには文字が添えられているものがあります。自然に文字にふれることにも意味はありますが、文字を頼りに発話するようにならないように注意が必要です。例えば、文字のあるピクチャーカードは見て発話できても、文字のないピクチャーカードを見て発話することができない子どもが多い場合、子どもは文字を読んでいることがわかります。それは、その単語やフレーズを音声として聞く機会や、絵や写真だけを見て発話する回数がまだ不十分ということを意味します。音声だけを聞いてもわからない、文字がないと発話できないというのは、これまでの日本の英語教育の弱点でもあります。そこで、同じピクチャーカードでも「文字あり」と「文字なし」*を準備し、

文字の使用
p. 178、239も参照。

「文字あり」と「文字なし」
以下はその例。

〈表面〉　　　〈裏面〉

• Column •

カタカナ発音にならないための ピクチャーカード4段階活用

　音声指導において、絵や文字を与えるタイミングに十分配慮する必要があります。音声を聞かせる前に画像を見せてしまうと、子どもの頭の中には英語の音声よりも先に「カタカナ」が浮かんでしまうことがあります。例えば、nurse（看護師）を「ナース」と知っている子どもは、絵や写真を見た時点で「ナース」という音が頭に浮かんでしまい、ALTやCDから英語の発音[nə:rs]が聞こえてきても、音声的な特徴に耳を傾けることをしなくなってしまうことが起こります。英語の音声に慣れさせることを目的とするなら、英語の音を注意深く聞くように、以下のような順番で指導をするとよいでしょう。

1) 音声だけを聞かせる

2) ピクチャーカードの絵だけを見せる

3) 絵と文字の両方を見せる

4) 復習として、文字のない面を見せ、発話できるか確認する

※発音できなければ、音声指導が十分でなかったことがわかる

意識的に使い分けできるようにするとよいでしょう（前ページ コラムも参照）。

〔カードと音声の提示の順番にも配慮を〕

　聞く力を育てることを目的にするなら、音声とカードを提示する際に、まず音声を聞かせて、子どもがその概念を頭に浮かべた後でピクチャーカードを見せる方法もあります。このように、提示の順を変えることで、子どもの頭の中で起こっていることも変わることになります。

〔飽きさせずに音声を聞かせるための提示の工夫〕

　子どもの「何だろう？」という関心を高めるピクチャーカードの提示方法として、カード全体を最初から見せてしまうのでなく、一部分だけを見せ、少しずつ全体を提示するようにしたり、シルエットだけのもの、いろいろな角度から見たもの、渦巻きやモザイクを入れた画像*などを使ったりする方法を用いることができます。このようにしながら、英語での質問や語彙、ヒントなどを聞かせるようにすると、飽きさせずに、また考えさせながら、何度も同じ音声を聞かせることが可能となります。

2）マルチメディア教材*の選び方と指導の工夫

マルチメディア教材

　マルチメディア教材を使うと、教室の中では再現が不可能ないろいろなコミュニケーションの場面を子どもに伝えることができます。学習者の要望に答えて何度でも繰り返し同じモデルを与えてくれるのも機械だからこそのメリットです。この特長を利用して、「聞くドリル」*にマルチメディア教材を活用することも期待できます。教材の選び方と指導のポイントを紹介します。

〔内容と画像が合った教材を選ぶ〕

　ビデオやDVD教材などは、内容と、画像から得られる情報が一致していないと、教材としては好ましくありません。初めてその外国語を習う学習者にとって理解できる映像となっているかどうかを確認して用いる必要があります。英語をすでに何年間も学んできている指導者には、映像に入っている文字情報などから、簡単に理解できる内容だと勘違いをすることが多くあります。自分が一度も習ったことのない、文字も知らない未習言語の教材として考えて、教材を分析するようにしましょう。

画像
以下はその例。p. 218も参照。

マルチメディア教材
活用法については第12章を参照。

「聞くドリル」
活動例は第14章4節を参照。

そのためには、字幕や音声も消して、映像だけを見て、伝えようとする内容が的確に伝わるかをチェックするとよいでしょう。余分な情報や映像によって、かえって内容がわかりにくくなっていないかどうかにも注意します。

〔目標とする表現が、わかりやすい場面で用いられているものを選ぶ〕

内容中心教授法*に則った教材などを利用する場合、目標とする表現がわかりやすい場面で用いられているかどうかがポイントです。そのような教材でないと、一度や二度画像を見るだけでは、インプットからインテイクにつながることは期待できません。

内容中心教授法
p. 60を参照。

〔音声を意識して聞く活動に〕

映像のおかげで内容を理解しやすいことはマルチメディア教材の利点ですが、英語自体を注意して聞く必要がなくなってしまうという欠点もあります。意識して聞かない限り、英語の音声の特徴に気づくこともありません。「聞く力を育てる」目的で利用する際には、同じ箇所を何度か聞かせる、映像を消して聞かせるなどの工夫が効果的です。映像だけで理解できるものは何度聞いても効果がない場合もあります。

〔発話練習を教材まかせにしない〕

CD-ROM教材は、子どもが自分のペースで学習を進められる利点がありますが、発話練習などの場面で十分な個別指導をしてはくれません。日本語的な発音になっていたり、アクセントの位置がまちがっていたりしても、それを指摘して一人ひとりに合った指導をすることまでは期待できません。したがって子どもがCD-ROM教材を利用して個別に学習する場合でも、教師がモニターをする機会を持つことが必要です。個別学習に入る前には、進め方や発話の際の留意点についてきちんと伝えておくようにします。

11-3. 歌とチャンツの使い方と留意点

外国語学習用教材として考えると、母語話者向けの歌が必ずしも優れているとは言えません。多くの場合、日本の子どもの

英語のレベルに合ったものは、英語圏の幼児向けのものになりがちですし、それ以上となると、むずかしくて教材として使えないことが多くなります。どんな歌やチャンツをどう利用するとよいのか、またそれと関連して英語のリズムについても考えてみましょう。

1）日本語と英語のリズムの特徴

　日本語は、母音と子音の組み合わせでなりたつ音が、いずれも同じ長さ（例：「わたしは」において「わ」「た」「し」「は」のそれぞれの長さが均一）となる「等音節性のリズム（syllable-timed rhythm）」です。一方英語は、文の強勢が現れる間隔をほぼ同じ長さにしようとする「等時性のリズム（stress-timed rhythm）」です。このような英語の特徴は、スピーチや詩、ナーサリー・ライム*などに典型的に現れます。日常会話レベルでは、ナチュラルスピードで発話された場合、音声変化（弱化や連結*）を伴って、次のような英文の特徴を生み出します。

　【例】（以下の英文で、太字の部分が強く読まれ、ほかは弱く
　　　読まれる）

Pick it **up** at **once**.
What have you **done** with your **car**?

　このような傾向があるため、母語話者がふつうのスピードで発話すると、強勢のない弱音（弱く聞こえる音）となる部分や、前後の音に同化*して本来とは異なる音声になったり消失したりする部分が生まれます。これらが、外国語学習者には聞き取りにくい部分になります。

　英語・英文のリズムは、このような強勢（ストレス）のある部分（センテンス・ストレス）を強く、高く、長く発話することによってできあがります。ただし、注意しなくてはいけないのは、「どの英文も常に同じリズムで発話されるわけではない」ということです。例えば、ケンのシャツは青いというKen's shirt is blue.という文も「ズボンではなくシャツが青い」と言う場合は、shirtのところが強く発音されます。手拍子に合わせて言う

ナーサリー・ライム
英国の童謡。多くの場合、英語特有のリズムを有し、また韻を踏む形式になっている。代表的なものにHumpty, Dumptyなど。

弱化や連結
弱化は、ストレス（強勢）の置かれない部分が、もとの音より弱い音になったり消失したりするなど、異なる形式になること。例えばa cup of teaのofの音は、単独で［ɔv］（英）と発話されるときよりも弱い音［əv/v］となる。連結は、例えばCome on.と言うときに単語がつながって、「カムオン」ではなく「カモン」と一語のように発話されるようなこと。

同化
別の音の影響を受けて音が変化すること（assimilation）。例えばwould youが［wud ju:］（英）ではなく［wədʒu:］となるなど。

だけでは英語の強勢ストレスを教えたことにはなりませんし、ましてや英語はいつも2拍子のリズムで発話するというようなまちがった指導にならないようにしましょう。

2）チャンツとその使用における注意点

　チャンツとは、一定のリズムにフレーズを乗せて発話する教材ですが、チャンツを使用するメリットとして、リズムに合わせて発話したり、繰り返しのフレーズを何度も聞いたりすることで、単調にならずに楽しく練習ができ、何度も繰り返すことで、語彙やフレーズを覚えやすくなるということがあります。

　しかし、一定の決まったリズムに合わせて発話させるチャンツでは「英語のリズムを身につける、英語らしい発音を身につける」ことまで期待することはできません。すでに述べたように、それぞれの英文の中に強弱が存在しても、英語の文が常に同じリズムで発話されるわけではありません。リズムに合わせて発話することをあまり強調しすぎると、一部分だけを極端に強く発話するような指導にもなり、その結果、英語のイントネーション（抑揚）やセンテンス・ストレス（強勢）の位置が崩れた言い方になってしまうことがあります。したがって、チャンツを選ぶ際、使う際には、不自然な発話にならないように十分注意する必要があります。多くの小学校でWhat color do you like?やWhere do you want to go? などの文をチャンツで覚えてしまったためコミュニケーション活動の際、おかしなイントネーションや強勢の位置の発話になっていることがあるようです。

　ただし、「母語話者のような英語の発音やリズムを完全に発話できるように身につけないと、英語は使えるようにならない」ということはありません。正確に聞き取れていなくても前後の文脈から聞き取れることも多くあります。[l]と[r]、[θ]と[s]の違い*のように、英語の音として基本的な違いは無視できませんが、それ以上はあまりこだわる必要はないと言えるでしょう。通じる（intelligible）範囲の発音を習得すれば十分と言えます。

3）聞くための歌・チャンツの使い方

　既習表現が多く含まれた歌・チャンツを、それに連動した

[ℓ]と[r]、[θ]と[s]の違い これらの違いが重要になるのは意味の違いを引き起こすため。例えば、lightとright、thinkとsinkではまったく別の意味になる。この違いは日本語にはなく、日本語では同じ「ラ」や「シ」として扱われることになるため、注意が必要。

163

ワークシート
具体例として、p. 222、224、248、266など。

ワークシート＊と一緒に用いると、「聞くドリル」としての活動ができます。このときは前もってワークシートを渡し、どのようなタスクを行うかを知らせ、聞き取るべき内容を伝えた後に、歌を聞かせるようにします。例えば、聞こえてきた単語に当たる絵を指しながら聞く、聞いた内容に合う絵に印をつける、聞こえてくる順番に番号をふっていったりするという活動です。このように、「理解できるインプット」として歌・チャンツを利用することで、「聞く」練習が効果的に行えます。

　チャンツについては、はじめのうちは日本語のリズムとの違いや英語の強勢（単語、句、文ストレス）に気づかせるために強調することも大切ですが、すでに注意点を述べたように、不自然な発話にならないよう、十分に注意する必要があります。

4）歌うための歌、発話のためのチャンツの使い方

　歌うための歌は、主に既習表現だけで構成されているものや、子どもの発達段階に合った歌を選ぶようにします。意味を考えながら聞いた後に、数回に分けて、何度か聞く機会を持ちます。そのうちに徐々に口ずさめるようになり、この段階で初めて歌わせることが可能となります。最初から歌わせようとせずに、子どもが自然に歌おうとするのを待つことが大切です。歌の意味を意識させるために、イラストや絵を見ながら歌うようにしたり、スライドなどで写真を利用したりすることも効果的です。

　文字を見ながら歌うと、せっかく聞いて覚えた歌詞の発音がくずれてしまうことがあります。また、カタカナをふって歌わせるような指導をすると、英語をよく聞いてまねようとする努力をしなくなってしまいます。長い歌などの場合、一部だけを使用するなどの工夫はできますが、カナをふらないと歌えないような歌なら、むしろ利用しないようがよいでしょう。また、歌えるようになっても、同じ歌を何度も歌うのでは子どもも飽きてしまいます。そこで、例えば子どもになじみのあるメロディを使った替え歌にしてみるなどの工夫も必要です。また、歌詞の一部を替えてみたり、子どもたちのアイディアを生かして替え歌にしたりするのもおもしろいでしょう。カラオケの音楽がついている場合は、まず、カラオケに合わせて先生が子どもの興味を引くような替え歌を作って聞かせるとよいでしょう。子どもも自分たちで替え歌を作りたくなるはずです。この

ように歌を「自己表現活動」に利用し、子どもが自分のことを歌うような形にすることで、英語表現の定着につなげることも期待できます。子どものアイディアを生かした楽しい歌作りにも挑戦したいものです。

11-4. 教材が伝える情報にも留意する

1）ジェンダーや人権教育への配慮を

　ピクチャーカードの絵、歌詞、映像など、教材が与えるメッセージにも、十分な吟味が必要です。子ども向けの英語教材には、ジェンダー教育や人権教育を意識して作られていないものも見られます。ステレオタイプを助長する表現、人権への配慮が欠ける挿絵や表現がないか、差別的な語彙や表現が掲載されていないかなどの視点が必要です。

　例えばマザーグースやナーサリー・ライムの歌詞には、高齢者へのむごいせりふや残酷な表現もあります。日本語では子どもに言わせたくないようなことばを、英語の授業では聞かせたり言わせたりしているというのはおかしな話です。歌詞の意味をよく確認して使用する必要があります。絵や写真にも、ステレオタイプ化された情報が入っている場合があります。よく見られるのは職業やスポーツなどに用いられている絵や映像です。例えば、医者といえば白人男性、看護師といえば有色人種の女性、サッカー・野球の選手なら男性、音楽家は女性、台所にいるのは女性、消防士は男性といったものです。実際には女性の医師もいればサッカー選手もいるわけですから、ピクチャーカードも男女どちらも描かれているようなものが望ましい*はずです（第14章のワークシートに実例を収録）。

　また、日本で用いられている教材では、描かれている外国人のほとんどがアングロサクソン系であったり、めがねをかけている子や髪の短い女の子、車椅子に乗った子、日本人以外のアジア系の子どもはほとんど描かれていなかったりするようです。また、障がいを持つ人や高齢者は常に「弱者であり、保護される対象」として描かれている傾向もあります。新しい視点

望ましい
以下はピクチャーカードの例。

grandfather/
grandpa

grandmother/
grandma

firefighter

cook

出典：小社『らくらくピクチャーカード・セット』

165

の教材作りが望まれるところです。

　PC（Politically Correct）の視点から、fireman、policeman などの呼び方も、firefighter、police officerのように、男女を超えた中立的な表現が増えているにもかかわらず、児童英語教室や小学校で使われている英語の歌には、昔ながらの表現も見られます。子どもたちに与える前に、教師自身がよく検討をする必要があるでしょう。

2）文化の多様性と、共通点にもふれさせる

　海外を紹介する写真にしても、極端な例や特殊な場所など、日本と違う点ばかりを強調したもの、裕福さや貧しさなどを強調しすぎる教材もあります。国際理解教育を進めるうえでも、日本の子どもと共通する点にふれられるような写真や映像などを使いたいものです。その際には、子どもたちにとってわかりやすい、同年代の子どもたちの「学校」「遊び」「家族との時間」「生活」の様子などが入っているものを選ぶとよいでしょう。また、日本のことや、自分のことを英語で発信するような教材も、子どもの自己表現にもつながり、有益でしょう。

11-5. オリジナル教材開発のすすめ

　市販教材やすでに手元にある教材も、先生のアイディアや工夫が加わることで、オリジナルな教材に生まれ変わります。クイズや聞き取りの内容には、音楽やスポーツ、テレビ番組など、一人ひとりの子どもの得意分野の知識や個性が生かせるような素材を活用するとよいでしょう。また、学校内にあるものを撮影してクイズにしたり、先生方の昔の写真やなりたかった職業などをクイズ*にしたりすれば、子どもたちの取り組みも変わります。絵や写真については、インターネット上の素材*も工夫して使用することができます。また、ALTの自己紹介ビデオや、ALT出演による予習・復習のためのビデオなども制作し、地域で共有できるようにするとよいでしょう。開発した教材は、学校内や地域で改善を加えながら、共有し、蓄積していき

クイズ
p. 259、261を参照。

インターネット上の素材
教材作成にあたっては、著作権および肖像権への配慮、複製が禁じられている素材の扱いにも注意が必要。

ましょう。教材に地域の情報や写真などを取り入れれば、発信の活動につながるとともに、子どもたちが地域や自文化にふれる（地域調べの）機会ともなります。また、高度な技術を利用したデジタル教材も魅力的ですが、先生の手描きのピクチャーカードや絵本、「絵巻物」のようなアナログ教材も、子どもに興味・関心を持たせるのに効果があります。

| ま と め |

　授業を活性化させるために教材・教具の開発は欠かせません。現場からのアイディアが、今後の小学校での英語の授業に必要な教材・教具を作り出すことにつながるはずです。そのためには指導者自らがその開発に積極的に参加することが求められます。　　　　　　　　　　　　　　　　　　　　　　（金森強）

参考文献

| 金森強（2003） | 『小学校の英語教育 – 指導者に求められる理論と実践』教育出版 |
| 金森強（2011） | 『小学校外国語活動　成功するための55の秘訣』成美堂 |

課　題

1　様々な教材について、その選び方と効果的な使用をまとめてみましょう。

2　特定の言語材料を教えることを想定し、実際に教材を制作してみましょう（例：家族関係や店の品物の語彙、好き嫌いの聞き方や場所のたずね方など）。

第12章

ICTの効果的な活用

はじめに

　インターネットが1990年代に普及し始め、マイクロソフト社のWindows95が世に出ると、コンピュータ（PC）によるインターネット（ネット）利用が急速に進んでいきました。その後、2001年に携帯電話が普及し始め、それから6年後にスマートフォンが登場しました。PCの改良とともに、タブレット端末も高機能化し、21世紀の現代社会は、このようなデジタル端末とネットなしには存在し得ないといっても過言ではないでしょう。現在の、そして、これからの子どもたちは、生まれながらにしてデジタル機器とネットのある環境に生きるデジタル・ネイティブ*で、デジタル機器の利用にほとんど抵抗はありません。21世紀の情報化社会にあって、教育や学校もデジタル化されていくことは、避けられない現実となっています。本章では、このようなデジタル機器やネットを含めたICTを、小学校外国語教育で利用する意義は何なのか、また、どのような利用効果があるのかを見ていきます。

> **デジタル・ネイティブ**
> 学生時代からインターネットやパソコンのある生活環境の中で育ってきた世代で、日本では1980年前後生まれ以降が該当するとされている。

12-1. ICTとは

1）学校教育におけるICT

　教育におけるICT*の利用とは、デジタル端末やネットを使って教師と子ども、子どもと子ども、教師・子どもとネット間で

> **ICT**
> Information and Communication Technologyの略。

情報・知識のやりとりをすることです。これらのICT機器には、タブレット端末、電子黒板*、プロジェクター、PC、実物投影機*、デジタルカメラ、iPodなどのミュージックプレイヤー、そしてこれらの機器を動かすためのアプリケーションやデジタル教材などが含まれます。これらは情報（Information）を提供するための技術と言えます。通信（Communication）を実現するためには、これらの機器をネットワークの中で利用することが効果的です。すなわち、無線LANやインターネットとつながったICT機器を活用することで、これらの機器の有効性が最大限に発揮されます。

2）小学校外国語科におけるICT

さて、これらのICT機器は学校種を問わず、様々な教科の授業で活用できますが、小学校の外国語教育では特にその威力を発揮します。それは、小学校の外国語教育で扱う様々な言語材料や補助教材を、ICTを使って提供することで、容易に音声化・視覚化できるからです。また、ICTはマルチメディアを特徴としており、音声・画像や文字を同時に提示することが可能です。そのため、容易にネイティブ・スピーカーの音声を聞かせたり、発話シーンのビデオを見せたりすることができ、子どもの理解を助けるのに大いに力を発揮します。また、ICTにより、子どもの実態に応じて、学習形態*を短時間で切り替えて、効率よく授業を行うことも可能になり、これまでは難しかった多様な学習方法を1時間の授業に取り入れることができるようになっています。

このようなICTの利便性を授業に生かすために、平成29年3月告示の小学校新学習指導要領では、その「総則*」において、情報活用能力を言語能力と同様に「学習の基盤となる資質・能力」と位置づけ、「学校のICT環境整備とICTを活用した学習活動の充実に配慮する」こととしています。また、「外国語」の3「指導計画の作成と内容の取扱い」のオにおいて、「児童が身に付けるべき資質・能力や児童の実態、教材の内容などに応じて、視聴覚教材やコンピュータ、情報通信ネットワーク、教育機器などを有効活用し、児童の興味・関心をより高め、指導の効率化や言語活動の更なる充実を図るようにすること」となっており、学習指導要領においてもICT機器の積極的な活用が求

電子黒板
p. 172参照。

実物投影機
書画カメラとも言われる、卓上においた書面や立体物をプロジェクタースクリーンや大画面ディスプレイに表示できる機械のこと。

実物投影機
写真提供：エプソン

学習形態
一斉学習（教師⇔子ども）、個別学習（子ども）、協働学習（子ども⇔子ども）の3つの学習形態のこと。

総則
第3（教育課程の実施と学習評価）1の(3)参照。

められています。

12-2. 学校における ICT環境整備の状況

　文部科学省が発表した平成25年度の「第2期教育振興基本計画」そして平成30年度の「教育のICT化に向けた環境整備5か年計画」において、学校でのICTの環境整備計画が明確に示されました。それによると、PCは、児童生徒3.6人に1台、PC教室に40台、普通教室に1台、特別教室に6台を設置し、別に可動式40台を設置すること、また、電子黒板と実物投影機を1学級各1台、超高速インターネット接続率および無線LAN整備率100%、校務用PCを教員1人1台、ICT支援員を4校に1人配置すること、そのための予算措置がなされることとなっています。平成29年3月現在では、PCは児童生徒数5.9人に1台、普通教室の無線LAN整備率29.6%、校内LAN整備率88.9%、超高速インターネット接続率87.2%、普通教室の電子黒板整備率24.4%となっており、また、各都道府県によっても若干差はありますが、年々着実に整備がなされています。

　下の図はタブレット端末と電子黒板の設置状況を表しています。タブレット端末は3年間で5倍に増加、電子黒板は6年間で倍増するなど、授業でタブレット端末や電子黒板を利用するための環境整備は急速に進んでいます。

文部科学省 2018
文部科学省（2018）「平成28年度 学校における教育の情報化の実態等に関する調査結果（概要）」

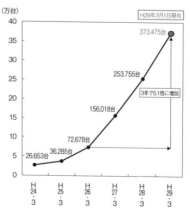

図1　タブレットの普及率（文部科学省2018*）

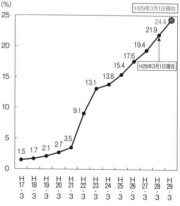

図2　電子黒板の普及率（同左）

12-3. ICT 使用の効果

1) 子どもの意識の変化

　「学びのイノベーション事業」は、平成23年度から25年度にかけて行われた、全国20校（小学校10校）における、ICT使用の効果を検証するための実証実験で、普通教室に電子黒板や無線LANが整備され、1人1台のタブレットが使用可能な学習環境で行われました。3年間の成果をまとめた報告書*によると、様々な効果が報告されています。タブレット端末を利用した英語学習では、「楽しく学習することができた」「集中できた」「もっと学びたいと思った」「自分に合った方法やスピードで進められた」など、ICTによる学習が、高い学習動機につながっていることが明らかになっています（図3）。

報告書
文部科学省（2014）「学びのイノベーション事業実証研究報告書」

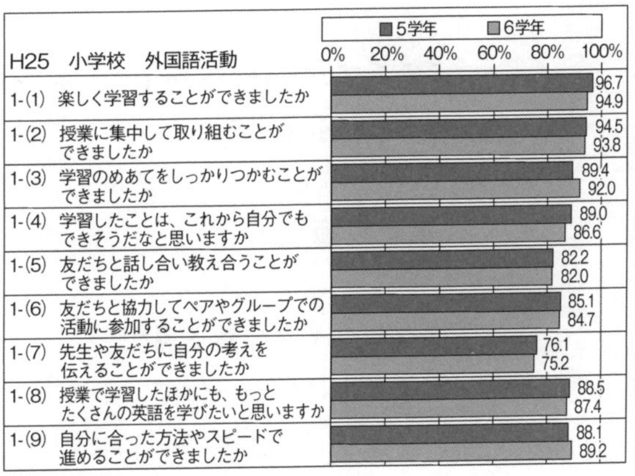

H25　小学校　外国語活動	■5学年	■6学年
1-(1) 楽しく学習することができましたか	96.7	94.9
1-(2) 授業に集中して取り組むことができましたか	94.5	93.8
1-(3) 学習のめあてをしっかりつかむことができましたか	89.4	92.0
1-(4) 学習したことは、これから自分でもできそうだなと思いますか	89.0	86.6
1-(5) 友だちと話し合い教え合うことができましたか	82.2	82.0
1-(6) 友だちと協力してペアやグループでの活動に参加することができましたか	85.1	84.7
1-(7) 先生や友だちに自分の考えを伝えることができましたか	76.1	75.2
1-(8) 授業で学習したほかにも、もっとたくさんの英語を学びたいと思いますか	88.5	87.4
1-(9) 自分に合った方法やスピードで進めることができましたか	88.1	89.2

※「たいへん」および「少し」の回答率

図3　ICTを使った授業後の子どもの意識

2) 学習効果

　ICT使用による学習効果という点ではどうでしょうか。同報告書では、中学校9校を対象に、2011年（ICT環境導入直後）から2012年の1年間の標準学力テストの成績の変化を追跡しました。英語の成績の経年変化において、2011年では実証校の平均得点が80.5点、全国平均得点が67.3、2012年ではそれぞれ、74.2点と56.6点となっており、実証校の平均は全国平均よりも高く、1年間での学習効果も高いことが示されました。また、英語の評定の出現率を比較すると、全国平均よりも高い評定に分布していることがわかりました（図4）。これは、ICTを利用した学習はICTを使わない学習よりも高い学習効果を与えると解釈することができるでしょう。このように、ICTを効果的

に使うことにより、学習動機や学習効果を促進することが次第に明らかにされつつあります。

		第1学年（23年度）			第2学年（24年度）		
	評定	1～3	4	5	1～3	4	5
英語	実証校評定出現率e(%)	23.4	14.9	61.7	27.5	13.2	59.6
	全国評定出現率f（%）	48.0	26.0	26.0	59.0	22.0	20.0
	評定出現率全国比e/f	0.49	0.57	2.37	0.47	0.60	2.98

図4　実証校（中学校9校）の評定分布

12-4. 小学校外国語において利用されるICT機器

　ここでは、小学校外国語の指導で特に有用性の高いデジタル機器である、電子黒板とデジタル教科書などについて説明します。

1）電子黒板

様々なタイプの電子黒板

　電子黒板には、一体型、ボード型、ユニット型、その他の型があります。一体型は、モニターに電子黒板機能が付いているもので、比較的小型のもの、ボード型は、画面タッチ式のボードにプロジェクターから投影する方式、ユニット型は、通常の黒板などに専用のユニットを付け、プロジェクターから投影する方式で、大画面の投影も可能です。その他のタイプとしては、プロジェクター自体に電子黒板機能が組み込まれたプロジェクター一体型があります。一体型やボード型は重量が大きく、固定した場所で使用されることが多いのですが、ユニット型やプロジェクター一体型は、教室を移動しても手軽に利用できます。用途に応じて、導入するタイプを選択するのがよいでしょう。

一体型

ボード型

ユニット型

電子黒板の特徴

　電子黒板は、これまでのプロジェクターとスクリーンを使って投影するのと、どこが異なるのでしょうか。第一に、双方向機能です。電子黒板を使うと、接続されているPCを、タッチスクリーン機能を使って、電子黒板上で自在に操作することが

できます。タブレットの操作と同じ感覚です。第二に、手書き機能です。従来型の黒板と同じように、スクリーン上に専用電子ペンを使って手書きすることができます。PCから送出されているパワーポイントやワードなどの画面に重ね書きできるため、デジタル教材のメリットを活かしながら、従来のような黒板としても使うことができます。第三に、リサイクル機能です。従来の黒板では、チョークで書いた板書内容は授業の終了時に黒板消しで消され、次の授業で復習するときには、また板書する必要がありました。電子黒板で扱われるデータは、デジタルデータとして保存することが可能なため、後でリサイクルすることができます。復習として前回の授業で保存した画面を見せたり、前のクラスで使った教材を次のクラスで、あるいは、場合によっては翌年のクラスでも繰り返し使えるため、板書する時間を節約できるとともに、電子教材を絶えず更新していくことができます。このように、電子黒板をPCと接続して使用することには、多くのメリットがあります。

2）デジタル教科書

教師用デジタル教科書

教師用デジタル教科書の仕組みはどのようなものなのでしょうか。5年生用移行措置用の教材 "We Can! 1*" のUnit 2 "When is your birthday?" をトピックとしてその仕組みを見てみましょう。

見かけは紙ベースの教材とまったく同じです。タイトルの "Activity 1" をクリックすると、画面が切り替わります（図5）。こちらにはプレイボタンが見えていて、押すと英語の音声が聞こえてきます。子どもがこのActivity 1で使う表現を耳で確認したり、練習したりしてから、この活動に取り組むことができます。このように音声を、活動によっては映像を、瞬時に再生できるため、子どもにネイティブ・スピーカーの正しい発音をたくさん聞かせることがで

We Can! 1
文部科学省が作成した、小学校5年生移行措置用テキスト。

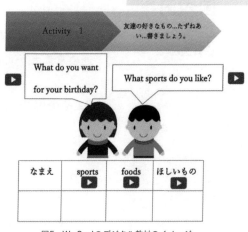

図5　We Can!のデジタル教材のイメージ

きるようになっています。"Let's Watch and Think" には、映像も付いており、外国語が使われる文脈が示されるため、使

Jingle
アルファベットの個々の文字の発音をリズムに合わせて発音練習する教材。

える外国語の学習が促進されます。他の活動にもほとんどすべてモデル音声が付いています。また、すべてのUnitではありませんが、"Jingle*" があり、フォニックス的な活動も音声や映像を提示しながら行うことができます。

　これらの機能を電子黒板上で使うと、教師はスクリーンをクリックするだけで、英語の音声や映像を効果的に提示することができるため、特に英語の発音が不得手な指導者には強い味方となります。

生徒用デジタル教科書の位置づけ

　生徒用デジタル教科書は、紙ベースの教科書と同じ内容ですが、教科書の学習教材（文字教材や画像）などを、音声や映像などとともにマルチメディア形式で簡易に表示する機能を持つものです。文部科学省では、「デジタル教科書の位置付けに関する検討会議」において、平成28年12月に最終報告を取りまとめ、次期学習指導要領の実施に合わせて、デジタル教科書を導入できるよう、具体的な制度改正について検討を進めています。紙ベースの教科書と同内容のデジタル教科書も正式に検定教科書として認定されることになるわけです。また、同時に教科書におけるURL（ウェブページのアドレス）・QRコード*（二次元コード）の取り扱いを明確化し、特に、外国語教育については、リンクされている教材を閲覧したりダウンロードしたりすることで積極的な活用を許容するための、「義務教育諸学校教科用図書検定基準」の改正を行うことになっています。これが実現すると、子どもが教科書に記載されたQRコードを辿ることで、実際に音声を聞いたり、映像を見たりして学習を進めることが可能になりそうです。

QRコード
二次元コードとも言われ、携帯電話のカメラなどでURL情報を読み取ることができる。以下のQRコードは文部科学省へのリンク。

3) その他のICT機器・教材

　その他、使い勝手のよいICT機器として、教室への導入が進んでいるものに、実物投影機があります。書画カメラなどとも呼ばれており、文書や画像、レアリア*などの立体物を、電子黒板などに、画像としてリアルタイムに映し出すことを可能にするものです。自在に拡大や縮小ができるので、小さな文字なども大写しで提示することができます。例えば、子どもが紙に書いた絵や表や文字、外国語の文章などを、クラスの他の子

レアリア
実物教材。

どもにその場で紹介したいときや、子どもが資料を見せながら発表するときなどに大変便利な機器です。

| ま と め |

　本章では、ICTとは何なのか、ICTを教育で活用する意義と根拠はどこにあるのか、ICT利用による効果はどうなっているのか、そして、教室で使う主なICT機器の仕組みや使い方について解説してきました。外国語の授業でICTを使うのは、日本国内のみならず、海外でも当たり前のこととなっています。特に小学校外国語の授業では、効率よく利用することで、子どもの英語に対する興味を高く保ち、学習効果を上げることが可能です。しかし、これまでの教育方法がすべてICTを使った方法に置き換えられると考えるのは、正しくありません。Chalk and Talk*の方が有効な場面もまだまだあります。教師一人ひとりがそれぞれのICT機器の特徴と利点を理解した上で、ICTが使えない場合のバックアップも考えながら、指導場面に合わせて活用することが大切です。　　　　　　　　　　（石塚博規）

Chalk and Talk
黒板と対話による伝統的な教授法のこと。

課　題

1　授業のどのような指導場面でICTが有効なのかを考えてみましょう。

2　次ページのコラムを読み、TTSやASRは他にどのような利用の仕方があるかを考えてみましょう。

メディアの効果的な
利用のために

● 単語の学習を個別最適化する電子フラッシュカード

　教科書出版会社から販売されている教師・生徒用デジタル教科書には、絵・文字・音声を自在に組み合わせて単語の学習が様々なモードで学習できる機能があります。例えば、教師が「絵と音声」で導入し次に「絵と文字と音声」、そして「文字と音声」のモードで提示することにより、子どもの学習時の難度を徐々に上げていくことが可能となります。また、子ども自身が自ら苦手な単語を選択して、様々なモードで繰り返し集中的に学ぶことができるため、自律的で個別最適な学習につながっていきます。

　無料で使える電子フラッシュカードとしては、同じような機能を持つ、Quizlet（https://quizlet.com）というアプリがあります。PCからログオンし、英単語を入力すると自動的に日本語訳やその単語を示す画像も入力され、絵カード・単語カードが自在に作成できます。学習時には音声の再生スピードも変えられます。また、数種類のテストで学習の成果を確認することができます。10個ほどの単語であれば、10分程度で完成し、子どもの学習管理も可能な多機能のクラウドアプリです。

● Text-to Speech（TTS）とAutomatic Speech Recognition（ASR）

　文字音声化ソフト（TTS）と音声認識ソフト（ASR）もAIを導入してから飛躍的に進化を遂げ、その精度を上げました。TTSは、単語や文章などを入力すると、それを機械が音声合成して読み上げるものです。単語や短い文章では、ほとんどネイティブスピーカーと差がないほどにきれいに読み上げてくれます。発音がよくわからないときや、英語らしい発音を子どもに聞かせたいときに利用できます。GoogleなどIT企業各社が精度の高いTTSエンジンを提供していますが、無料提供されているTTSのなかで、音声の自然さや使い勝手の良さという点では、"TTSReader"（https://ttsreader.com）がお薦めです。

　ASRは、音声入力すると、それを自動で文字表記するものです。さらに、認識した音声を翻訳する機能を持ったものもあります。例えば、スマートフォンで利用できるアプリ"Google Translate"を使うと、日本語の音声を英語の文字や音声に翻訳してくれます。どのように英語で表現したらよいかわからない時などの助けになるでしょう。

　また画像として記録された英文を文字化したいときは、"Google レンズ"で撮影し文字化したり翻訳したりする方法も大変便利ですので、ご紹介しておきます。　　　　　　　　　　　（石塚博規）

Google Translate　　アンドロイド・スマートフォン用のアプリ。音声入力、テキスト入力、会話モード、など多彩な機能を持つ。

Google レンズ　　　アンドロイド・スマートフォン用のアプリで、PDFファイルや画像を認識し、文字化したりそれを翻訳したりできる。

指導の基本と留意ポイント

第 *13* 章

はじめに

　限られた授業時間を有効に活用するためには、教授理論にもとづく「指導の基本」を知っていることが必要です。言語活動を「より意味のある活動」にするためのポイントも、あわせて押さえておきましょう。

13-*1.* 大切にしたい音声指導

1)「聞く力」を育てる指導を

　「子どものうちから始めれば、英語は楽にマスターできる」と思われがちですが、必ずしも事実ではありません。生活環境を含めて、どれくらい英語にふれることができるか、確保できる量と質の条件により、結果は異なってきます。最近では、厳密な意味での言語習得の「臨界期*」は支持されず、「敏感期」と呼ばれるようになっています。中学校から英語を始めても、継続して学習することによって、英語を使えるようになった人はたくさんいます。それでは、児童期に英語にふれるメリットとは何でしょう。

　中学年の外国語活動の時間では「外国語への慣れ親しみやコミュニケーションへの態度・意欲を育む」ことが大切な目的になります。一方、高学年では技能面における基礎を育てることもねらいとされています。高学年における「技能面」に関する

臨界期
p. 36を参照。

メリットとは何でしょうか。また、そのメリットを生かすためにどのような指導が必要なのでしょうか。

　文法や語彙の定着に関しては大人の方が効率的に習得できますが、音声面での優位性という面においては、年齢が低いほうが有利であると考えられています。また、児童期の特長として、英語を聞いて聞いたまま丸ごとまねをすることへの抵抗が少ないということが挙げられています。この特性を生かした指導、つまり、知識として英語を学ぶのではなく、実際のコミュニケーション活動を通して、音声を重視した指導を行うことが重要と言えそうです。特に「英語の音声的な特徴に慣れさせる」ことを重視し、「音のつながりの中から、意味の塊を認識する能力」の育成を目ざすことが大切になります。

　いわゆる「4技能」のうち、「リスニング」の力はほかの3つのスキルに転化する*ことが期待されます。これらのことから、小学校段階においては「聞く、聞き取る」という活動を最も重視すべきだと言えるでしょう。今後は、大学入試にリスニングテストに加えてスピーキングテストが含まれることが進められそうです。音声による受信能力がなければ発信するための力が十分育つとは到底思えません。児童期の特徴を最大限生かした効果的な音声指導が期待されています。

リスニング能力からの転化
竹蓋幸生（1997）『英語教育の科学』（アルク）

2）文字指導の前に、音声だけで理解できる力を

　何年も英語を学んだのに、会話の中から知っているはずの単語さえ聞き取ることができない、文字にして目で確かめないと意味がわからないという経験を、多くの人が持っているのではないでしょうか。これは、音声による指導（特に入門期に）が十分でなかったことに大きな原因があると言えるでしょう。小学校段階の音声指導を大切にしないと、これまでの日本の英語教育と同じ過ちをおかしてしまいかねません。

　小学生でも、論理的・分析的な思考力が発達してくると、文字を利用した記憶や理解、すなわち英語の「勉強」をしたがるようになります。だからこそ、その前に、「音声言語」としての英語にふれる楽しさ、また、音声だけでも理解できるような力、音声で理解しようとする態度を育てる必要があります。文字で確かめたい、日本語に翻訳しないと英語がわかった気にならないというのは、その方法で英語を学んできたことの結末で

あり、音声言語としての英語の指導が十分でなかったことを示している証拠でもあると言えそうです。

　積極的に人と関わり、コミュニケーションをとる態度を育てながら、同時に「英語の音声の特徴に慣れさせ、聞こえてきた音声（単語や短い文）からその意味内容を認識したり、自然な音声の中から意味の塊を聞き取ったりできるようになる能力を育てること」が、小学校段階の外国語科の技能面において目指すべき一番重要なことであると言えます。週に２時間程度しか授業時間が取れないことを考えると、育成できる技能は限られているはずです。子どもが日本語を習得する過程を考えても明らかなように、文字（アルファベット）を認識したり書けるようになったりすることや、発音とつづりの関係を覚えることは、音声に慣れた後でも十分に可能です。音声形式として身についた能力があってこそ、文字への興味が高くなり、文字指導*の効果も上がることが期待できるのです。

文字指導
p. 239、第15章も参照。

　いったん文字を頼りにしてしまうと、音声だけから学ぶことが難しくなってしまうという危険性があります。日本語やローマ字の影響を受ける傾向が強くなり、英語の音声の特徴などを無視して、文字で認識・理解できれば、単語やフレーズ・文が「自分のものになった」と錯覚してしまうからです。ALTやCDの後について発話練習をしている子どもを見ると、日本語のカタカナの言い方で発話している姿を見かけることが多くあります。モデルをしっかり聞いてそのまままねする姿勢が育っていないとせっかくの子どもが持つ特性が生かされず、大変残念に思えてしまいます。文字を用いた指導は指導する側には楽ですが、使えば使うほど音声としての英語を意識する機会が失われてしまう可能性が高くなることを押さえておくべきでしょう。

　教科化に伴い文字指導も開始されていますが、音声を無視した文字の学習には期待できません。英語力をつけるには、長い時間が必要になります。長いスパンで考えたとき、中学校以降での本格的な「読み・書き」の勉強が始まる前に育てたいのは、「意味の塊（チャンク）で音声を聞き取る力」です。この力を十分に伸ばす指導こそを大切にしたいと思います。

3）発音は「通じる」レベルで

　「音声指導」というと「発音の指導をすること」と思われがち

ですが、「聞く」指導も音声指導の大切な一部です。発話の前に、英語を「聞く」活動を多く持つことが大切です。ややもすると、発話や会話活動だけが活発な活動であると思われがちですが、たとえ、黙って静かに「聞く」活動であっても、子どもの頭の中は活発に働いていることがあります。子どもが心と頭をフル回転させながら耳を傾けて聴くような活動を心掛けましょう。

　児童期の音声指導に関しては、日本語と異なる音声的な特徴にふれ、母語との違いに気づくこと、また、母語話者を含めた様々な人が使用する英語に慣れることも大切です。練習のモデルとして、母語話者による発話や教材を利用することに問題ありませんが、世界で使われている英語の多様性にふれることにも、大切な意義があります。「母語話者の英語のみが正しい」と思わせる指導は、偏見や差別意識にもつながるものですから、指導には注意が必要です。

　一方、発音に関して求めるのは「通じる」レベルで十分と言えるでしょう。発音面での子どもの柔軟性には驚くものがありますが、過度な発音指導は、子どもの英語への心理的な壁を高くすることにつながりかねません。また、子どもに舌の位置や動きや口の形（調音位置や調音様式）などを説明しても、簡単に理解することはできません。大人よりは「まねがうまい」とはいえ、児童期にはすでに母語がある程度できあがっていますから、「ネイティブのような発音」を求めるのは無理がありますし、現実的であるとは言えません。国連などの機関、グローバルなステージで活躍している人たちの英語がアクセント（訛り）のない母語話者のような発音をしているかというと必ずしもそうではありません。内容的にすばらしいことを相手に伝わるように気持ちや願いをこめて発信できる人間であることが大切であり、相手に伝わるようにいろいろな工夫をしながら伝える努力ができることが重要なはずです。

　また、単調な発音練習をくりかえしたり、会話活動において、個々の発音について細かい訂正・矯正を実施したりすることは、コミュニケーションへの意欲をそこなうことにもなりかねません。発音練習に時間をかける前に、まず「聞く」時間を十分に取ること、その中で日本語との違いや音声の特徴に気づかせるような指導をすることが大切です。気づいた子どもたちは自分なりに工夫をしてまねしようとするものです。日本語との音声的な違いに気づかせる手立てこそが重要だと言えます。

4）英語のシャワーより効果的なTeacher Talkを

　「英語のシャワーを浴びせれば自然に習得が起きる」というのは本当でしょうか。習った経験のない外国語のドラマ等の動画を使って試してみればすぐにわかることですが、大人でも子どもでも、わからない内容をいくら聞いたところで、いつまでたってもわからないままです。指導の基本は「意味がわかるような手立てを行い、理解できる内容をたくさん聞かせる」ということです。先生が英語だけで授業を進めることで、わからなくて不安になったり、自信をなくす子どもが出てしまったりするようでは、教師がたとえどんなに流暢に英語を使っていたとしても、よい授業とは言えないはずです。子どもたちの理解を確かめながら、絵やジェスチャー、教材、必要に応じて時には日本語を使って、興味を失わせることなく授業を進めるようにしましょう。一握りの勘のいい子どもや、学校外で英語を習っている子だけがわかるような授業内容では、それ以外の子どもは「英語はむずかしい」「つまらない」となってしまいかねません。保護者の経済格差が進む中、あきらめたことの1つに子どもの習い事が上位に上げられています。塾や英会話教室に通っている子どもを基準に授業作りをするようなことは決してあってはならないはずです。

　「先生の言っていることがわかる」ということは「安心して授業を受けられる」ということであり、それは授業を行う最も基本的な条件でもあるのです。また、複雑なゲームを英語だけで説明しようとすると時間がかかります。日本語を用いたり、子どもたちになじみのあるゲームのルールを用いてできる活動にしたりすれば、進行もスムーズになります。英語で進めることにこだわりすぎて単純な言語活動やゲームしかできないのでは、学ぶ意欲を失わせてしまう危険性があります。教師ができるだけ英語を使おうとすることはとても大切なことですが、子どもを置いてきぼりにしない指導であることに留意したいものです。効果的にクラスルーム・イングリッシュを使うことが大切であり、必要以上に早いスピードで英語を話すことはむしろ下手な英語使用として捉えられるべきでしょう。Teacher Talkとしての適切な英語使用ができることが重要なのです。

13-2. 子どものやる気を高めるために

1)「できた」「わかった」をたくさん経験させる

　子どもが集中できる時間や興味・関心などを考えると、1つの言語活動に何時間もかけるより、短い時間でできる活動を複数組み合わせた授業のほうが、飽きることなく取り組むことができます。また、異なる種類の活動を通して何度も同じ表現に出くわす回数を増やすことで、理解を徐々に深め、発話に慣れさせることが可能となります。「できた」「わかった」という体験をたくさん与えることで、英語への自信も生まれてくるものです。

活動の流れ
第14章1節を参照。

　活動の流れ*としては、導入からドリル、コミュニケーション活動やタスクを行う活動、自己表現活動などへと展開していくようにします。新しい情報を得るために英語表現を使用するという、本当のコミュニケーションに近い場面を設定するには、その前の活動として、英語表現を練習し、発話できるようにするためのドリル的な活動が必要です。多様な教材・手法を用いて「飽きないドリル*」を工夫するようにしましょう。その際、大切になるのは、子どもが取り組みたくなるような、個性や創造性が表される楽しいデモンストレーションを見せてあげることです。また、ジェスチャーや顔の表情、声の調子など、コミュニケーションを行う際に大切となるいろいろな要素の存在を気づかせる手立ても大切です。ですから、ALTやJTEとのティームティーチングで指導する場合、ALTやJTEをリピート活動のモデルとしてではなく、思いや考えを伝えたり、その人となりを知ったりするための目的をもったコミュニケーション活動において活躍してもらえるような手立てを取るようにします。CDなどで代わりができることをわざわざALTやJTEにやってもらう必要はありません。

飽きないドリル
具体的な活動例は第14章4節を参照。

　友達や先生と英語で話をすることに必然性がないことは言うまでもありません。ALTや外国人のゲストの方とのコミュニケーションにおいてこそ英語を使う必然性が生まれます。学習した知識や技能を用いて自己を表現できたり、相手の想いや考

えを理解することができたりすれば、大きな達成感を感じるはずです。その後の学びの大きな動機づけにもなるはずです。

　道案内のような活動にしても、住んでいる街でALTがより過ごしやすくなるように街を紹介してあげるなどの単元作りができた学校では、子どもの活動に取り組む姿が単に英語のフレーズや文を覚える為だけに練習している学校の子どもたちとはまったく異なるものです。コミュニケーションや学習の見通しを渡した指導にするためには、単元名に工夫をしたり、子どもたちに「だれに、何のために」英語を使用するのかが伝わる工夫をすることが重要になります。

2）全員が参加できる活動を

　ゲームなどを行う場合、勝ち進んだ子どもだけが参加でき、ほかの子どもは勝負が決まるまでただ待つというものがあります。競争させることで、集中力を高めることがねらいとなっているようですが、負けて待つだけの子どもたちは集中できなくなって遊びだしたり、退屈して話し出したりするようになってしまいます。限られた時間ですから、できるだけ全員が参加できる活動にすることが大切です。負けても参加できるような工夫を考えるようにしましょう。

　「まちがえた子どもは着席する」というルールも、「負けた後でも、座ったままで3回まちがわずにできれば、復活して参加する」というルールにするだけで、子どものやる気も変わるはずです。より多くの子どもが参加でき、英語を聞く、英語を話す機会を持てるようにするための工夫を忘れないようにしましょう。また、競争だけで活動を盛り上げることしかできないのは大変残念です。ペアやグループで協働して何かを達成することができるような工夫もできるはずです。

3）発達段階に合った活動を

　子どもには、年齢相応の活動を与えることが大切です。高学年なのに、英語圏の幼児向けの歌や踊り、単純なゲームばかり行っているのでは、「英語の時間はつまらない」となってしまうにちがいありません。「歌やゲームがつまらない」という子どもの感想も聞かれるようですが、一方では、大人でも「歌やゲー

ムが楽しい」と言うことも聞かれます。「高学年は歌やゲームに乗ってこない」というのは、つまり「発達段階に合わない歌やゲームが行われることが多い」ことが原因と考えられます。

　私たちがカラオケなどで歌を歌うときも、自分の気持ちに合った曲、自分が歌える歌を選曲します。子どもが歌う歌を考える場合も、自分の気持ちに合ったもの、お気に入りのメロディーやリズムのものでなければ、繰り返し歌いたいとは思わないでしょう。習った表現だけで歌えて、かつ子どもの興味・関心に合う歌を選ぶ必要があります。

　ゲームにしても、高学年であれば知的好奇心をくすぐるような内容が必要になってきます。活動内容も徐々に高度なものになってくるはずですが、一方、他教科の内容を活用した活動などを用いることで、子どもに興味を持たせることが可能となります。ただし、母語でさえよく理解できない内容を、英語で教えるようなことは避けるべきでしょう。環境、福祉、人権、平和、異文化理解など、子どもたちに伝えたいことはたくさんありますが、子どもの発達段階を配慮し、どこまでが実施可能なのかを見極めることも大切です。CLIL*による指導が広がってきていますが、言語活動の目的をはっきりさせないと、「むずかしいことを英語でやっているように見えるだけ」で、どのような力が育ったのかはっきりしない、意味のない活動になってしまうこともあります。子どもが興味を持ち、かつ理解できる内容を選ぶようにしましょう。

CLIL
p. 12参照。

13-3. 「ことば」としての指導を

1)「しっかり聞き、しっかり伝える」指導を

　ある小学校のクラスでのインタビュー・ゲームを参観したときのことです。時間内に何人にインタビューできるかを競わせたために、"What's your name? Do you like dogs? Thank you. See you." と、英語を使用しているとはいえ、一方的にまくしたてて会話を終わらせている子どももいれば、聞く方も質問が終わる前に答えを言い始めている子どもさえいました。

また、早く答えを得たいがために、知っている部分は勝手に書き込み、「何？ どっち？」と日本語で聞きながら、ワークシートを完成させてしまう様子も見えました。こうなると「活発に活動している」ように見えても、「英語を用いた良いコミュニケーション」とはほど遠いものになってしまいます。

　活動を競争にしてしまうと、単に早く言うだけ、考えることなく適当に言うだけの発話になってしまったり、相手の発話をまったく聞かなくなってしまったりしがちです。楽しい活動を行う努力は必要ですが、何のための活動なのかをよく考える必要があります。大切なのは、コミュニケーションの質であり、しっかり聞き、しっかり相手に伝えることです。英語を「ことば」として使用させるためには、まず教師側が「ことばとしての教育」を意識していなければなりません。

2）気持ちを込めてことばを伝える体験を

　相手の気持ちになってことばを使う、状況に応じて声の大きさや言い方をコントロールすることも、外国語活動・外国語科でぜひ取り入れたい内容です。目標とする表現に慣れてきたら、発話させるときに「だれに向かって」「どんな状況で」「どんな気持ちで」話しているのかという状況を与えるようにします。すると子どもは、与えられた条件を考えて、気持ちを伝えるために「ささやき声」や「怒った口調」「優しい口調」などを工夫するようになります。このように、ことばをことばとして使いながら、楽しみながら行う活動の工夫＊が望まれます。リピート活動だけで終わってしまうと「ことば」としての使用につながらないばかりか、覚えたことを早く言うことを意識して気持ちがまったく伝わらない発話になってしまいます。授業の始めの挨拶で "How are you?" と聞かれて "I'm fine." "I'm great." "I'm sleepy." と、顔や声の表情なしで答えている子どもが多いことは大変残念です。

3）聞きたくなる、言いたくなる「必然性」を作る

　外国語活動において、練習とはいえ、"Midori, what's your name?" など、名前を呼びかけておきながら「名前は何？」と聞いたり、見ればすぐにわかるものを "What's this?" と問い

活動の工夫
第14章4節の活動例、また
p. 233「なりきりオーディ
ション」も参照。

かけたりするのも、コミュニケーションとしては不自然です。たずねたり答えたりする必然性のある会話を扱うようにしたいものです。

例えば、「何だろう？」と思うような写真や図形、子どもが描いた抽象的な絵や積み木で作った作品などを指さして"What's this?""It's ..."というやりとりなら自然です。また、ペアでカードに描かれた人物になりきってクイズを出し、お互いにその人物を当てるゲームなどであれば、"What's your name?"を使うことはできるでしょう。キャラクターの絵やスポーツ選手の写真などを使い、別人になったつもりで活動を行う方法もあります。

「買い物ゲーム」にしても、商品の値札が見えるのなら、わざわざHow much?と聞く必要はなくなります。代わりに値段を聞き取って、ワークシートに記入するような方法にするとよいでしょう。また、店によって値段が異なるようにすれば、「一番安い店を探して賢い買い物をする」というタスクを行う活動*にもつなげられ、広がりが生まれてきます。

TPR*を行う際も、発話の前に教師が行動をして見せてしまうと、子どもは英語を聞く必要がなく、ただ行動をまねるだけで終わってしまうことになります。そうならないように、「必要があるから聞く」という状況を意図的に作る必要があります。

発話の練習も、単に繰り返しリピートさせるのではなく、同じ内容でも「言いたい、答えたい、思わず言ってしまう」状況・活動を作る工夫が大切です。「聞きたい、言いたい」という自然な動機づけがあってこそ、自分のことばとして英語が使えるようになっていくのです。

タスクを行う活動
p. 234「節約買い物ゲーム」を参照。

TPR
p. 56を参照。

13-4. 「英語」に「プラスアルファ」の視点を

1)「競争」ではなく「協働学習」を

子どもに勝負をさせたり、ポイントを与えたりして競争を行わせると、集中力は確かに上がり、雰囲気も盛り上がります。しかし、勝負に勝つことだけが目的になると、子どもは「勝つ

ためにどうするか」ということに集中してしまい、目的とする力が育たないことにもなりかねません。授業はイベントではないのですから、ポイントなどの「ほうび」でやる気を起こさせるのではなく、活動そのものが楽しく、達成感を感じられ、「表現したい」「やってみたい」と思える内容にする必要があります。「楽しく盛り上がる」ことよりも、「頭をしっかり使いながら、英語を聞いたり話したりする」ことを重視したいものです。

　例えば、カードを用いた活動を行う場合、カルタ取りの要領で友達との競争でも「しっかり発話を聞いて、すばやく反応する」ことは確かに起こるわけですが、別の方法で同じ目的を達成することもできます。各自に複数のピクチャーカードや絵の描かれたワークシートを持たせ、先生の発話に合う部分を指さしながら "Here." と言わせるような活動にすることもできるでしょう。友達と速さを競い合うのでなく、自分のペースで取り組めるような活動の工夫が望まれます。また、同じ活動でもルールを変えて、ペアで協力させながら一緒に取り組ませることもできます。このように、「競争」ではなく「協働学習*」の視点で活動の内容を考えることも大切なことです。「現実の競争社会に生きる力を育てる」と言う人もいますが、人の力を借り、協力しながら何かを成し遂げ成功していくことも重要な一面です。友達と一緒に何かを成し遂げた喜びは、十分に学習の動機づけになるはずです。

2）人と関わりながら自尊感情を育てる*

　ことばの教育とは「人と関わることを学ぶ」ことでもあります。英語の授業を通して、友達と関わり合い、自分の気持ちを表現し、また他人の気持ちを想像し、他人の話を受け止めるといった活動には、「育てるカウンセリング」として知られる「構成的グループエンカウンター*」との共通点があります。母語教育では十分にできていない「人と関わり合う体験」を、簡単な英語のコミュニケーション活動によって補うことも期待されます。

　外国語活動を通して、他者への関心を育成しながら人とコミュニケーションをとる態度や、自尊感情、他者尊重の気持ちを育てるという視点をぜひ持ちたいものです。友達との違い、多様性とともに、「共通点」に気づかせるような工夫も大切です。

協働学習
p. 113、121を参照。

自尊感情を育てる
p. 114も参照。活動の例として p. 230を参照。

構成的グループ
エンカウンター
意図的にプログラムを提供し、そのプログラムを通して「自己理解」「他者理解」「人間の共存」などについて、体験しながら学習する場。p. 114も参照。

また、子どもたちの個性や得意な分野を引き出したり、子どもが認め合ったりできるような活動、子どもの個性を生かせるような教材を考えることも重要です。長い文章やセリフを暗唱するような活動より、短くても自分のことばで気持ちを一生懸命伝えるような活動を大切にしましょう。暗記力が高いということと表現力があるというのは同じではありません。外国語の時間が、英語表現に慣れ・親しむと同時に、コミュニケーションを楽しみながら、豊かな社会性とライフスキル*を育む活動にもつながっていけば、素晴らしいことだと思います。

3）他分野との連携、「プラスα（アルファ）」を意識する：CLILの可能性

ALT（外国語指導助手）や外国人ゲストとの交流で、英語を実際に使う経験を大切にしたいものです。「通じた」という喜びは、次の学習への動機づけとなるとともに、既習表現などの定着をうながす機会ともなり、外国語教育で育てるべきBICS*の能力育成にプラスとなって働きます。さらに発展させて「環境教育」「福祉教育」「食育」「ジェンダー教育」「開発教育」「人権教育」と英語を絡ませるような活動にも取り組む視点は意義のあることです。

学級作りは授業作りにつながります。学びの集団になっている学級では英語学習への取り組みも積極的ですし、お互いを受け止め合う言語活動も当たり前のように取り組んでくれるものです。小学校教員の強み、それは、全教科を通して指導できることと学級経営も同時に進めることができることです。

社会科や理科などの他教科において学習する内容をテーマとした場合、他教科等で得た知識や考え方を用いて課題を捉え、議論したりまとめたりする言語活動を行うことが可能となります。課題に関する分析や分類、解決策の提案などを「国語科」や「外国語活動・外国語科」において行うことで、他教科等における学習内容を活用しながら学習することができれば、内容に関する深い理解と同時に言語能力の育成にもつながるはずです。

効果的な学習活動にするためには、母語において内容に関する深い学びを持つことが重要となることは言うまでもありません。外国語教育において、より深い思考を生み出す言語活動にするために、情報を的確に把握し、批判的思考で分析・判断を

ライフスキル
肉体的、精神的ともに健康な状態で、積極的に社会の中で生きていくための資質のこと。

BICS
基本的な対人コミュニケーション能力（Basic Interpersonal Communicative Skills）。次の段階としてCALP（Cognitive/Academic Language Proficiency：学習言語）があるとされる。

行い、関連する事柄と結びつけながら考え、新たな発信へとつなげる活動が必要となるからです。「教育課程部会 言語能力の向上に関する特別チーム」審議の取りまとめにも「言語能力は、国語科や外国語活動・外国語科のみならず、全ての教科等における学習の基盤となるものである」という記述がみられます。科学的、分析的、論理的、批判的、創造的思考能力の育成を進める系統性のある教育カリキュラムの提供が急がれる所以です。

その様な中、注目される言語教育のアプローチとして内容言語統合型教育として知られるCLILがあります。言語能力の育成だけではなく内容理解の深まりや思考スキルの育成も含む内容は、新たな言語教育のあり方として期待が持てそうです。ただし、その目的を言語教育と内容理解や思考スキルの育成両方にあると考えると、当然、その両方において関する評価がなされるべきであるはずです。残念ながら、これまで日本の小学校でCLILの授業として紹介されている実践においては、評価規準にその両方の視点が明示されているものは多くありません。「言語・文化への気づき」として日本との違いを扱ったり、他教科の内容に関連する語彙を用いたりする指導は見られても、主体的、あるいは、対話的な学びから生まれた「気づき」を大切にする授業は少なく、「文化・知識の提供」止まりになってしまっていることがほとんどです。

CLILの特徴とされる4つのCの育成：Content、Communication、Cognition、Cultureにおいても、山野（2013）の取り組みのように、意識的に4つのCの視点からの実践に取り組んでいるケースはあまり見られず、多くの場合は、他教科と連携した英語授業としてこれまですでに実施されてきている授業内容や指導方法と大きな違いは見られません。CLILの定義を広げて解釈していると言えばよいのかもしれませんが、4つのCを扱ってさえすればよいというものでもないはずです。少なくとも、各活動に対する評価規準は内容と言語の両方から考えられるべきであり、また、4つのCのどの力がどれくらい育ったのかを最終的には意識する必要があるはずです。

今後、小学校英語教育においてCLILの普及を進めるにあたっては、教育プログラムとして高い評価を得られるようにするためにも、指導と評価の一体化を意識した効果的な指導法の構築を目指すことが求められるでしょう。厳しい言い方をすれば、「CLILもどき」の活動が増えるだけで終わってしまうのは

大変残念です。今後は、思考力・認知面における変容、その変容を導く指導のあり方など、CLIL指導の条件の明確化が求められると言えそうです。

子どもたちが気持ちよく関わり合える授業でありたい
写真提供：遠藤恵利子

第14章

指導の実際

はじめに

　1時間の授業の組み立て方や指導の際の留意点、復習や導入
の進め方など、それぞれの活動において注意すべきことを一緒
に考えましょう。

14-1. 1時間の指導の組み立て方

　1時間の授業は、おおまかに(1)あいさつ（ウォームアッ
プ）→(2)前時の復習→(3)新しい内容の導入→(4)展開活動
（聞くドリル活動・発話のドリル活動・コミュニケーション活
動・タスク活動など）→(5)まとめ、評価、振り返り→(6)終
わりのあいさつ、といった内容で構成されます。ただし、時間
配分や教授法によって、単元ごとに違う構成になったり、各構
成部分が明確には分かれなかったりする場合もあります。例え
ば、イマージョン教育*や内容中心教授法*（Content-based
Approach）による授業では、その時間のテーマ・内容に英語
を用いて取り組むことで英語の力も同時に育てる方法をとるた
め、どこまでが導入でどこからが展開なのか、はっきりしない
場合があります。また、導入の活動に1時間をかけ、展開活動
は次回に行うような単元設計をすることもあります。ただし、
週に1、2回程度しか授業を確保できないのであれば、前回ま
での復習に十分な時間を取ることが必要です。なお、その日の
天気、時間割や学校行事などによって、子どもの体調も集中力

イマージョン教育
他教科を、目的とする言語で
教える教育方法。Immerse
は「浸す」という意味。

内容中心教授法
英語について学習するので
なく、ある内容について英
語で学ぶことを通して、英
語力を育成する教授法。
p. 60参照。

あいさつ
詳しい内容や活動例は本章
2節を参照。

クラスルーム・イングリッ
シュ
第9章参照。

も変わります。準備したものをすべて消化しようと考えずに、柔軟な姿勢で取り組むことも大切です。

1）実際の指導の流れ

あいさつ*（ウォームアップ）

授業のはじめのあいさつは、英語の授業の雰囲気作りや動機づけの役割を果たします。クラスルーム・イングリッシュ*の一環として、なるべく英語で行うようにします。歌を使用してもよいでしょう。明るい雰囲気で授業をスタートすることで緊張がほぐれ、学習への意欲も高まります。

中学年から外国語活動において英語の挨拶には慣れ親しんでいるはずなので、高学年では、天気、曜日、日にちについて毎回同じように質問するだけではなく、簡単なSmall Talkを行ったり、天気、曜日などについてわざと本当ではないことを言ったり（晴れた月曜日に It is Wednesday. It is rainy.）することで、No. It's Tuesday. It is sunny. などと答えさせるのもよいでしょう。授業のはじめからしっかり聞くことが大切であることを思い出させることや今日はどんな授業になるのかと興味を持たせることができます。

前時の復習

前回までに学んだ内容を思い出し、復習する活動です。週に1、2回程度の授業では、前回習ったことの多くは忘れてしまっていることが多いはずです。数回の授業で定着させるのではなく、時間をかけて何度も同じ表現に出くわすことで、少しずつ身につけていくように進めましょう。復習の際には、前回よくできた活動をほめ、その日の活動に興味をつなげさせることも大切です。最初から、1人を指名して発話させるようなことはせず、基本はリスニング活動から入ることで前回の授業で出会った表現を思い出させることができます。発話させる場合は、徐々に、全体、グループ、ペア、個人の順で答えさせるようにします。

ALT（外国語指導助手）やゲスト・ティーチャーには、前時の内容や既習の表現を伝えておき、あいさつや授業中に意図的に使ってもらうようにしましょう。「英語がわかった」と感じることは、子どもにとって大きな自信につながります。

新しい活動や言語材料の導入

①理解できる十分なインプットを与える

新しい語彙やフレーズ、構文（ターゲット・センテンス）とその機能（働き）を子どもに提示する活動です。絵や写真、実物、動画、ジェスチャーなどを用いたり、担任の先生とALTによる対話のデモンストレーションを行ったり、ALTがいなければビデオによる対話を見せるなどして、子どもが理解できるような多くのインプットを与えるようにします。

その場合、英語だけでもその状況や意味が十分伝わる内容にする必要があります。わからない英語を聞かせるだけでは、子どものやる気をそこなうことになります。絵やジェスチャーだけでは伝えられないような複雑で抽象的な内容なら、日本語を上手に利用したほうがよい場合もあります。

同じフレーズや語彙が繰り返し出てくる歌やチャンツ*の利用もできます。その際には、そのフレーズや語彙が表す内容が子どもにきちんと伝わるように、ピクチャーカードやワークシート*、板書を一緒に利用すると、効果的です。ただし、イントネーション等が崩れてしまうチャンツの使用は好ましくありません。

②発話へと無理なくつなげる

新しい語彙やフレーズについて、音声によるインプットをたっぷりと行ってから発話へと進みます。十分なインプットがなされていれば、子どもは自然に発話するようになりますし、逆にそうでなければ、発話させようとしてもうまくいかず、自信を失わせることにもなります。

1時間の中で、新しい材料を導入してすぐに発話に結びつける必要はありません。じっくりと聞く活動に取り組むことが、自然な発話につなげるコツです。発話をさせる前に以下の「様々な展開活動」で述べる「聞くドリル活動」を盛り込むようにします。発話の際、カタカナでメモしたものを読んでいる子どもの姿を見ることがありますが、その原因は、聞く活動が十分でなかったり、文が記憶できないほど長かったり、言い慣れができていない発話を求められたりすることにあります。

様々な展開活動

導入した表現に、より慣れるための様々な活動です。1時間の流れの中では「メインの活動」として位置づけられることが多いでしょう。歌・チャンツ・ゲームなどを使ったドリル活動か

チャンツ
一定の拍に、フレーズや語彙を乗せた教材、またその指導。語彙や文構造の音声形式に慣れさせることができる。詳しくはp. 163を参照。

ワークシート
具体例は本章3、4、7節などを参照。

ら、インフォメーション・ギャップを用いたコミュニケーション活動、また、（友達と協力して）課題を達成するタスク活動、自己表現活動などの発展的な活動へつなげることもできます。

①ドリル活動――「聞くドリル」「発話のドリル」

　自分の思いや考えをやりとりするために「言語活動」を行うという、本来のコミュニケーションに近い活動は、とても大切です。ただし、その前提として、必要な英語表現を聞き取れること、発話できるようにすることが必要になります。ことばを使う必要のある場面を設定したとしても、自信がなかったら子どもは声に出しません。何度も聞いて繰り返し練習し、言えるという自信がついてこそ、コミュニケーション活動を行うことができるのです。

　そこで、「繰り返し聞く、繰り返し練習する」ドリルが必要になるわけですが、問題はその手段です。ただ聞くだけ、または先生の後について繰り返す練習だけでは、子どもは飽きてしまいます。たとえ、繰り返し活動であったとしてもどのような場面で発話しているのかを意識させながら、内容を思い浮かべながら発話練習させたり、歌やチャンツ、ゲームなど多様な方法を用いて、無意識に「たくさん聞き（聞くドリル）、たくさん言う（発話のドリル）」ことができる方法を工夫したりしましょう。そうすれば、子どもは飽きることなく活動に取り組め、語句や表現も定着しやすくなります。そして同時に、自信を持って次の段階の「英語を使う活動」に取り組めるようになります。

②情報を伝え合うコミュニケーション活動、自己表現活動

　語彙やフレーズに慣れてきたら、その英語表現を用いたコミュニケーション活動やショウ・アンド・テル（show and tell）*を含む自己表現活動へと広げます。本当のコミュニケーションに近づけるために、児童間にインフォメーション・ギャップを作り、相手だけが知っている（自分が知らない、持っていない）情報を得るために会話をするような活動を設定するようにします。簡単な表現でも、「言いたいことを英語で伝えられた」という体験は、次の学習への動機づけになります。そのためには、英語を使う活動を通して子どもたちが新しい発見をしたり、知りたいことがわかったりするような活動内容を考えることが大切です。

③達成感を得られる、タスク活動

　英語を使って課題を解決するようなタスクを行う活動は、知

ショウ・アンド・テル
絵や写真、実物などを見せながら、それについて紹介する活動。

的好奇心の高まる高学年にふさわしい活動です。グループの仲間と一緒に行う活動にすると、友達と一緒に何かを成し遂げる経験や、友達と心がふれ合う喜びも体験することができます。外国の人との交流の際に、習った表現を生かせる場面を意識的に作るようにすれば、ますます自信を持つことができ、さらなる学びへの動機づけにもつながります。

まとめ・評価・振り返り

　授業の途中や終わり、また授業の最後に、教師自身が、また子どもたちが、その時間を振り返り、授業のめあてが達成できたかどうかを確認する活動*です。授業や各活動についての評価までを含めて1つの授業は構成されます。その授業のめあてを振り返り、確認することが、次回の授業への動機づけにもなります。授業を立案する時点で、その時間のめあて、評価規準、教材を作り、授業ではその規準に照らして「振り返り」を行う必要があります。担任やALTがコメントをするだけでなく、子どもたちが自ら活動を振り返って意見を言う形（相互評価や自己評価）にすることもできます。

確認する活動
評価についての詳細や自己評価表の例は第5章、本章6節参照。

終わりのあいさつ

　終わりのあいさつでは、ALTにひと言コメントをもらったり、実施した活動や英語の表現を確認したりするとよいでしょう。終わりのあいさつに用いる英語表現も、授業が進むにしたがって少しずつバリエーションを増やし、たくさんの表現に慣れる機会を与えるようにします。最後にALTやゲスト・ティーチャーへの感謝のことばも忘れずに、また、次回の活動の予告をするなど、次の授業への期待と興味を持たせて楽しい雰囲気で授業を終えるようにします。

14-2. あいさつ、ウォーミングアップ、復習

　授業最初のあいさつから前時の復習までの、具体的な活動例を紹介します。授業の最初の5分間で、子どもたちの緊張をほぐしながら、本時の活動への興味・意欲を高め、メインとなる

活動へつなげます。

1）あいさつとウォーミングアップ

あいさつは、パターン化したものを覚えさせるよりも、先生のあいさつに自然に反応できるようにすることが大切です。最初のうちは、"Hello, class." だけでもかまいません。ただし、子どもの顔を上げさせること、先生の方を向いてアイコンタクトがとれるようにすることを意識して行いましょう。ゲストの紹介、前回の復習、その日の活動の紹介などに時間がかかる場合は、あいさつは簡単に済ませるようにします。

少しずつあいさつのバリエーションを広げるようにしていくようにします。ウォーミングアップとして、前時に学んだ表現を用いて簡単な英語のやりとりを行ったり、学校行事や記念日、クラスの子どもの誕生日について英語で紹介したりするなど、いろいろな内容を徐々に取り入れていくとよいでしょう。

天気、曜日、日にちなど、親しんでほしい事項についても、少しずつ自然にふれさせるようにします。また、その日に行う活動について、教材やワークシートなどを見せながら簡単に紹介し、授業への興味を持たせることがポイントです。以下に、はじめのあいさつと終わりのあいさつの例を紹介しておきます（第9章のクラスルーム・イングリッシュも参考にしてください）。

〈はじめのあいさつの例〉

Teacher : Let's start today's English lesson. We have a special guest today.
This is Mr. Parker. Would you introduce yourself, Mr. Parker?

Mr. Parker : Hi, everyone.

Students : Hello.

Mr. Parker : How do you do, everyone? My name is George Parker.
I'm from Australia. I'm very happy to meet you all.

Students : Nice to meet you, Mr. Parker.

Teacher : Today we will study English with Mr. Parker.

Mr. Parker will teach us some Australian
English games later.

〈終わりのあいさつの例〉

Teacher :	Everyone, how was today's English class?
	Did you enjoy yourself?
Students :	Yes./No.
Teacher :	Mr. Parker, how about you?
Mr. Parker :	Yes, I had fun. Your pupils did a good job.
Teacher :	Thank you very much for joining us today.
	I hope you will come and teach us more about
	your country soon.
	Class, give him a big hand and say "Thank
	you very much."
Students :	(*clapping hands*) Thank you very much, Mr.
	Parker.

あいさつの歌の例～ウォーミングアップも兼ねて～

　あいさつや自己紹介ができるようになるためには、それらの
表現を覚える必要があります。そこで、授業のはじめにウォー
ミングアップも兼ねて、あいさつの表現を扱った歌を取り入れ
ることもできます。歌を選ぶ際は、メロディーが簡単なこと、
同じフレーズの繰り返しが多く、覚えやすいことがポイントで
す。子どもがよく知っている歌に英語を乗せて、以下の①のよ
うに、替え歌にして歌ってもよいでしょう。なお、替え歌を作
る際には、英語の自然なストレスやイントネーションがあまり
くずれないように気をつけましょう。

①Hello Song ▶▶ **CD TRACK 2-3**

　子どもたちになじみのある「森のくまさん」のメロディーを
使ったサンバ調のあいさつ・自己紹介の歌です。まずは聞か
せ、十分に慣れて歌えるようになったら、輪唱に挑戦してみて
もよいでしょう。2番では自己紹介の表現を扱っているので、
慣れてきたらカラオケ（track3）を使い、自分の名前などを
入れて歌わせることもできます。I'm from ... のところをI like ...
などに変えてもよいでしょう。

イラスト：関根庸子

1番

A：Hi, how are you ?

B：I'm fine, thank you.

B：Hi, how are you ?

A：I feel so good.

A：Why don't you sing and dance with me ?
　　Why don't you sing and dance with me ?

2番

B：How do you do ?
　　Nice to meet you.
　　My name is Ken.
　　I'm from Kyoto.

　　Why don't you sing and dance with me ?
　　Why don't you sing and dance with me ?

A&B：Why don't you sing and dance with me ?

② Hello !　▶▶ CD TRACK 4

　覚えやすいメロディーに、2人があいさつをしている表現を乗せた歌です。「どんな歌かな」と考えさせながら聞かせます。そのうち口ずさめるようになったら、それぞれのパートを決めて歌うようにしてもよいでしょう。十分歌えるようになったら、カラオケ（3番）を使って、ペアで "Do you like … ?" のところに、どんな歌詞を入れるか考えさせ、歌わせるようにもできます。

1番	**2番**
A：Hello ! My name is Erika.	B：Hello! My name is Takuya.
A&B：Nice to meet you.	A&B：Nice to meet you.
B：Do you like cats?	A：Do you like frogs?
A：Yes, I do. Yes, I do.	B：No, I don't. No, I don't.

3番　*カラオケ*

ABC Songの例

　ウォーミングアップとして、授業のはじめにアルファベット
の歌を用いて、少しずつアルファベットの音声に慣れさせて
いってもよいでしょう。昔ながらの曲だけではおもしろくあり
ませんから、子どもが知っている曲や流行の曲を使って、楽し
いアルファベット・ソングにもチャレンジしてみましょう。

①手遊びABC Song ▶▶ **CD**TRACK **5**

　「アルプス一万尺」のメロディーで作ったアルファベット・
ソングです。この歌では、「アルプス一万尺」と同じ手遊びを、
ペアで行わせることができます。1番ごとに、スピードがだん
だん速くなっていきます。アルファベットの歌詞は歌わせなく
てもかまいません。手遊びに集中しながら自然と口ずさんでく
るようになるとしめたものです。また、歌を聞きながら、日本
語と異なる英語の音声の特徴（特にFやV、LやRなど）に気
づかせるように指導しましょう。

　　1番から4番（歌詞は同じ。徐々にスピードが速くなります）

ABCDEFG　　HIJKLMN　　OPQRSTU　　VWXYZ
ABCDEFG　　HIJKLMN　　OPQRSTU　　VWXYZ
ABCDEFG　　HIJKLMN　　OPQRSTU　　VWXYZ
ABCDEFG　　HIJKLMN　　OPQRSTU　　VWXYZ

　　5番　*カラオケ*

②ABC Song ▶▶ **CD**TRACK **6**

　アップテンポで高学年以上の好みに合う、新しいタイプの
ABC Songです。このように、アルファベット・ソングも、い
ろいろなものを利用するとよいでしょう。そうすることで、飽
きずに何度も聞き、発話する練習ができるようになります。

ABCDEFG　HIJKLMN　OPQRSTU　VWXYZ
ABCDEFG　HIJKLMN　OPQRSTU　VWXYZ
ABCDEFG　HIJKLMN　OPQRSTU　VWXYZ
　　　　　　　　　　　　　　　　　　VWXYZ

2）復習の活動例

　その時間のめあてとなる活動にスムーズにつなげるために、
前時までに取り組んだことを復習する活動を行います。復習の
際には、歌やチャンツ、前時に使ったピクチャーカードやワー
クシートなどを活用して既習表現のリスニング活動から行い、
習った事柄を思い出させるようにします。復習の時間を使って
繰り返し十分なインプットを行うことで、自然に発話できるよ
うにします。

　復習とはいえ前回とまったく同じではおもしろくありません
から、少しアレンジし直す工夫も大切です。語彙の数や種類を
増やしたり、同じ言語材料や英語表現でも、異なるルールで行っ
たりするとよいでしょう。

　また、前回の活動をビデオ撮影しておいて、それをみんなで
見て復習とするのも効果的です。自分たちの活動でよかった点
などを振り返ることで、子どもたちは大切なめあてを確認する
ことができ、それが本時の活動につながるとともに、新しい活
動への興味をわかせることにもなります。このように、デジタ
ル・ポートフォリオ*としてのビデオ撮影を、評価のためだけ
でなく、授業への動機づけやめあての確認のためにも、効果的
に利用することができます。

デジタル・ポートフォリオ
p. 93参照。

歌を聞いて映像をイメージさせる

　前回の授業で歌やチャンツを利用した場合には、それらを聞
かせながら、学習した内容を思い出させる活動ができます。曲

をかけながら、前の時間に使ったピクチャーカードやワークシート、スライドなどの映像を思い出させるようにうながします。歌と連動したワークシートがあれば、それを用いて復習させてもよいでしょう。

　（本書での例：CD-track 10の*Rap Chant*と p. 222のワークシート、CD-track 11の*Food Chant*と p. 224のワークシート、CD-track 12の*Are You a Baker?*と p. 248のワークシートなど）

3分間ゲームで復習を行う

　3分程度でできる簡単なゲームを使って、復習の活動を行うこともできます。本章4節で紹介している「聞くドリル」「発話のドリル」の活動も復習に利用することができます。次に、いくつかその例を挙げておきます。

①リスニングの活動例：「真実の口」

　"Today is Monday." "Penguins can fly." などと先生が発話し、内容が正しいかどうかをすばやく判断するゲームです。既習した内容を利用すれば、どのような言語材料でも行うことができます（詳細はp. 217を参照）。

②発話のドリル例：「恐怖の13」

　考えながら数を発話する活動の1つ、「恐怖の13*」の要領で、既習内容を復習することができます（詳細はp. 218を参照）。

　これと同様にして、1から10、あるいは11から20、AからZ、また曜日の名前など、一定の順序があるものについて「考えて発話する」練習ができます。また、食べ物や動物の語彙などの復習として、黒板にピクチャーカードを10枚程度並べて、同様に行うこともできます。

③歌を使った例：Math Song

　以下のような「計算ソング」も、復習の活動として利用できます。CDを一時停止させながら、聞こえてきた数字（計算式）をノートに書き取ることで、「集中して聞くドリル」となります。CDを使わなくても、先生やALTが以下のように発話して、その内容を書き取らせたり、慣れてきたら答えの部分を子どもたちに言わせたりすると、「聞くドリル」から「発話ドリル」へと発展させることができます。同様の発想で、"Blue plus red

恐怖の13
ペアで交代に1から発話していき、13を言ったほうが負け。数字は1人3つまで続けて言えるというゲーム。

is purple." など、既習の語彙を用いたクイズを行うこともできます。

Math Song ▶▶ CD TRACK **7**

※歌の後半はカラオケになっており、聞き取りや発話に活用できます。

1＋2＝3 (One plus two is three.)   3＋4＝7 (Three plus four is seven.)

(Yes, it's seven!)

7＋2＝9 (Seven plus two is nine.)   9＋2＝11 (Nine plus two is eleven.)

(Good!)

10－2＝8 (Ten minus two is eight.) 12－3＝9 (Twelve minus three is nine.)

(Yes, it's nine!)

8－6＝2 (Eight minus six is two.)   13－5＝8 (Thirteen minus five is eight.)

(Super!)

2×2＝4 (Two times two is four.)   4×2＝8 (Four times two is eight.)

(Terrific!)

5×2＝10 (Five times two is ten.)   3×3＝9 (Three times three is nine.)

(Yeah!!)

14-3. 導入—— 新しい言語材料の導入と工夫

　新しい言語材料（語句・表現）と子どもの出合いをどのように演出するかは、教師の腕の見せどころであり、工夫のしどころです。子どもの興味・関心を高め、英語力の向上につながるような、様々なアイディアを考えたいものです。導入の方法としては、言語材料や子どもたちの知識、発達段階に応じて考えられますが、ここではいくつかのポイントを紹介します。これらを参考に、効果的な導入方法を考えてみてください。

1）実際の導入方法と留意点

単元の見通しをわたす

　単元の最後にどんなことができるようになるのか、何のために新しい語句や構文を身につけるのかなど、単元やコミュニケーション活動の見通しを子どもたちにわたすことが肝心で

す。唐突に進出単語や句・構文を与えて練習をさせるのではなく、何のために学習するのか、設定されたコミュニケーションの目的・場面・状況等を理解させ、子どもが学習過程を設定したり、コミュニケーションの目的に応じて情報や意見などを発信するまでの方向性を決定したり、コミュニケーションの見通しを立てるように指導するようにします。

そのためには、Small Talkや動画の視聴、ALTとHRTとのやりとりにおいて、コミュニケーションを行う目的、場面、状況などを考えさえたり、聞いたり伝えたりしたくなるような心が動く手立てが必要です。例えば、来日したばかりで町のことがよくわからず困っているALTに町の紹介（病院、市役所、ドラッグストアなど）をしたり、観光にやってくる外国人に自分たちの街を好きになってもらえるような道案内を考えさせることで、子どもたちに必要となる言語材料や望ましいコミュニケーションのあり方を意識させるようにすることが可能となります。心が動いた時点で必要となる語句や構文と出会い、伝えるための言語活動につながることが理想です。

言語材料の導入

新しい言語材料（語彙やフレーズ、目標となる構文、その役割など）を子どもに提示する際は、まず、その時間に行う活動について、「今日はこんなことをするよ」と、簡単にデモンストレーションをしながら紹介します。そして「やってみたい！」という気にさせてから、その活動に必要な語彙やフレーズを導入すると効果的です。

最初からピクチャーカードを見せて単語を紹介する形だけでなく、ALT（外国語指導助手）とのデモンストレーションなどで視覚情報を与えたり、嗅覚や触覚など五感に訴える内容や、実物や小道具、歌やワークシートを使ったり、他教科で習った知識や子どもの身近な話題を利用したりするなど、様々な工夫で子どもの興味・関心を高めるようにします。

導入の際には、意味のわかる十分なインプットを与えることが大切です。理解が不十分なままでは、子どもたちは自信を持って活動に参加することができません。必要に応じて日本語による説明も上手に使うとよいでしょう。また、最初から「はい、言ってごらん」ではなく、聞いて理解し、反応できることを最初の目標にします。同じ表現にいろいろな形でふれさせな

がら、無理なく自信を持って発話できるようにつなげていくようにします。

デモンストレーション 【例】好き嫌いの言い方*の導入

好き嫌いの言い方
p. 227にも関連の活動例あり。

英語によるデモンストレーションを見せながら、どんな状況、どんな表情でやりとりが行われているかを実際に示すことは、導入の方法としてたいへん効果的です。ALTとのデモンストレーションができない場合は、パペットなどを利用することもできます。

①まず日本語で「今日の給食のメニューは好き？」「先生は犬が好きだけど、みんなは？」など質問する。次に「ALTの先生はどうか聞いてみよう」と伝え、ALTに、子どもが知っている語彙を利用していくつかの質問をし、答えてもらう。次に英語の答え方として、Yes. / No. / I don't know.（よくわからない）などを口頭で紹介する。

イラスト：かのりえこ

②「今度はみんなに聞くね」と言ってから、Do you like natto? / Do you like dogs?などの質問をする。子どもは、○（またはYes）や×（またはNo）のカードを挙げて答えたり、ワークシート（複数の質問に対してYes. / No. / I don't know.から選択できるようなもの）を使って、自分の答えに当てはまるものを指したり、答えに○をつけるなどする。最初から発話を求めなくてよい。

五感やイメージを働かせて 【例】新しい語彙の導入

新しい表現を導入する際に、音声によるたくさんのインプットを与える方法の1つとして、五感を働かせたり、想像力をふくらませたりしながら聞かせることもたいへん有効です。

A「香り」から果物を導入する

果物の名前を導入する場合には、例えばティッシュに果物の香りをつけておき、子どもに何の香りかを答えてもらう方法があります。

①香りをつけたティッシュを、子どもに順番にかがせながら、以下のようにやりとりを行う。導入したい果物の名前をたくさん聞かせるようにする。

　Teacher：このティッシュに何かの香りがついています。う～ん、いい香り。（子どもにかがせて）What fruit is it?

Banana? Apple? Lemon? Melon?

Students：バナナ？/ Banana?

T：Yes, you're right. Banana.

②別の子どもに違う香りをかがせ、同じように進める。

T：How about this one?

S：リンゴ？/ Apple?

T：No, sorry. Not apple. Try again.

　ほかに「触覚」を使う例として、袋や箱に果物やおもちゃなどを入れておき、それをさわらせて何かを答えさせることもできます。また、「聴覚」を利用する例として、外から中身の見えない箱を用意し、動物などのぬいぐるみを入れておき、その鳴き声（例：Bow-wow!）を先生が英語で聞かせることもできます。何が入っているかを考えさせてから、"Yes, it's a dog. Bow-wow!" のように言い、犬のぬいぐるみを取り出すといった導入方法も、1つのアイディアです。

B「色」を導入するための工夫

　色紙を見せておいて（見れば何色かがわかる状態で）What color is this?と聞くのではおもしろくありません。以下のような工夫をすることで、興味を引き出しつつ、多くの音声インプットを与えることができます。

①いろいろな導入方法

- 水の入ったグラスを3つ用意する。それぞれのグラスに、異なる色の絵の具を取り出して、"Look at this. Blue. Red." などと発話しながら、それぞれのグラスに絵の具を溶かす。さらに3つめのグラスに、2つの色水を注ぐ。それを混ぜて色の変化を見せてから"Look. Purple!"のように発話する。

- 黒板に模造紙を貼っておく。模造紙の上に、異なる色の絵の具をチューブからいくつも出していく。模造紙の上で、筆を使って絵の具を混ぜながら、できあがる色の名前を発話していく。

- 黒板に色紙を算数の式のように貼りながら質問をする。

白の色紙　＋　黒の色紙　＝　　?　

（White plus black is ... What color?）

赤の色紙　＋　　?　　＝　ピンクの色紙

（Red plus ... is pink. What color comes here?）

紫の色紙　－　赤の色紙　＝　　?

（Purple minus red is ... What color?）

②上記のような方法で導入をしたのちに、「色の名前を言ってから色紙を貼るので、何色か考えながら聞いてください」と指示をし、"Red." "Blue." "White." "Yellow." と言い、色紙を黒板に貼っていく。音声を聞かせ、考えさせてから色紙を見せるのがポイント。

③次に「ALTの先生に英語で言ってもらうから、日本語と違うところをよく聞いてごらん」とうながし、日本語の音声との違いに気づかせる。その次の段階で「言えるかな」と言って発話をうながすようにする（色の言い方や果物など、カタカナとして使われているものは特に、英語と日本語の音声の違いに注意させるようにする）。

④次回の復習の時間には、目を閉じさせたままで色の名前を聞かせ、色のイメージをふくらませて、いろいろなものを想像させるような活動を行う。

身近にあるものを使って　【例】時間・曜日などの導入

　時間、曜日などの基本的な語彙は、カレンダー、時間割、テレビ番組表など、子どもに身近なものをうまく使うことによって、「日本語の○○は、英語では○○」というような説明をしなくても理解させることができます。

A テレビ番組表を使って

①テレビ番組表（オリジナルのものでもよい）を配り、後でクイズをすることを告げて、2分間、何曜日にどんな番組があるかをじっくり見させる。

②時間、曜日、朝（morning）、午後（afternoon）、夜（evening）の部分（以下の下線部）を強調して、先生が自分の好きなテレビ番組が何曜日の何時にあるのか、英語で紹介する。

例：I like this TV program. It starts at 6:30 on Monday morning.

③子どもは番組表を見て、その時間帯に当てはまる番組のうち、先生が好きだと思う番組名を答える。クイズを通して、時間、曜日、時間帯の英語の言い方をたくさん聞かせ、慣れさせる。

☞ ここがポイント！

　黒板にSun. Mon. Tues. Wed. Thurs. Fri. Sat.（または S.M.T.W.T.F.S.）と書いておきます（Sun.は赤で書くとよいでしょう）。英文を発話するときに、時間を言うときには6:30* などと書き、曜日を言うときには黒板の文字を指すようにします。このようにすることで、日本語で説明しなくても時間や曜日の言い方を伝えることができます。

　　　＊ 読み方は six-thirty または half past six となる。

B カレンダーや教室の時間割を使って

　曜日については、上記のように黒板に最初の文字だけを書く方法のほかに、カレンダーや教室の時間割を示しながら表現を聞かせることもできます。学校の科目を紹介したいときは、「体育は英語ではP.E.（physical education）と言います」と説明しなくても、時間割の曜日を指しながら "We have P.E. on Monday and Wednesday. What is P.E.?" のように、クイズ形式で導入することもできます。

小道具を使って　【例】前置詞の導入

　位置関係を表す表現の導入には、人形や机、箱などを利用するとよいでしょう。また、人形やパペットを使うことで、指導者が1人のときにも、会話のデモンストレーションを見せることができます。

①箱と人形（ぬいぐるみなどでもよい）を使って、以下のように英文を言いながら、onやinなどの意味を理解させる。

　例：人形を箱の上に乗せて It's on the box.、箱の中に入れて It's in the box.、机の上に乗せて It's on the desk. など

②十分に意味が理解できたら、ワークシート（p. 222 参照）などを利用して、先生の言う英文（例：It's on the chair. It's in the cap.）に合った絵を指さす活動を行う（すでに導入済みの語彙を用いること）。

③発展として、ワークシートの内容に合った歌やチャンツを聞いて、内容に当てはまる絵を指さすような「聞くドリル」の活動を行う（CD track 10の *Rap Chant* と p. 222

のワークシート参照）。

子どもの知識を活用して 【例】場所や建物などの語彙の導入

　社会科で都道府県の名前を学んだら、以下のような活動を通して、Where is … ?の表現の導入ができます。また、子どもの知っている場所や店舗の名前などの情報を利用して、「銀行」「学校」など、場所や建物を表す語彙の導入もできます。

A 都道府県の名前を使う

①日本地図を机上に開かせる。いろいろな地域の特徴や特産物について先生が英文で言い、子どもは当てはまる都市を探す。

　例：*Chanpon* is famous in this prefecture. *Kasutera* is also famous in this prefecture. Where is it?

②子どもが"It's Nagasaki."のように言ったら、"Where's Nagasaki?"と聞き、地図上で指をささせる。指させたら、"Yes, Nagasaki is in Kyushu."のように言って、答えを確認する。

B 子どもが共通して知っている場所の名前を使う

①学校の周辺や、子どもが知っている市街地のいろいろな建物（銀行、市役所、消防署、病院、学校、パン屋、交番、レストランなど）を簡単な地図に表したものを黒板に貼る。

②子どもが知っている情報や固有名詞を利用して意味を理解させながら、bank / hospital / city hallなどの語彙を聞かせていく。

　例：What is this? It's a bank. It's not *Kenmin*-bank. Yes, It's *Mitsuboshi*-bank.

絵を描きながら内容を伝える 【例】形容詞や形の導入

　黒板に先生が描く絵も、「何ができるのかな」という子どもたちの興味関心をそそる、楽しい教材になります。以下は「形や数を表す表現」を、一緒に導入できる方法です。

　この方法は、内容中心教授法*による導入で、別の目的（例：正方形、長方形、三角形、ひし形、円、楕円などの図形を用いて絵を描く）を遂行する過程で必要な英語（単語・フレーズ・構文など）に何度もふれさせていく中で、英語が身につくというものです。

内容中心教授法
p. 60を参照。

① "A circle. Two triangles. A rectangle. A diamond. Two stars." のように、1つずつ発話しながら、先生が黒板に人の顔の絵を描いていく。最後に下のような絵ができあがる。

人の顔

② 次は子どもたちに後ろを向かせる（回転式のホワイトボードを使って、絵を子どもに見せないように描いてもよい）。同じように先生が発話しながら絵を描くが、どんな絵になっているのかを想像して、各自のノートに描くようにさせる。

③ 各自が描いた絵が、先生が描いたものとどれくらい違うかを楽しむ。

④ 人の顔のほかに、「次は人間ではありません」とヒントを出して、車や建物などを描くと、楽しみながら表現に慣れる回数を増やすことができる。この後、聞くドリル、発話のドリルに発展させる。詳しくはp. 216を参照。

　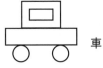

家　　　　　　　　　車

 ここがポイント！

　復習として同じような活動を行う際は、形を表す表現の数を増やすとよいでしょう。その際、triangle ― rectangle、pentagon ― hexagon ― octagonなど、音声の共通点に自然に気づくようにうながします。黒板に描くときに、それらの図形を上下に並べて描くなど、音声を聞きながら対比しやすいように工夫するとよいでしょう。

　また、同じ活動で、a big circle、small starsなど、大きさを表す表現も一緒に導入することもできます。

導入の後で、歌やチャンツを利用して

　音楽を活用することは、学習への心理的バリアを下げてくれる役割を果たします。また、ずっと昔に覚えた曲でも音楽が流れてくると不思議なことに歌えてしまうように、メロディーが

あることで、歌詞を長く記憶に残す効果があるようです。

英語の歌の場合、自然な発音やイントネーションに合った歌を何度も聞いたり歌ったりすることは、重要な構文や語彙などを記憶に残すだけではなく、会話の中から「意味の塊」として音声を聞き取る能力の育成にもつながります。

新しい表現を導入する際にも歌が活用できます。その際は、内容を表すワークシートやピクチャーカードを一緒に利用[i]したり、先生が理解を助ける絵を黒板に描いたりして、内容を理解できるように工夫します。また、慣れさせたい表現が繰り返し入っている歌を選ぶ*ようにします。

i)
小社刊CD『歌っておぼえる　らくらくイングリッシュ』と『らくらくピクチャーカード・セット』は、連動しており、一緒に使うことができます。

歌を選ぶ
歌の選び方のポイントは第11章3節を参照。

A 曜日の名前の歌を使う

曜日の名前は、前述の「身近にあるものを使って」（p. 206）で紹介した方法のほかに、以下のような歌を使って導入することもできます。黒板にSMTWTFSとだけ書いておいて、「何の歌か、このアルファベットは何を指すのか、考えながら聞いてみよう」と言って、以下のような曜日の歌をかけます。

The Seven Days of the Week ▶▶

Sunday, Monday, Tuesday, Wednesday, Thursday, Friday, Saturday.
Sunday comes again.
Sunday, Monday, Tuesday, Wednesday, Thursday, Friday, Saturday.
There are seven days in a week.
（1番・2番ともに歌詞は同じ）

この後、p. 206で紹介したように、テレビ番組表や時間割を使いながら、さらに表現にふれさせます。歌の意味が理解できたら、次回からは授業の最初の時間にウォーミングアップとして聞かせるなどすると、徐々に口ずさめるようになります。

B 体のいろいろな部位の言い方を歌で覚える

英語で指示を聞き、体で反応するというTPR*の活動も、導入の際に有効に使うことができます。先生が"Touch your head."と言ってから頭をさわる動作を見せ、子どもがそれを

TPR
p. 56を参照。

まねするという形で導入をしてから、歌を使います。体の部位を覚える歌として *Head, Shoulders, Knees, and Toes* が有名ですが、動作を覚えてしまうと英語を聞かなくても体が動いてしまい、あまり意味がない活動になってしまうことがあります。

　以下のような異なる歌も利用することで、様々な形で同じ表現を聞き、音声に慣れることができます。フレーズごとに止めながら聞き、動作をさせるなど、工夫して利用するとよいでしょう。

Touch Your Head ▶▶ CD TRACK 9

Touch your head. Touch your nose.
Touch your eyes. Touch your eyebrows.

Touch your mouth. Touch your shoulder.
Touch your elbow. Touch your hand.

Touch your chest. Touch your back.
Touch your stomach. Touch your knees.

Please stand up. Please turn around.
Smile. Please sit down.

Close your eyes. Open your eyes.
Open your mouth. （You look silly.）
Close your mouth. And smile.

● Column ●

子どもに身近な 英語表現

学校の科目や子どもたちに身近な英語表現を紹介します。
クラスルーム・イングリッシュと同様に、楽しみながら少しずつ
覚えましょう。

1 いろいろな科目の表現

※「水曜日には英語の授業がある」なら We have an English class on Wednesday. のように言います。

国語	Japanese / Japanese language
算数	arithmetic / math
理科	science
社会	social studies
生活科	life environment studies
音楽	music
図画工作（図工）	arts and crafts
	drawing and handicrafts / art
体育	P.E. / physical education / gym
家庭科	homemaking / home economics
道徳	moral education
英語	English
総合的な学習の時間	
	Period for Integrated Study
お昼休み	lunch break
休み時間	recess/break

※ 外で遊んだりするような、まとまった休み時間はrecess、短時間の休憩のことはbreak（例：a ten-minute breakなど）と言います。

2 いろいろな「虫」たち

※ 1つのものを指すときはa/an、特定のものを指すときはtheがつきます。I like frogs.などの表現で使うときは複数形となります。

アリ	ant
クモ	spider
カブトムシ	beetle
カタツムリ	snail
ハチ	bee
チョウ	butterfly
カエル	frog
オタマジャクシ	tadpole
ダンゴ虫	roly-poly
毛虫・イモ虫	caterpillar
ミミズ	worm / earthworm
シャクトリムシ	inchworm
ムカデ	centipede
テントウムシ	ladybug
クワガタ	stag beetle
バッタ	grasshopper
カマキリ	mantis
コガネムシ	goldbug

3 子どもの遊びに関わる表現

ブランコ	swing
	（ブランコに乗る：ride the swings）
鬼ごっこ	tag
	（鬼ごっこをする：play tag）
すべり台	slide
	（すべり台で遊ぶ：play on the slide）
かくれんぼ	hide and seek
	（かくれんぼをして遊ぶ：play hide and seek）
うまとび	leapfrog
	（うまとびをして遊ぶ：play leapfrog）
一輪車	unicycle
	（一輪車に乗って遊ぶ：ride a unicycle）

14-4. 基本練習──ドリル活動

　子どもたちが意味のあるコミュニケーションができるように
なるためには、まず目標とする英語表現に十分に慣れさせ、発
話できるようにする必要があります。そのために欠かせない指
導としてドリル活動がありますが、すでに述べたように、機械
的に繰り返すような練習ではなく、楽しみながら英語表現にふ
れられる、様々な指導の手立てや教材を工夫することが求めら
れます。

　また、ドリル活動においても、「協働学習」「人と関わる態度
を育てる」「自尊感情を高める」といった視点を、活動や教材に
取り入れることができます。大きく「聞くドリル」と「発話の
ドリル」に分け、いろいろな指導の方法と活動を紹介します。

1) 練習・ドリルについての考え方

　アルファベットや英語のフレーズは身のまわりにあふれ、英
語は子どもたちに身近なものになってきています。とはいえ、
多くの子どもたちにとって初めて学ぶ外国語であることに変わ
りはありません。はじめから英語の文を覚えさせたり、むずか
しい語彙を用いて発話させたりすることは望ましくありませ
ん。まずは何度も聞かせ、意味も理解させながら音声に慣れさ
せることが必要です。そこから自然な形で発話につなげるよう
にします。

　高島（2000, 2005）*は、英語によるコミュニケーション能力
の育成のために、教室におけるタスク活動の必要性について説
き、タスク活動（タスク・オリエンティッド活動）の、小学校
英語教育への導入を提案しています。そして、タスク活動の実
施の前提として、「ドリル」「エクササイズ」「コミュニケーショ
ン活動」が、その基礎を作るのに必要だとしています。このよ
うに「ドリル活動→コミュニケーション活動→タスク活動」の
流れで活動を発展させていくことが、小学校の英語教育の実践
の指針となるでしょう。

　一方、「ドリル活動」はせずに、内容中心教授法*を使って、

高島（2000, 2005）
『英語のタスク活動と文法
指導』大修館書店、『英語の
タスク活動とタスク』大修
館書店

内容中心教授法
p. 60参照。

すべて英語で授業を進め、活動を通して語彙やフレーズに慣れさせ、使わせながら英語を学習させる指導方法もあります。私立小学校での実践や、外国人講師による授業では、このような指導方法が見られます。ただし、この方法で実施するには、指導者に相当の技術が必要になります。公立小学校の子どもたちに合った教材開発もまだ十分とは言えません。さらに、45分という時間の枠、あるいは週に2回程度の授業では十分な指導ができない点もあり、教育条件を十分に考慮する必要があります。

2）基本の「聞くドリル」「発話のドリル」

聞くドリル

ドリル活動は「聞くドリル」と「発話のドリル」に分けて考えることができます。音声英語としてのドリル活動と言うと、先生やCDの後について発話する活動をイメージする人が多いと思いますが、発話の段階前に「聞くドリル活動」をたくさん持つことが大切です。この活動を通して十分な音声インプットを行っておくと、次の段階の発話のドリルもスムーズにいきます。

「考えながら聞く」「予測しながら聞く」「メモを取りながら聞く」などの、バリエーションに富んだ「聞くドリル活動」を準備することがポイントです。指導や教材を工夫することで「知らない間に何度も注意して聞いていた」「知らないうちに何度も発話していた」という活動が可能になります。

また、「聞く活動」の段階で、日本語と英語の音声の違いに気づくような指導を十分に行っておくと、子どもの発音も変わってきます。逆に、発話の際に子どもの発話がカタカナ発音になっているとしたら、音声を聞く機会が十分でなかった、または、その特徴に気づく指導が十分でなかったということになります。語句や英文をリズムよくテンポよく発話できるようにすることよりも、音声の特徴に気づくように、しっかり聞く時間を取るように心がける必要があります。

発話のドリル

先生やCDの後についてリピートさせるような活動の場合、英文の意味がわからなくても、あるいは何も考えなくても、まねすることはできてしまいます。しかし、このような活動をいくら繰り返しても、あまり意味はありません。

暗唱も同じで、意味もわからないままに練習させるようであ
れば、どんなに長い文を暗唱できても「自分のことば」にはなっ
ていないことも多いはずです。また、覚えることが苦手な子ど
もは、それだけで「英語の力がない」という烙印を押されてし
まうことになります。大切なのは、長い文を暗記したり暗唱し
たりすることではありません。せっかくなら「自分のことば」
として、気持ちを込めてことばを使えるようにしたいものです。

　発話のドリルも聞くドリルと同様で、指導・教材を工夫し
て、飽きずに何度も取り組める、バリエーションに富んだ活動
を準備するようにしましょう。発話の指導においては、その意
味や使用場面、話者の気持ち、相手との関係などを確認しなが
ら、使用する表現を「生きたことば」として伝えることが大切
です。そのためには、話者の気持ちになりきって発話させるよ
うな練習が求められます。

　発話の際には、英語の音の特徴、アクセントの位置やイント
ネーションの違いに気づかせるような工夫が大切です。細かい
発音矯正を繰り返し行うより、子ども自身が音声の特徴に注意
しながら聞く習慣をつけるほうが効果的であり、それが将来的
にほかの外国語を学ぶ際の大切な資質にもなります。また、
個々の発音よりも、単語やフレーズ全体の「イントネーション
やアクセント」に留意させるようにしましょう。一つひとつの
音声（分節音）の些少の発音の違いよりも、イントネーション
やアクセントが違っていることのほうが、英語が通じにくい原
因となるからです。

発話させる際の工夫

　発話の指導では、ピクチャーカードを見せながら語彙を発話
させる際に、例えば「次は天使の声で言ってみよう」「今度は
ドラえもんの声で」「赤ちゃんの声で」など、いろいろな人物
やキャラクターになったつもりで言わせるだけでも、単調な練
習が楽しいものになります。

　また、ピクチャーカードを黒板に並べ、左から右へと順に発
話させるだけでなく、「反対から言ってみよう」「少し速く言っ
てみよう」「メロディーをつけて言ってみよう」「ALT（外国語
指導助手）の先生の言い方をそっくりまねしてみよう」など、
変化をつけることで、子どもは楽しみながら何度もドリルを行
うことができます。アルファベットの音声を教える指導でも、

例えば英語の手話（American Sign Language）で使うアルファベットを教えるような活動にすると、子どもは手話を覚えるために、何度もアルファベットを聞き、また自然に発話するようになります。

　また、授業形態を一斉授業だけではなく、ペアやグループでの活動にすることで、「発話のドリル活動」と「聞くドリル活動」を同時に行うこともできます。さらに、覚えたことを暗唱するだけではなく、ピクチャーカードや写真などをヒントに発話したり、頭に映像を思い浮かべながら内容を伝えるような発話のドリルを行わせたりすることで、自分のことばとして英語が使える力の育成につながっていきます。

導入、聞くドリル、発話のドリルへの流れ

　新しい言語材料の導入から、聞くドリル、さらに発話のドリルまでに発展させる一例を紹介します。

【テーマ：いろいろな形】

語彙：square, triangle, rectangle, circle, diamond, star, ovalなど

〈**導入**〉

p. 208を参照。先生が黒板に絵を描きながら、形を表す語彙についてたくさん聞かせながら、意味を理解させるようにする。

〈**聞くドリル**〉

①形を示すピクチャーカードを、黒板に貼りながら先生が発話する。

②カードの順番に繰り返し聞かせたら、次は先生がランダムに発話し、発話した後に、該当するピクチャーカードを先生が指して確認させる。

③次に、子どもたちに目を閉じてもらい、先生の発話を聞いて、その形を頭の中にイメージさせる活動を行う。

〈**発話のドリル**〉

①音声と意味が定着し、十分に発話の準備ができていると判断した段階で、先生やCDの後について発話させる。その際に、ただ何度も練習させるのではなく、「ささやき声で」「がらがら声で」など指示しながら、いろいろな声や口調で言わせたり、リズムを取りながら順番に発話させたりすると、楽しく飽きずに繰り返すことができる。

②今度は先生がランダムにピクチャーカードを指さし、子どもに発話させる。

③ある程度できるようになったら"What's missing?"を行う。子どもに目を閉じてもらい、貼ってあるピクチャーカードを1枚取って先生が隠す。子どもに目を開けさせ、どの形のピクチャーカードがなくなったかを答え（発話）させる。

3）応用のドリル活動

「聞くドリル」「発話のドリル」の活動の例をいくつか紹介します。また、いくつかの視点を加えることで、コミュニケーションの教育、ことばの教育としての意義ある活動にすることができます。

集中して聞く活動

● 真実の口

既習の内容なら、どんなテーマにも使え、集中して英語を聞く練習になる活動です。最初は日本語で行い、ルールがわかってから英語の質問に移行するようにしてもよいでしょう。

【進め方】

①ペアになって向かい合い、図のように右手を出す。どちらかが「真実の口」役になる。もう1人は「真実の口」に見立てた相手の手の中に、自分の右手を置く。

②"It's Monday today." "Penguins can fly."などと先生が発話する。子どもは「ホント」か「ウソ」かをとっさに判断し、「ホント」であればそのまま動かない。「ウソ」であれば、真実の口役の子どもは相手の手をはさもうとし、相手役の子どもはつかまらないようにすばやく手を引く。真実の口役がまちがってはさんだら負け、逆に相手は少しでもふれられたら負け。

 ここがポイント！

「人の話を最後まで聞きましょう」と指導しなくても、このように「最後まで聞かないとできない活動」を仕組むことで、集中して聞く体験をさせることができます。「必要な情報をつかむ」というリスニングの能力育成にも効果があります。

何度も聞く・言いたい気持ちを高める活動

　一見して「何かわからない」ような教材を使うことで、何度も聞かせることができ、同時に「言いたい」気持ちも引き出す活動になります。

● What's this? クイズ

　シルエットや一部しか見えないもの、反転したもの、モザイクのかかった写真や絵、ふだんと異なる角度から描いた絵、人によって見えるものが異なる「だまし絵」など、様々な素材*を使ってWhat's this？のクイズを行います。いろいろな活動を通して、何度も "What's this?" "It's a _____." の表現に、また、だまし絵のような教材を使うと、"Can you see _____？" "Yes, I can." などの表現にふれさせることができます。

　果物や動物などの語彙を導入するときも、最初からピクチャーカードなどを見せるだけではなく、まず「何だろう？」と考えさせることで、英語の表現も記憶に残りやすくなります（導入のテクニックは本章3節も参照）。

素材
以下はその例。

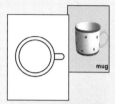

表でWhat's this?とたずね、裏返すと答えがわかるカード例。

「だまし絵」のカード例。
（出典：小社『らくらくピクチャーカード・セット』より）

👆 **ここがポイント！**

　例えば、子どもがorangeを日本語と同じように発話してしまう場合は、ゆっくりとorangeと言いながら、アクセントが前の部分にあることに気づかせるようにします。まずは、正確に発音ができなくても、日本語と違う音声で発話しようとする、またアクセントが前の部分にあることを意識した発音に変わっていれば、それでよしと考えます。

考えながら発話する活動

● 恐怖の13

　ペアになり、1から順番に、1人3つまで英語で数字を言っていきます。13を言った人が負け、という活動です。

 ここがポイント！

「お手本の後についてただリピートする活動」と、「考えて
から発話する活動」では、頭の中で起こっていることが異なり
ます。「英語が使える力」につながるのは、「考えて話す活動」
です。「恐怖の13」は、慣れてきたら、もっと大きい数でも、
また、数字以外の語彙やアルファベットでも同様にできます。
決まった順序のないものを使う場合は、黒板にピクチャーカー
ドを貼るなどするとよいでしょう（p. 201も参照）。

他教科の知識を利用した活動

● 算数ゲーム

　数字の言い方に慣れてきたら、算数の要素を取
り入れた活動を行ってみることもできます。

【進め方】

①先生が黒板に数字を書きながら"One plus two is
　three.（1+2=3）"と発話する。

②同様にして何回か聞かせたら、子どもたちに答えを
　考えさせて言わせる。ノートに答えを書かせてもよ
　い。引き算、かけ算など、学年に応じて実施する。
　（p. 202で紹介したMath Songを利用して、歌を聞き取ってノー
　トに計算式を書かせたり、答えの部分をCDと一緒に歌わせたりす
　ることもできる。また、色を素材に足し算や引き算を行う活動も
　できる。p. 205を参照）。

● 数字・漢字　暗号ゲーム

　英語と算数、漢字の知識を組み合わせたドリル
の例です。

【進め方】

①図のような暗号表を子どもに渡す（子どもが習って
　いる漢字を使う）。

②最初に先生が例を出し（例：three, seven）、子ど
　もは聞き取って、暗号表と照らし合わせ、ノートに
　答え（例：学校）を書く。

③慣れてきたら子どもが自分で熟語を作り、ペアでク
　イズを出し合う。

【暗号表の例】

1	2	3	4	5	6	7	8	9	10	11	12	13
朝	食	学	遠	道	犬	校	海	山	手	夜	空	足

※p. 208では社会科の知識を利用した活動を紹介しています。

歌・チャンツを利用した活動

　既習表現が繰り返し入っている歌やチャンツを、「聞くドリル」の教材として利用することができます。ヒントとして、歌に出てくる語のピクチャーカードなどを黒板に貼っておくようにします。さらに、それらと連動したワークシートを用いると、「聞いて指をさす」「聞こえたものに丸をつける」など、具体的な活動を行うことができます。前もってワークシートを渡し、どのような作業を行うかを知らせ、聞き取るべき内容を伝えた後に聞かせることがポイントです。

● ラップでお絵かき（場所を表す表現についての「聞くドリル」）

　ワークシート（p. 222）と歌（CD-track 10）を利用した活動です。

【進め方】

①p. 207のように、先生が箱とぬいぐるみなどを使ってデモンストレーションをし、場所を表す言い方を導入する。

②p. 222のワークシートを配り、「後でクイズをするよ」と言って、どこに何がいるか（あるか）に注意させて見せる。Where's the dog? It's on the chair. のように、英文を聞かせ、それに当てはまる絵を指さすようにする。

③「歌が聞こえてきます。当てはまる絵を指してみよう」と言って、CDのtrack 10でRap Chant（スクリプトは次ページを参照）をかける。フレーズごとに一時停止をしながら、当てはまる絵を指さす活動を行う。

④発展として、ワークシートから動物や食べ物の部分を消したものを準備して、子ども自身に絵を描き込ませ、「どこに何がいるか」を発話させるような活動もできる。

Rap Chant ▶▶ CD TRACK 10

Where's the egg? It's in the glass.
Where's the cat? It's on the box.
Where's the apple? It's in the mug.
Where's the dog? It's on the chair.
On the chair. Check it out!

Where's the snail? It's on the ball.
Where's the fish? It's in the bottle.
Where's the bird? It's on the book.
Where's the carrot? It's in the cap.
In the cap. Check it out!

Where's the rabbit? It's in the drawer.
Where's the watch? It's on the table.
Where's the frog? It's in the bucket.
Where's the spider? It's on the wall.
On the wall. Check it out!

Where's the mouse? On the TV set.
Where's the orange? On the computer.
Where's the ant? On the video game.
Where's the snake? In the aquarium.
Check it out! Check it out!

※本書掲載のワークシートについては、小学校の授業での使用に限り、
複製を許可します。

「ラップでお絵かき」ワークシート

CD TRACK 10 (p. 220参照)

イラスト：もとやままさこ

● 私の好きなもの（I like...と、いろいろな食べ物の語彙）

　ワークシートの絵を見ながらチャンツを聞く活動を通して、語彙の意味と発音を確認します。慣れてきたら発話につなげます。

【進め方】

①果物や野菜など、いろいろな食べ物について表現を導入しておく（導入方法は本章3節参照）。

②先生や子どもたちが好きな食べ物について、英語でやりとりをする（p. 204参照）。

③ワークシート（p. 224）を配り、聞こえてきた食べ物の語彙を指さしていくように指示をして、チャンツ（Food Chant）をかける（スクリプトは以下を参照）。ワークシートの絵が歌と同じ順番に並んでいるため、音声を聞きながら、単語の意味と発音を確認することができる。

④2回目は、チャンツに合わせて言える部分は発話させるようにする。

⑤コミュニケーション活動への発展として、ワークシート内の自分の好きなものに5つ○をつけさせてから、友達の好みを予測し、ペアでDo you like ...？と聞いて相手の好きなものを当てるクイズを行うこともできる。

※Math Song（p. 202、CD-track 7）も同じように、計算式を聞き取る活動（聞くドリル）、言えるところを発話する活動（発話のドリル）として利用できます。

Food Chant ▶▶ CD TRACK 11

I like apples.
I like bananas.
I like strawberries.　　　I like onions.
I like pears.　　　　　　I like carrots.
　　　　　　　　　　　　I like green peppers.

I like mangoes.　　　　　I like potatoes.
I like peaches.
I like grapes.　　　　　　I like mushrooms.
I like cherries.　　　　　I like tomatoes.
　　　　　　　　　　　　I like cucumbers.
　　　　　　　　　　　　I like sprouts.

「私の好きなもの」ワークシート

(p. 223参照)

イラスト：もとやままさこ

1 apples	2 bananas	3 strawberries	4 pears
8 cherries	7 grapes	6 peaches	5 mangoes
9 onions	10 carrots	11 green peppers	12 potatoes
16 sprouts	15 cucumbers	14 tomatoes	13 mushrooms

他者への関心をうながす活動

● Yes/No & Jumpゲーム

　習った表現を使いながら、人のことに関心
を持たせる活動です。

【進め方】

①机とイスのない広いスペースで行う。子どもは
　みな教室の端に立ち、先生の質問（好きな食べ
　物や動物など）に Yes, I do. / No, I don't. / I
　don't know. のいずれかで答える（表現の導入
　方法はp. 202参照）。

②全員が答えた後で、先生は子どもの1人に改め
　て同じ質問をし、子どもは答える。

③その子どもと同じ答えだった人だけが、一歩前に進めることとす
　る（イスに座ったまま行い、ポイントを与えるようにしてもよい）。

④5〜6回行ったら、質問をする前に、答える子どもを指名する。
　ほかの子どもはその子の好みを予測して答える。答える子どもの
　表情にも注意を向けさせ、答えを推測させるようにする。

● What's this?　手のひらで文字当てゲーム

　ペアになり、片方が相手の手のひらにひらがな（漢字
やアルファベットでもよい）を1文字書き、"What's
this?" とたずねて、相手の子どもがそれを当てる活動
です。「3画以上の漢字」と指定をして、どちらか片方
が3回当てたらそのペアが勝ちとなるような、ペア対抗
ゲームにすることもできます。"What's this?" という
表現を何度も言ったり聞いたりするドリル活動ですが、
相手にわかりやすく書いてあげるように指示すること
で、同時に「他者への配慮」の気持ちも育てる活動とな
ります。

 ここがポイント！

　このほかにも、インタビュー活動をする前に友達の好みを
あらかじめ予測しておいてから行うなど、相手の気持ちを想像
する要素を活動に取り入れることで、「相手に関心を持たせる」
体験をさせることができます。

協働学習
p. 113、121、186も参照。

協働学習*の視点で作る活動

● 数字リレー・ゲーム

　5〜6人のグループになり、1人ずつ "one" "two" と言いながら、次の人に数字をリレーしていく活動です。"ten" と言った人の両隣の人は両手を挙げて "Wow!" と言うようにしたり、3回続けて "ten" までを繰り返すルールでグループ対抗にするなど、工夫をするとよいでしょう。グループ全員が必ず発話するルールにし、協力して最後まで言わせるようにします。

ここがポイント！

　数をリレーしていくという、一見単純なドリルですが、「相手に伝わるように、しっかりとことばを渡そう」「チームで協力しよう」といった指示を加えることで、活動の意味合いも変わってきます。相手の目を見ながらことばを伝えさせるという側面から、コミュニケーションへの気づきをうながす活動ととらえることもできます。

● 一緒に見つけて手を挙げよう

　p. 220の「ラップでお絵かき」のように、先生の発話を聞き、ワークシート上で当てはまるものを指さすような活動を行う際に、以下のようなルールでも行います。

・自分と隣の人の両方が、ワークシート上で絵を見つけられたら、一緒に手を挙げる（または手をつないで挙げる）。

・10問のうち3回までは、パートナーに教えてあげてもよい。

　このようにペアで協力させながら一緒に取り組ませるような機会を作るようにします。同じ活動でも、何回かルールを変えて行うことで、友達と協力して活動に取り組む機会になると同時に、何度も同じ表現を聞く、効果的なドリル活動となります。

友達との異なる点・共通点に気づく活動（SGE*の視点を含む）

SGE
構成的グループエンカウン
ター。p. 114を参照。

● **3つのコーナー**

4月など、学年が変わったときに新しい友達作りにも使える活動です。

【進め方】

①教室の3つのコーナーにYes. / No. / I don't know.の大きめのカードを貼っておく（英語の表現は導入しておく。p. 202参照）。

②先生が子どもに"Do you like ramen?"など質問をし、子どもは自分の答えに応じて各コーナーへ行く。そのコーナーで出会った友達と、英語であいさつをし、あいさつをした相手の名前をワークシートに書き込む（すでにお互いの名前を全員が知っている場合は、名前を好きな歌手やスポーツ選手などに変えて行ってもよい）。

③同じ要領で数回行う。

④活動とワークシートを振り返りながら、自分と共通した好みを持つ人がいることや、人によって好みが違うこと、質問の数が増えるといろいろな人との共通点を見つける可能性が高くなるといったことにも気づかせるようにする。

 ここがポイント！

自分の考えで行動すること、また、友達と自分との違いとともに共通点にも気づかせるというねらいも含まれた活動です。このような活動を通して、文化や価値観が違うのは外国の人だけでないこと、身近な友達にもそれぞれの文化や価値観があり、それが当然であるということにも気づかせることができます。

14-5. 発展活動

様々なドリル活動で慣れ親しんだ英語表現を「実際に使う」活動につなげるために、英語を使って目的を達成するコミュニケーション活動やタスクを行うことはたいへん効果的です。子

どもの実態や興味に合わせて、「自分のことを英語で伝えられた」と子どもが思えるような、様々な発展的な活動をぜひ取り入れるように工夫したいものです。

　1時間、または単元において、コミュニケーション活動やタスクを行う活動まで実施できない場合には、次の時間や次学期、または翌年の指導計画に、発展活動として組み入れるようにします。このようにして、同じ言語材料に何度も出くわすような年間カリキュラムを作るようにしましょう。

1）人と関わるコミュニケーション活動

　導入と、（聞く・話す）ドリル活動を経て、語彙やフレーズが定着してきたら、コミュニケーション活動、自己表現活動へと広げていくことができます。英語を「コミュニケーションの教育・ことばの教育」と考えたとき、人と関わる体験をしながら自分や友達について知ることには、大きな意義があります。

　コミュニケーション活動においては、名前や年齢など、すでに知っていることを聞き合うのではなく、インフォメーション・ギャップを作り、新しい情報のやりとりが起こる活動を考えることが大切です。同時に、相手の気持ちになって想像したり、わかりやすい伝え方を考えたり、状況に応じた適切なことばづかいや口調、表情を工夫したりするなど、人とふれあうときに求められる態度や礼儀に気づかせることも含め、英語を実際に使いながらコミュニケーションのあり方も学べる機会になるようにします。

　コミュニケーション活動を通して友達と情報交換を行うことは、英語表現に慣れるだけではなく、自己表現の機会ともなり、自尊心や他者への意識を育むことも期待できます。このように、自己表現につながるコミュニケーション活動まで発展させ、また、母語での言語体験と比較させることで、「ことばとしての英語指導」がより進むものと考えられます。

　「英語を使う機会」として、日本に観光に来ている外国の方に話しかけるという活動が多く見られるようになりました。子どもにとっては達成感を得られる活動にはなりますが、すべての外国の方が英語を話すわけではありません。相手の方の状況や気持ちを考え、失礼にならないように注意することが必要です。また、一方的に質問するだけで相手の人の話に耳を傾けな

いような活動にならないような指導も大切です。

2）達成感を得られるタスク

　高学年にふさわしい内容として、既習表現を用いて、友達と一緒に目的を達成するようなタスク*を行う活動も取り入れるとよいでしょう。習った英語を用いた、外国の人との交流活動も、既習表現の定着をうながすとともに、自己表現につながり、さらなる学習への動機づけとなります。また、教材や活動に、他教科・他分野と連携した内容を盛り込むようにすると、発達段階に応じた活動を提供することができます。

　例えば2ケタ以上の数を学ぶときに、「身近にいる動物の寿命」について自分の考えを発表させるような活動を通して、「命」についての「気づき」をうながすこともできます。「環境教育」と大上段に構えるのではなく、いろいろな動物のピクチャーカードを作る際に「絶滅の危機に瀕した動物」も盛り込んでおいて、それらの共通点について気づかせるような活動もできるでしょう。

　さらに、母語による調べ学習なども含めた、他分野の教育との無理のないコラボレーションを行えれば、外国語活動の枠組みをこえた、広がりのある活動になっていきます。このような活動の実施のためには、計画と準備、十分な時間の確保が必要となったり、時間割の弾力的な運用も必要になってきたりしますが、子どもにとってたいへん意義のある活動となるはずです。

タスク
p. 59、213も参照。

3）様々な活動の例

自己表現活動の例
● お宝写真紹介
　自分の大切な写真を、友達に英語で紹介する活動です。
【進め方】
①十分なインプットと、様々なドリル練習を経て、"This is a picture of my ..."という表現が言えるようにしておく。
②自分の家族やペット、宝物などの写真を、発表用のフォルダーに入れて、発表できるように準備をする。
③クラスメイトとペアで、既習表現を使って写真を紹介し合う。相手にわかりやすく伝えるにはどんな工夫が必要かなども考えさせる。ワークシートに、友達がどんな写真を紹介してく

イラスト：かのりえこ

229

れたか、どんな写真が印象深かったかなどを記し、振り返りの時間に発表する。

 ここがポイント！

　お互いに情報を聞き合う活動などでは、質問と答えだけで終わらせるのではなく、Excuse me. / Thank you. / You're welcome. / Bye! / See you. などの表現も次第に取り入れるようにします。このように英語を「人と人をつなぐことば」として使用するような活動を心がけるようにします。

● 自己紹介ビデオ作り

　友達と一緒に、自分たちの学校や街について紹介するビデオを作成する活動です。詳細はp. 272を参照してください。

自尊心を高める活動の例

　コミュニケーションの活動を通して、「自分が受け止めてもらえた」という意識を芽生えさせることで、自尊心を高める活動にすることができます。友達と自分との共通点に気づかせることも大切です。実施の際には、次のようないくつかの条件を整えることが必要となります。

1. 自分自身の気持ちを伝える内容の発話になっていること。
2. 相手が興味を持って聞いてくれること。
3. 英語のスキルだけではなく、伝えた内容や伝えるときの態度が評価されること。
4. 活動中に発音や文法などの矯正はされないこと（十分に練習をした上で実施すること）。
5. 自分のこと（発話内容）について、友達によって記録・記憶されたことが確認できること。
6. 勝敗ではなく、友達と協力して進める姿勢ができていること。
7. 緊張せずにリラックスした雰囲気で実施できること。

● この人はだれ？〈インタビュー・ゲーム〉

　「インタビューをして終わり」ではなく、終了後に先生が、どんなことを友達から聞けたのか確認をすることで、「自分のことを友達がちゃんと聞いて、覚えていてくれた」という経験

をさせるようにします。

【進め方】

①前もって子どもたちのプロフィール（誕生日、好きな動物・フルーツ・給食のメニュー、趣味・特技、コレクションなど）のアンケートを取り、先生が集めておく。

②自分のプロフィールをもとに、友達同士でインタビュー・ゲームを行う。友達の答えについて、各自ワークシートにメモを取るようにする。

③終了後、先生が全員に質問をする。子どもたちはインタビューで得た情報から、だれのことかを考えて答える。

例：

Teacher : She likes grapes. She has many CDs. She does karate. Her birthday is on July 18th. Who is she?

Students : Yuko-san.（メモを見ながら、だれのことかわかったら答えさせる。該当する子どもの名前を各自のノートに書かせるようにしてもよい。）

④活動の後で、友達の前で披露できるような特技があれば、その場で見せてもらったり、作品を紹介したりする場にしてもよい（空手の型、けん玉、ギター、書道、イラストなど）。

● 好きなスポーツは？

　子どもが発表した内容を、ほかの子どもたちが記憶する活動です。自己表現の機会になると同時に、聞いた内容を確認することで、話をしっかり聞く態度を育てる活動となります。

【進め方】

①チャンツなどを使って、"I like ..."の表現の練習をする。

②事前に「人は一度に7つのことを記憶する力があるそうです」と話す。7人くらいまでの子どもに（班ごとでもよい）前に出てきてもらい、1人ずつ自分の好きなスポーツを言ってもらう。「だれがどんなスポーツが好きか、7人分全部覚えてみてください」と指示をする。

③全員が言い終わった後、発表内容について、発表者以外の子どもに答えてもらう。

例：

A : I like soccer.

B : I like baseball.

C : I like judo.

D : I like basketball.

E : I like table tennis.

G : I like kendo.

H : I like gateball.

Teacher : A likes _____.（下線部分を、発表者以外の子どもが答える）

Students : Soccer.

T : Do you like soccer?（本人にたずねる）

A : Yes, I do.

T : Yes, she likes soccer. Good job! All right, next, B likes ....

ここがポイント！

　発表した子どもは、自分のことをみんなに伝える体験になります。答え合わせとして、チャンツに合わせて発表者全員に発話させるようにしてもよいでしょう。友達の発話をしっかり聞く習慣をつけるために、このような活動をときどき行うとよいでしょう。

ことば（コミュニケーション）への
気づきをうながす活動

● あなたはテレパシーを信じますか？

　既習表現の復習と同時に、「思いを伝えようとする、受け取ろうとすること」の大切さにふれる活動です。

【進め方】

①5〜6人のグループを作り、リーダーを決める。

②リーダー以外は、リーダーから数メートル離れたところに並び、リーダーに対して後ろ向きに立つ。

③リーダーは、グループのうちのだれか1人に対して、強く「通じるように」と念じながら英語で声をかける（例えばBrush your teeth.などの指示でもよいし、Hello.でもよい）。

④リーダー以外は、だれに「テレパシー」が送られているかを感じ
　取り、「自分だ」と思ったら、そのとおりのジェスチャーをする
　か、返答をする（例えば、Hello. に対してはHello. と答えるなど、
　あらかじめ応答表現は決めておく）。
⑤同様にして何回か行う。リーダーは交代して行う。

 ここがポイント！

　あらかじめ先生がALT（外国語指導助手）などと一緒にデモ
ンストレーションを見せる際に、「テレパシーが当たる」見本を
見せ、「自分たちもできるかも」と思わせるようにすると、取り
組み方が変わります。「伝えようと思わないと伝わらないよ」と
指導するようにします。コミュニケーションの基本である「伝
えようとする」「受け止めようとする」体験と、「伝わった喜び」
を体験させることがこの活動のポイントです。日本語でも同様
の活動を行ってみましょう。

● **なりきりオーディション**
　同じことばでも、状況によって言い方や声のトーンも変わる
という、コミュニケーションの練習としての活動です。日本語
でもときどき行い、その延長線上で英語でも行うようにすると
よいでしょう。

【進め方】
①ペアになりじゃんけんをする。
②どちらかが、以下の1）から4）のいずれかの条件や場面を踏まえ
　た気持ちになりきって発話する。聞いたほうは、1）から4）のう
　ち、何番のつもりで相手が発話したかを当てる。表情やジェス
　チャーもつけてよいこととする。何度か行い、役割も交代して行う。

〈朝のあいさつ〉
Good morning, Mr. Takahashi.
1）担任の高橋先生への、さわやかな朝のあいさつ
2）川の向こうを自転車で猛スピードで走っている、
　担任の高橋先生にあいさつ
3）けがで長い間休んでいた担任の高橋先生が退院し
　て、教室に入ってきたときのあいさつ
4）校長の高橋先生に呼び出されて、校長室に入った
　ときのあいさつ

〈いろいろな「起こさなきゃ」〉

Wake up, Mom / Dad / Takeshi！

1）疲れているお母さん／お父さんをそっと起こしたい

2）約束していた映画を見に連れて行ってほしいので、お母さん／お父さんを起こしたい（先週の日曜にも約束をしていたのに、連れて行ってくれなかった）

3）サッカーの練習に遅れそうな弟を起こしたい

4）授業中、眠っている隣の友達を、先生にわからないように起こしてあげたい

タスクの例

● **節約買い物ゲーム**（家庭科×経済観念×算数×英語表現）

　値段がわかっている中で単純に英語でやりとりをする「買い物ゲーム」ではなく、「情報を得る」「考える」「選択する」「発表する」などが必要になる、複数のタスクを組み合わせた活動です。「①栄養バランスがよく、②費用をおさえた、③おいしそうなオリジナルのピザを作り、友達に発表する」という目的のために、「①商品に、各自が異なる値段を設定する、②値段をよく聞いて、比較し、選択する」という活動が必要になります。

　※必要な英語表現に十分に慣れている段階で行います。価格を4種類に限定しているのは、活動をシンプルにするためです。

【進め方】

①p. 237のような、「脂肪」「たんぱく質」「ビタミン」「炭水化物」の4つの栄養素ごとにいくつかの食材の描かれている「フード・ピラミッド」のワークシートを配布する。自分が作りたいピザの具材をワークシートから4つ選び、8つの具材を描き込める「ピザシート」（図1）に書き入れておく（絵でも文字でもよい）。

②残りの4つの具材については、フード・ピラミッドの各カテゴリーから好きなものを1つずつ選ぶ。そして、この具材については、友達から購入することとする。

③クラスをAとBの2つに分ける。Aの子どもは、フード・ピラミッドすべての具材について、4種類（80円、150円、270円、

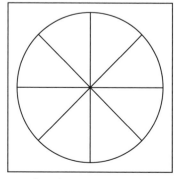

（図1）ピザシートの例

390円）のいずれかの値段をつける。

④残りのBの子どもは、Aグループの2人に具材の値
　段を聞きに行き、値段が安いほうから購入する。値
　引きの交渉などもしてよいこととする。4つの具材
　について同様に繰り返す（値段の聞き方や交渉の表
　現はあらかじめ導入し、練習しておく）。

⑤AとBの役割を交替して、同じように行う。

⑥手に入れた具材をあらかじめ選んでおいた具材に
　加え、各自ピザシートに絵を描いて完成させる。

⑦できあがった自分のピザについて、具材およびか
　かった費用について、英語でみんなに紹介する。

⑧さらに、だれのピザが最もおいしそうで、かつ健康的かを、フー
　ド・ピラミッドに照らし合わせて、ペアやグループで考える。

　　　例：

　　　　　A : Hello.

　　　　　B : Hello.

　　　　　A : How much is the potato?

　　　　　B : It's 80 yen.

　　　　　A : Discount, please.

　　　　　B : OK. 75 yen.

　　　　　A : Two potatoes, please.

他教科・他分野と連携した活動例

●「My Flag」を作ろう（**国旗に込められた意味×自己表現活動**）

　各旗の色や形の意味を子どもに与えて「My Flag」を作らせ
る自己表現の活動です。できあがった作品を通して、デザイン
や色の配色など、友達との違いや共通点にもふれる活動となり
ます。この活動に入る前には、グループごとに世界の国旗カー
ドを配り、"Touch a card with a triangle."
"Touch a card in red and blue." などの指示
にしたがってカードにふれるなど、色や形の言
い方に慣れる活動を行います。

【進め方】

①国旗に用いられている色や形の意味の資料を配
　る（例：太陽＝自由と希望　星＝正義、平和　三
　角＝自由、平等、博愛　黄色＝自由、美　青＝平
　和、静寂　白＝純粋さ、真実など）。

②同じ色や形でも、国や地域によって違う意味になったり、同じ意味になったりすることに気づかせる。

③自分らしさを一番よく表す「My Flag」を作ってくることを宿題とする。

④できあがったものについて、英語も交えて紹介させ、教室に掲示する。

※色、形の導入方法は、p. 205、208を参照。

例：

    A : This is my flag.

      : I have stars and a circle.

      : I have blue and white.

 ここがポイント！

  配られた資料の中で、自分の好きなことばを○で囲んでいくことで、国旗に用いられている形や色が表す意味だけでなく、自分が好きなことばや、自分の気持ちを知る機会となります。旗に自分の気持ちやメッセージが表れることを告げ、自分のことを表すような旗になるようにうながします。

  できあがったら、作った旗の意味がみんなにわかるように、説明もつけさせましょう。先生自身が自分の「My Flag」をポスターカラーなどできれいに作って紹介することが、子どもの活動への動機づけとなります。

(p. 234参照)

イラスト：もとやままさこ

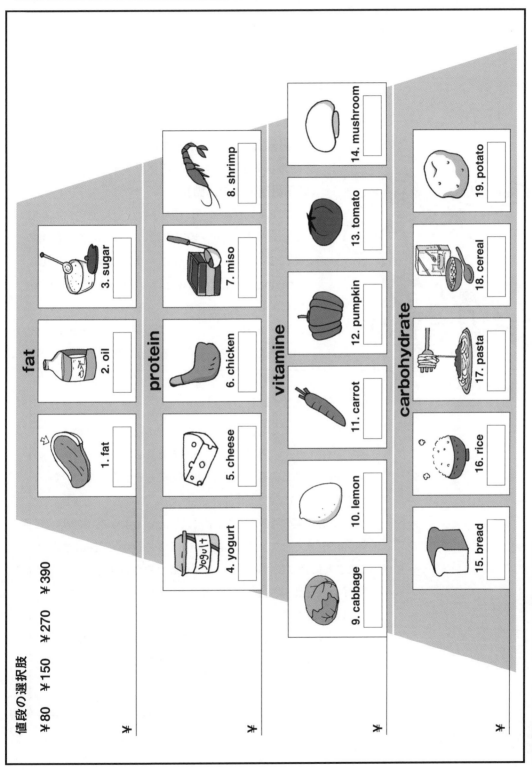

fat

1. fat

2. oil

3. sugar

protein

4. yogurt

5. cheese

6. chicken

7. miso

8. shrimp

vitamine

9. cabbage

10. lemon

11. carrot

12. pumpkin

13. tomato

14. mushroom

carbohydrate

15. bread

16. rice

17. pasta

18. cereal

19. potato

値段の選択肢

￥80　￥150　￥270　￥390

￥

￥

￥

￥

● 車椅子に乗って（福祉教育×道案内の表現）

　以下のような事前学習を行います。それを踏まえて、アイマスクをした友達の手を引きながら歩く活動や、以下のように車椅子を使った活動を実施します。

【事前学習（例）】

　障がいを持った人が描いた美しい絵を見せたり、障がい者の人たちによる車椅子カンフー（格闘技）や、パラリンピックなどの様子をビデオで紹介したりします。また、福祉の専門家などの助言を得て、目隠しをして点字のアルファベットや絵本にふれさせたり、高齢者が感じる体の重さを、おもりの入ったジャケットを着せたりして体験させます。

【外国語活動での活動】

① ペアで1人が車椅子に座り、もう1人がアイマスクをして押す。途中、障害が置いてあるので、その障害にぶつからないように、座っている人が"Go straight. Stop. Turn left. Turn right."のように指示を出し、リレーを行う。

② スピードではなく、指示の正確さとチームワークの良さでポイントを与えるようにする。

 ここがポイント！

　障がいを持っている人の才能や能力について知ると同時に、目の見えない人や高齢者のたいへんさを確認しながら、バリアフリーの街作りの必要性を子どもに感じてもらう活動です。バリアフリー・マップなどの作成まで広げることもできるでしょう。

　また、日本語の場合、「右に曲がって」というように、動詞は文の後ろに出てきますが、英語では先に動詞（turn）が現れます。このことに気づかせるように、聞き取りや発話練習の際に、Turn...left. と、動詞と方向を示すことばの間をあけて発話するなどして、その違いに気づかせるようにします。このようにすると、高学年の発達段階に合った学習へとつながっていきます。このような気づきを意識した指導や教材開発は、たいへん意義のあるものです。

4）新しい文字指導のあり方

　文字の指導については、ピクチャーカードなどの教材にさりげなく文字を入れて提示する段階がまずあります。次にはピクチャーカードの文字の部分を見せて、一文字ずつではなく単語を1つの「塊（かたまり）」としてとらえるような練習へとつなげていきます。さらに、英語表現を塊として認識できるようにするために、"Thank you." "Happy Birthday." のような、子どもに身近な表現のフレーズカードを利用するとよいでしょう。

　音声の指導において、単語だけ聞けばわかっても、文や句の中に入ってしまうと聞き取れなくなることが多いようです。つまり、一つひとつ「ボトムアップ方式」で積み上げる聞き取りの練習だけではなく、聞いてそのまま理解していくような「トップダウン」方式のアプローチも必要であり、その両方から指導を進めることが大切です。文字指導にも同様の発想を持つとよいでしょう。

　「薔薇」という漢字を読めても、書けない人は多いはずです。英語でも、一文字ずつ、つづりを正確に読んだり書いたりする練習ではなく、まずは全体を見て意味がわかるようになることを目標にしましょう。文字にして読ませたり書かせたりするような単語やフレーズは、音声として既習のものを選ぶようにします。

イラスト：関根庸子

14-6. 1時間の振り返り（評価）、自己評価表の実際

　授業の終わりに、教師自ら、また子どもも、その時間にめあてとしたことが達成できたかを振り返ること（評価）の重要性はすでに述べたとおりです。子どもの自己評価、相互評価、教師による授業中の「見取り」（観察）を通して、総合的な振り返

りと確認をすることで、再度、大切なポイントを押さえます。よかった点などを振り返ることで、子どもの学習への動機づけをうながすことにもなるでしょう。

1）振り返りの時間のねらい

大切にしたい教師のことば

　子どもたちにとって、教師のことばは大きな意味を持っています。したがって、教師からの振り返りのことばにこそ、伝えたいメッセージを含めるようにしたいものです。

　活動を振り返って、大切にコミュニケーションが取られていたかどうかについてコメントすることが大切です。毎回根気強く、活動の中に見られた「グッド・コミュニケーター」としての子どもの取り組みについて述べることで、次第に子どもたちに大切なことが伝わっていきます。そのためには、活動中には教師は机間指導をしながら、しっかりと子どもの活動の様子を観察し、評価する必要があります。

子どもがじっくり考えられる時間にする

　教師が授業のめあて（評価の規準）をしっかりわかっていることは当然ですが、それを子どもにも伝える必要があります。そのためには、黒板に授業のめあてを書くだけではなく、教師がどんなことを求めているのかが具体的にわかる振り返りシートや、自己評価表*、相互評価表を工夫することが大切です。このような評価表を、学習の軌跡として残してきたポートフォリオとして一緒にファイルにしたり、壁に掲示したりするとよいでしょう。また、学期末に学習の履歴を振り返り、自分自身がどのように成長してきたのかを確認するために評価表を用いることもできます。その際、ビデオや写真（デジタル・ポートフォリオ*）に撮っておいた活動の様子などを見ながら行うとよいでしょう。また、毎回の授業の評価、単元ごとの評価、学期ごとの評価を計画的に行うことが大切です。

　評価をする際には、振り返りのことばだけではなく、例えばその時間に友達にインタビューしたのなら、友達がどんなことを話してくれたのかを思い出し、確認する活動を行うことも大切です。そのような振り返りの活動を続けることで、「しっかり相手の話を聞く態度」や「話の内容を覚える姿勢」を習慣

自己評価表
p. 95も参照。

デジタル・ポートフォリオ
p. 93を参照。

化することにつながります。また、このような活動は、子ども
が「友達が自分の話したことをちゃんと覚えていてくれた」と
確認することになり、子どもの自尊感情を高めることにもなり
ます（p.230参照）。

　振り返りの時間を、子どもがじっくり考えながら1時間の活
動を整理する機会にできるかどうかが、その授業の成功を左右
するとも言えます。自己評価表に適当に○をつけさせるのでは
なく、体験したことをしっかり振り返らせ、感じたことを思い
出させ、考えてもらうことで、「学び」が起こります。この時間
をしっかり授業に位置づけることで、「コミュニケーション・こ
とばの指導としての英語の授業」が生まれてくるはずです。

14-7. 単元展開例

　これまで述べてきたことを総合し、5年生向けの単元を6時
間で構成することとし、目標、評価規準、指導案、活動内容を
紹介します（3学期の実施を想定）。導入からドリル活動、発
展的な活動、まとめの活動へ向けて、どのように言語材料にな
じませながら発展させていくか、指導方法と教材の開発に役立
ててください。

1）6時間構成の単元展開例

　ここでは5年生での取り扱いを想定し、「聞く活動」を中心と
した展開例を示します。6時間配当で紹介していますが、第1時
に「単元の見通し」を得る言語材料に出合う活動を行い、第6
時に単元のまとめとして発表活動などをたっぷりとったり、文
字指導の時間を取ったり、振り返りの時間を入れたりすること
ができます。また、言語材料によっては、慣れ親しむ時間が2
時間では足りない場合もありますから、子どもの実態に応じて
時数を増やすことも必要になるでしょう。読む活動や書く活動
まで広げると全体を7時間・8時間にすることが必要になって
きます。

● **単元名**　「どんな仕事があるのかな」（5年生3学期・4時間配当）

● **単元の目標**

• 簡単な英語を聞いたり話したりしながら活動を行い、英語表現に慣れ親しみ身につける。言語材料：Are you a pianist? Yes, I am. / No, I'm not. He is a dancer. She is a teacher.（職業を示す語彙）

• 日本語（カタカナ）の発音と英語の発音の違いに気づく。

• 職業に関する英語表現などから日本語との違いなどを知る。

• 英語を使用しながら友達と関わりを持ち、情報交換のためのコミュニケーション活動を体験する。

● **単元の評価規準（例）**

◇知識・技能	知識：なりたい職業を伝える表現を知り、外来語（カタカナ）が英語の音声と異なることを理解している。 技能：職業に関する英語表現（語句、構造等）を用いることができる。
○領域ごとの目標	本単元で扱われている英語の語句や言い方を適切に用いて、関わることができる。
聞く	話されている内容を聞いて理解することができる。
話す（発表）	聞き手に伝わる工夫をしながら発話することができる。
話す（やりとり）	聞き手に応じてやりとりをすることができる。
読む	音声で慣れ親しんだ文字、語句や表現を読むことができる。
書く	音声で慣れ親しんだ文字、語句や表現を書き写すことができる。
◇思考力・判断力・表現力等	自分の思いや考えを聞き手・読み手に伝わる工夫をしながら発信している。
◇主体的に学習に取り組む態度	相手に配慮しながらコミュニケーションを取り、言語活動に主体的に参加している。

● **6時間の流れ**

◎1時間目：単元の見通しを渡す。　英語表現に出会う。

◎2時間目：英語表現に徐々に慣れる。

◎3時間目：様々な形で、英語表現にさらに慣れる。

◎4時間目：英語表現を聞く活動から発話活動へつなげる。

◎5時間目：発話からコミュニケーション活動につなげる。

◎6時間目：単元のまとめ　　振り返り

2）2時間目の内容と指導案、活動

● 本時の目標

- 職業を示す語彙および Are you a ____? Yes, I am. No, I'm not.の英語表現を使用できるようになる。
- 発話を注意深く聞き、重要な点を聞き取る。
- カタカナと英語の音声の違いに気づき、その違いを意識しながら発話しようとする。
- 友達と協力しながら活動をする。

● 指導案〈詳細は、次ページからを参照〉

※指導案は、最初のあいさつと最後のまとめ・あいさつを合計5分とし、これを除いた40分のものを示しています。

時分	活動	教師の活動	児童の活動	〈教具〉言語材料・指導の留意点
10分	導入	**（1）語彙の導入：クイズ　What am I?** ●職業について英語で発話し、児童にワークシートの絵を指さすように指示する。 T：I wear white clothes. 　　I use flasks and beakers for my work. 　　I'm a scientist. 最後に確認としてもう一度 I'm a scientist. と発話する。	●先生の発話の内容を、意味を考えながら聞き、ワークシートの当てはまる絵を指さす。	〈ワークシート1（p. 246）〉 活動（1）参照 scientist / doctor / nurse / baker / pianist / dancer / singer / teacher / carpenter ※ピクチャーカードがあれば使用する。
15分	聞く活動（歌）	**（2）歌を聞いて答えよう・歌ってみよう** ●歌を聞かせ、ワークシート上の当てはまる職業の絵を選ぶように指示する。 ●ワークシートにつけたチェックを見ながら答えの部分だけ（質問の部分だけ）を歌わせる（応用としてペアワークを行う）。	●歌を聞き、ワークシート上の当てはまる職業の絵にチェックをつける。 ●自分でつけた回答に合わせて一部分だけを歌う。	〈ワークシート2（p. 248）、CD-track12〉 活動（2）参照 ●歌の音声をよく聞いて、カタカナとは音が違うところに気づかせるようにする。 ※ピクチャーカードがあれば使用する。
10分	聞く・話す	**（3）クイズ　Guess what I am!** ● Are you a … ? と質問をし、自分で選んだワークシート上の絵の職業になったつもりで答えさせる。ALT などがいる場合はデモンストレーションを見せる。 ●BGM として CD-track12 を流す。	●ワークシート上で職業の絵を選び、その絵に合わせて先生の質問に英語で答える。	〈ワークシート2（p. 248）〉 活動（3）参照 ●先生が当てられなかったら各自のポイントとなるようなルールにして、楽しく取り組ませる。
5分	復習	**（4）右脳を鍛えよう** ●本時に出てきた職業の英語表現を発話し、頭の中で映像をイメージさせる。	●先生の発話を聞いて、その英語の示す職業を、頭の中になるべく具体的に映像として思い浮かべる（実際の人を想像してもよい）。	活動（4）参照 ● Now, close your eyes. Listen carefully and try to image the following people. I use a hammer for my work. I make houses. I am a carpenter. ●できるだけ具体的に頭の中でイメージさせる。

2時間目の活動の詳細

（1）クイズ　What am I ?（語彙の導入）

　ジェスチャーや英語のヒントを聞き、先生が何の職業のつもりで話しているかを当てるクイズです。

● **ねらい**：新しく紹介する語彙の音声とその意味に慣れるようにします。

● **準　備**：ワークシート1「What am I ? 私の職業は何でしょう」(p. 246)

【進め方】

①先生が発話する内容に当てはまるイラストを、ワークシート上で指さす活動であることを伝える。2回発話することも伝える。

②先生は、その職業になったつもりで仕事について発話する。1回目はふつうのスピードで、2回目は少し遅く発話して、確認できるようにする。ジェスチャーを使ったり、絵を描いたりしてもよい。答えの確認の際に、掲示用のピクチャーカードがあれば黒板に貼るとよい。

● **発話の例**：なるべく子どもたちになじみのあることばを交え、簡単な短い文で紹介します。

Pianist : I'm a pianist. I like music. I play the piano. I'm a pianist.

Doctor : I'm a doctor. I help sick people. I'm a doctor.

Dancer : I'm a dancer. I like music. I dance to music. I'm a dancer.

Baker : I'm a baker. I get up early and bake bread. Do you like croissants? I'm a baker.

Carpenter : I'm a carpenter. I build houses. I use hammers and nails. I'm a carpenter.

Singer : I'm a singer. I like music. I sing songs. I'm a singer.

Teacher : I'm a teacher. I go to school. Ms. ○○ is also a teacher. I'm a teacher.

Scientist : I'm a scientist. I wear white clothes. I use flasks and beakers for my work. I'm a

イラスト：本山理咲

scientist.

Nurse : I'm a nurse. I wear a uniform. I help doctors.
I work at a hospital. I'm a nurse.

 ここがポイント！

　先生のジェスチャーは、英語を発話した後で見せるようにします。そうしないと、英語を聞く必要がなくなってしまいます。ヒントとなる語彙（使う道具や商品など）は強調して発話します。活動に入る前に、答えがわかっても言わないように約束させるようにします。

※各活動では、ワークシートと一緒に、掲示用のピクチャーカードを使うこともできます。

ワークシート1・職業ピクチャーカード1
「What am I? 私の仕事は何でしょう」

（2〜5時間目で使用）
イラスト：本山理咲

1 baker	2 singer	3 doctor
4 pianist	5 scientist	6 teacher
7 dancer	8 nurse	9 carpenter

（2）歌を聞いて答えよう・歌ってみよう（聞くドリル）

　英語の発話を聞いて、当てはまる職業の絵を選ぶ活動です。

● **ねらい**：・歌を聞く活動を通して、英語の音声や意味に慣れ
　　　　　　　親しむ。
　　　　　　・歌の一部を歌い、英語表現に慣れる。

● **準　備**：ワークシート2「Are you a baker? ワークシート」
　　　　　　（p. 248）、CD-track 12 *Are You a Baker?*　※あれ
　　　　　　ばピクチャーカード

【進め方】

①職業の絵の描かれたワークシート（ワークシー
　ト2）を各自に配る。

②CDの歌詞に出てくるQ&A（例：Are you a
　baker? Yes, I am.）を聞いて、1から8まで
　順番に、歌詞に合うマスにチェックをつけさ
　せる。2つの職業のうち、答えはどちらかで
　あることを前提に考える（最初の答えはYesな
　ので、bakerのマス右上の□にチェックが入
　る。2番はpianistかどうかたずねる質問にNo
　で答えているので、singerのマスにチェックが入る）。最初のQ&A
　は全員でやってみて、やり方がわかったらCDをかける。

③もう一度、歌を聞かせ、1つの質問と答えごとに止めながら、答
　え合わせをする。

④「答えの部分だけ歌ってみようか」と言い、CDをかける。各自は
　ワークシートを見ながら答えの部分（Yes, I am. / No, I'm not.）
　を歌ってみる。答えの確認の際にピクチャーカードを使うとよい。

応　用

　さらに以下のような活動を行い、発話の練習をさせることが
できる。

①ワークシートを見せながら、CDをかけ、質問の部分（例：Are you
　a baker?など）だけを歌わせる。

②ペアで、質問役と答えの役に分かれて歌わせる。

③先生が歌詞を変えて歌ったり発話したりし、子どもはその発話に
　合うように、ワークシートの△の欄にチェックを入れる。

ワークシート2
「Are you a baker? ワークシート」

CD TRACK 12-13（2〜5時間目で使用）イラスト：本山理咲

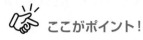

ここがポイント！

　歌の音声をよく聞いて、カタカナとは音が違うところに気づかせるようにします。また、歌はいろいろな声や口調になっていますので、まねをして歌わせるようにしても、楽しい活動になります。

Are You a Baker? ▶▶

※track 13はカラオケになっています。

Are you a baker?	Yes, I am.
Are you a pianist?	No, I'm not.
Are you a dancer?	No, I'm not.
Are you a judge?	Yes, I am.
Are you a scientist?	No, I'm not.
Are you a firefighter?	Yes, I am.
Are you a doctor?	Yes, I am.
Are you a nurse?	No, I'm not.

（3）クイズ Guess what I am!（聞くドリル・発話のドリル）

先生の質問に対して、自分が○をつけたワークシートに合わせて答える活動です。先生が当てられなかったら自分のポイントになります。

● **ねらい**：発話された英語表現を聞き取って、答える練習を行う。

● **準　備**：ワークシート2「Are you a baker? ワークシート」（p. 248）

【進め方】

①ワークシートのABCD各列について、4つのうちの1つの職業に印をつける。

②先生が各列について、「あなたは○○ですか？」という質問を2回ずつ行う。自分がつけた○について、先生が2回以内で当てなければ、1ポイントもらえることとする。

　　例：（Aの列で、pianistに○をつけた子どもの場合）

　Teacher：Are you a baker?

　Students：No, I'm not.

　　T：Are you a singer?

　　S：No, I'm not.（I'm a pianist.）

③子ども同士でペアで行うこともできる。

 ここがポイント！

先生が、最初のデモンストレーションを楽しく見せると、活動への興味が高まり、取り組みが積極的になります。ペアで行わせる活動でも、途中で「子ども」対「先生やALT」でデモを見せて、その後でまた子ども同士で行わせると、取り組み方が変わります。

（4）右脳を鍛えよう（聞くドリル）

習った表現を聞き頭の中で描写することで、表現の定着を図る活動です。

● **ねらい**：既習の表現の復習。

● **準　備**：なし

【進め方】

職業についての先生の発話を聞かせ、内容に合った絵やイメージを頭に描かせる。

例：I'm a baker. I get up early and bake bread. I'm a baker.

 ここがポイント！

　頭の中に、その仕事をしている人の細かいイメージまで描くように指示します。途中で Is his hammer black? Is the house very big? Is he smiling? Is he tall? など、既習表現を用いて質問すると、イメージしやすくなります。「どれだけ具体的に思い浮かべることができるかで右脳の発達度合いがわかります」のように話すと、取り組み方が変わってきます。

3）3時間目の内容と指導案、活動

● 本時の目標

- 前回の復習を通して、職業を表す英語に慣れ親しむ。
- 職業に関連のあるいろいろな道具の表現に慣れる。
- 既習の表現を利用して会話をし、友達から情報を得る。
- 外来語の職業名と英語の発音の違いに気づき、違いを意識しながら発話する。
- 世界のじゃんけんについて知る。日本のじゃんけんとの共通点や異なる点に気づく。

● 指導案〈次ページからを参照〉

※指導案は、最初のあいさつと最後のまとめ・あいさつを合計5分とし、これを除いた40分のものを示しています。

時分	活動	教師の活動	児童の活動	〈教具〉言語材料・指導の留意点
10分	復習（歌）	**(1) 歌で復習** ●復習として、職業について発話し、ワークシート上の当てはまる絵を指させる。 ●前の時間に使った歌を聞かせ、もう一度ワークシートで、歌詞に当てはまる絵を指す。 ●2回目は2つに分かれて、質問と答えの部分のどちらかを歌うようにさせる。	●先生の発話する職業の絵をワークシートから探して指さす。 ●ワークシートを見ながら歌を聞き、当てはまる職業の絵を指さす。 ●役割分担して歌う。	〈ワークシート2（p.248）、CD-track12〉 活動（1）参照 I'm a pianist. I like music. I play the piano. Are you a baker? など ●完全に歌わせようとせず、歌えるところだけを歌わせるようにする。
15分	聞く活動	**(2) 職業ビンゴ** ●職業について発話し、その仕事と関連のあるもののイラストを、ワークシート上で指させる。 ●先生の発話を聞いて、その職業と関係のある道具の絵をビンゴシートに描きこませる。 ●先生の発話を聞き、ビンゴシートに当てはまる絵があれば○をつけるルールでビンゴを行う。	●先生の指示に従って活動を行う。先生の発話を聞いて、職業に関係のある道具などのイラストを指さす。次にビンゴシートに道具の絵を描き込んでビンゴゲームを行う。	〈ワークシート3（p.254）、ビンゴシート〉 活動（2）参照 ●絵を描かせるときは、時間がない場合は時間制限をつける。時間があれば、その仕事をしている人の様子などをイメージさせるようにする。
15分	コミュニケーション活動	**(3) 仲間探しゲーム** ●自分と同じ職業のカードを持っている人を、英語表現を使ってできるだけ多く探させる。 ●世界のじゃんけんをいくつか教えて、ゲームの際に使用させる。	●先生の指示に従って、英語表現を使って仲間探しをする。 ●世界のじゃんけんを体験する。	〈職業ピクチャーカード1、2（p.246、268）〉 活動（3）参照 ●活動の際には、よいあいさつの仕方、会話の終わらせ方などにも注意させる。 ●世界のじゃんけんを利用して、より楽しい活動にする。日本のじゃんけんとの共通性などにも気づかせる。

3時間目の活動の詳細

(1) 歌で復習（復習・聞くドリル・発話のドリル）

　前の時間のワークシートと歌を使って、語彙の復習を行います。

● **ねらい**：習った語彙の音声に慣れ、発話の練習をする。
● **準　備**：ワークシート2「Are you a baker? ワークシート」（p.248）、CD-track 12 *Are You a Baker?*　※あればピクチャーカード

【進め方】

①前時の復習として、先生が前回と同じように職業について発話し、その内容に当てはまる職業の絵を、ワークシート上で指させる。

②前時に使った歌を聞かせ、やりとりに合ったイラストをワークシート上で順に指させる。

③2回目は、2つに分かれて、質問の部分と答えの部分のどちらかを歌うようにする。時間があれば3回目として、役割を交代して行う。

 ここがポイント！

　歌を歌うときは、先生が声を出して子どもたちをリードします。完全に歌おうとしなくてよいこと、歌えそうなところだけを歌うように指示します。

（2）職業ビンゴ（聞くドリル）

　いろいろな職業に関連する道具などを描いてビンゴを行います。

● **ねらい**：発話された単語を聞き取る練習をする。

● **準　備**：ワークシート３「仕事の道具ワークシート」(p. 254)、
　　　　　　３×３マスのビンゴシート

【進め方】

① １回目は、いろいろな職業と、仕事に関連するものについての発話を聞いて、「仕事の道具ワークシート」から当てはまるものを選び指さす。

　例：Pianist: I'm a pianist. I like music. I play the piano. I'm a pianist.（子どもはピアノの絵を指さす）

② ２回目は、空欄のビンゴシートに、先生の発話に合う、道具や関連するものの絵を書き込む。全部で９つのマスを埋める。職業に合った絵が描けているか、机間指導して確認する。

　例：I'm a carpenter. I make houses. I use a hammer.（かなづちの絵を、好きなマスに書き込む）

③ マスが埋まったら、それを用いてビンゴゲームを行う。先生の発話を聞き、子どもは自分のビンゴシート上で、その職業に関連するものに○をつける。縦、横、ななめに３本の線ができればビンゴ。

　例：I'm a baker.（ビンゴシートの「パン」の絵に○をつける）I'm a nurse.（体温計に○をつける）

 ここがポイント！

　絵を描かせるときは、１つの絵を15秒以内で描き終わるように指示します。本人が何の絵かわかればよいことにし、時間をかけないようにします。時間があるときは、仕事をしている人の様子などをイメージさせながら描かせてもよいでしょう。

ワークシート3
「仕事の道具ワークシート」

（3時間目で使用）
イラスト：もとやままさこ

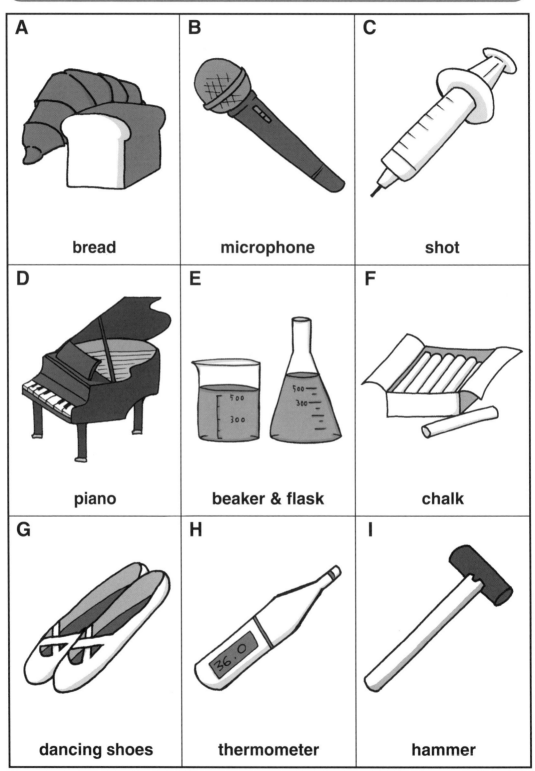

A bread	B microphone	C shot
D piano	E beaker & flask	F chalk
G dancing shoes	H thermometer	I hammer

(3) 仲間探しゲーム（コミュニケーション活動・聞くドリル・
　　発話のドリル）

　英語でやりとりをしながら、自分と同じカードを持つ友達を
探す活動です。

● **ねらい**：Are you a cook? Yes, I am. / No, I'm not. の言い
　　　　　　方に慣れ親しむ。
● **準　備**：職業ピクチャーカード 1「What am I ? 私の仕事は
　　　　　　何でしょう」（p. 246をコピーして切り取り、1 人に
　　　　　　1 枚ずつ渡す。p. 268も使ってもよい。）

【進め方】

①1 人に 1 枚ずつカードを配る。友達に見せないようにさせる。自
　分の手持ちのカードの職業になったつもりでやりとりをすること
　を告げる。足じゃんけんや、ほかの国のじゃんけんを使って行っ
　てもよい。その場合は、じゃんけんのルールを紹介する。

②ペアになり、じゃんけんで勝った人が Are you a
　baker? のように質問をし、自分と同じ職業の人を
　できるだけ多く探させる。ある程度の時間がたった
　ら終了する。

③時間があれば、職業カード 2 枚を、Aカード、Bカー
　ドとして（印をつけるなどして）渡し、まずはAカー
　ドで活動をし、時間がたったらBカードに変えるこ
　ともできる（先生が「ここからはBカードです」と
　指示を出す）。このようにすることで、同じ友達と
　もう一度会話する機会が生まれる。

　応　用

　ワークシート 3「仕事の道具ワークシート」（p. 254）と、ワー
クシート 1「私の仕事は何でしょう？」（p. 246）の両方を使っ
て同様に行うこともできる。職業と道具のカードを、各自にバ
ラバラの組み合わせで渡しておき、相手に職業をたずねながら、
自分に必要な道具のカードを探す。

ここがポイント！

　第一印象が大切だということを伝え、活動の際には友達によいあいさつをするようにうながします。同じカードを持っていない場合でも、ちゃんと相手に感謝して会話を終わらせることを確認しましょう。振り返りの時間には、しっかりあいさつし、よい印象を与えていた子どもを評価しましょう。根気強く指導すること、会話の仕方など（はっきり、ゆっくり、最後まで注意して聞くなど）を含めた、「コミュニケーションの中身・質」を評価することが大切です。

4）4時間目の内容と指導案、活動

● 本時の目標

- 仕事を表す簡単な英語を聞いたり発話したりしながら、英語表現に慣れる。
- 職業に関する英語表現などから、日本語との違いなどにふれる。
- チャンツの活動を通して、友達と一緒に協力する。

● 指導案〈次ページからを参照〉

※指導案は、最初のあいさつと最後のまとめ・あいさつを合計5分とし、これを除いた40分のものを示しています。

時分	活動	教師の活動	児童の活動	〈教具〉言語材料・指導の留意点
10分	聞く活動（復習）	（1）イメージしよう！この人の仕事は？ ●前時までに使った歌を、目を閉じて聞かせ、内容を思い出させる。 ●2回目は曲に合わせて歌わせる。	●歌を聞いて内容を思い出す。 ●曲に合わせて歌えるところを歌う。	〈CD-track12、13、ワークシート2（p. 248）〉 活動（1）参照 ●ワークシートの絵だけでなく、実在の人物もイメージさせるようにする。
12分	発話の活動	（2）チャンツ・リレーゲーム ●5人くらいのグループに分け、リズムをこわさないように順番に発話させる。	●先生の指示に従って、ルールを守って、活動を続ける。 ●グループ対抗で長く失敗せずに続けていたチームが勝ちとする。	〈ワークシート1〈p. 246〉〉 活動（2）参照 ●先生がお手本を見せ、自然なイントネーションがこわれないように注意させる。グループで協力して行うようにうながす。
18分	聞く活動	（3）先生があこがれた職業その1 ●あらかじめ学校の先生たちに、昔あこがれた仕事について英語でインタビューをしておき、子どもたちにそれについてのクイズを出す。 ●クイズの答えを書き込んだ表を見ながら、担任の先生の発話が正しいかまちがっているかのクイズを行う。	●先生たちがなりたかった職業を予測して、ワークシートに書き込む。 ●ビデオを見て確認する。 ●先生の発話を聞いて、その内容が正しければT、まちがっていればFをワークシートに書き込む。	〈インタビュービデオ、クイズ用ワークシート〉 活動（3）参照 What did you want to be when you were a child? I wanted to be a pilot. ●インタビューの発話すべてが聞き取れなくても、大事な情報を聞き取れればよいことにする。 ※ピクチャーカードがあれば使用する。

4時間目の活動の詳細

（1）イメージしよう！この人の仕事は？（復習・聞くドリル）

　習った英語表現を聞き、頭の中にイメージを思い浮かべる活動です。

● **ねらい**：職業を表す英語表現を含む英文を集中して聞き、表現に慣れる。

● **準　備**：CD track 12 *Are You a Baker?*、CD-track13 同カラオケ、ワークシート2「Are you a baker?　ワークシート」（p. 248）

【進め方】

①目を閉じて歌を聞かせ、内容をイメージとして頭の中に描かせる（No, I'm not.の答えのところでは、続けて先生が I'm a baker. のように言い、その内容を聞いてイメージさせるようにする）。

②もう一度歌をかけ、聞きながら歌えるところを歌わせる。

応用

　さらに、カラオケを利用し、子どもに答えの部分を歌わせる。先生が質問の部分を歌う前に、子どもはワークシート2の絵のいずれかを指さし、先生の質問を聞いて、Yes, I am. / No, I'm not.（I'm a nurse.など）と答える。同じ絵は使えないルールにし、先生に当てられずに何回までできるか勝負する。

 ここがポイント！

　上記②で2度目に歌を聞かせるときは、ワークシートの絵ではなく、実在の人などをイメージするように指示しましょう。答えの後でCDを一時停止させるようにして、イメージさせるようにするとよいでしょう。カラオケを使った応用活動では、先に先生がALTなどと一緒にデモンストレーションを見せてから行うとよいでしょう。

（2）チャンツ・リレーゲーム（発話のドリル）

　5人程度のグループで、リズムをこわさないように順番に発話する活動です。

● **ねらい**：習った表現を発話する練習。友達との協力体験をさせる。

● **準　備**：ワークシート1「What am I? 私の仕事は何でしょう」（p. 246）

【進め方】

①先生がお手本を見せる。手拍子に合わせてリズムをくずさないように、続けて発話するゲームであることを説明する。

（×印は手拍子の位置を表す）

   ×　　×　　　　×　　×　　　　　×　　×

× × I'm a baker. × × I'm a pianist. × × I'm a cook. × ×

②ワークシートを見ながら発話してもよいこととするが、前の人と同じもの、一度自分が言ったものは言えないルールで行う。グループで協力し、できるだけ長く続けられるようにすることをうながす。

応用

　慣れてきたら先生が × × Are you a baker? × × と聞き、それに対して子どもがそれぞれ、自分が先に指さしていた答えを見

て、Yes, I am.（××）I'm a baker. / No, I'm not.（××）I'm a nurse.（××）とすることもできる。

 ここがポイント！

　手拍子は、ばらばらにならないように先生だけがすることにします。少しずつテンポを速めていくと、集中力が増します。チャンツを行う際には、英語の自然なイントネーションがこわれないように注意しましょう。

（3）先生があこがれた職業その1（コミュニケーション活動・聞くドリル・発話のドリル）

　学校の先生たちが、昔あこがれた仕事を素材にしたクイズです。
● **ねらい**：職業を表す英語表現を聞くことに慣れる。
● **準　備**：学校の先生が、昔あこがれた職業について英語で答えているインタビュービデオ、クイズ用のワークシート（下の表参照）。

【進め方】

①学校の先生たちが昔あこがれた仕事についてのクイズであることを伝える（あらかじめ先生たちにビデオ出演してもらい、英語でインタビューしておく。ALTにインタビュアーをお願いしてもよい）。
②3つほどの不正解を含む回答を日本語で黒板に書きだし、各自が答えを予測して、下のようなワークシートに数字を書きこむ。
③黒板にピクチャーカードなどを貼ったり、絵を描いたりしながら、英語での表現を聞かせる。
回答の例：
1　野球選手（baseball player）、2　パイロット（pilot）、3　警察官（police officer）、4　先生（teacher）、5　イラストレーター（illustrator）、6　花屋さん（florist）、7　歌手（singer）、8　獣医（vet）、9　客室乗務員（flight attendant）、10　美容師（hair stylist）
ワークシートの例：

名前	佐藤先生	佐野先生	奥村先生	福田先生	石塚先生	中山先生	ホワイト先生
予想							
正解							
T/F							

④先生たちのインタビュービデオをみんなで見て、自分の予想が合っていたか、答え合わせをする。

例：Q: Mr. White, what did you want to be when you were a child?

A: Well, when I was a child, I wanted to be a pilot.

I wanted to be a pilot.（1回目はふつうのスピードで、2回目は下線部を少しゆっくり発話してもらうようにする）

⑤全部続けて見せた後で、2回目は確認しながら1人分ずつ見ていく。

⑥インタビュー内容についての英文を先生が言い、その内容が合っているかどうか、ワークシートを見ながら考える。正しければT、正しくなければFを書き込む。英文は2回繰り返して言う。

例：Mr. Sano wanted to be a pilot. Mr. Sano wanted to be a pilot.

⑦終わったら、もう一度最初から1回ずつ発話し、答えを確認させる。

⑧答え合わせをする。例：Mr. Sano wanted to be a florist. The answer is F.

 ここがポイント！

　インタビューのすべてを聞き取れなくても、それぞれの先生が昔なりたかった職業の部分が聞き取れればよいことにします。

5）5時間目の内容と指導案、活動

● **本時の目標**

・仕事や年齢について表す表現を、聞いたり話したりしながら活動を行い、英語表現に慣れる。言語材料：He is a dancer. She is a wrestler. など。

・先生やビデオの発話の内容を、考えながら聞く。

・ジェスチャーゲームの活動を友達と一緒に協力して進め、ジェスチャーを使った豊かな表現を試みる。

● 指導案

※指導案は、最初のあいさつと最後のまとめ・あいさつを合計5分とし、これを除いた40分のものを示しています。

時（分）	活動	教師の活動	児童の活動	〈教具〉言語材料・指導の留意点
12分	聞く活動（復習）	（1）先生があこがれた職業その2・年代別 ●先生が小さいころからなりたかった職業を年齢に沿って伝えていく。 ● ALTや他の先生にも同じように、年齢と当時なりたかった職業を言ってもらったビデオを見せ、ワークシートに書き込ませる。	●先生がいろいろな年齢のときになりたかった職業を聞き、メモを取る。 ●他の先生についても発話の内容を聞いてワークシートに答えを書き込む。	〈発展ビデオ・年齢を書いたカード〉 活動（1）参照 When I was 5 years old, I wanted to be a firefighter. ※ピクチャーカードがあれば使用する。
8分	発話の活動	（2）What's Missing? ●職業に関するピクチャーカードを黒板に貼り、1人ずつ取っていく。児童にどの職業のカードがなくなったかを考えさせ、発話させる。	●目を閉じている間に先生が隠したカードについて、英語で答える。	〈職業ピクチャーカード1、2（p. 246、268）〉 活動（2）参照 ※大きいピクチャーカードがあれば使用する。
7分	聞く活動	（3）チャンツを聞いて答えよう！ ●将来の夢を述べたチャンツであることを告げて、児童にチャンツを聞かせる。何になりたいと言っているか聞き取り、ワークシートに名前と番号を書き込ませる。	● CDの内容を考えながら聞き、ワークシートに名前と番号を書き込む。	〈ワークシート4（p. 266）、CD track14〉 活動（3）参照 ※ピクチャーカードがあれば使用する。
13分	発話の活動	（4）ジェスチャーゲーム ●先生が職業を表すジェスチャーを見せ、職業名を英語で質問させて、当てさせる。ペアやグループでジェスチャーゲームを行ってもよい。	●先生のジェスチャーを見て、どの職業か、英語で質問をする。 ●ペアやグループでジェスチャーゲームを行う	〈職業ピクチャーカード1、2〉（p. 246、268） 活動（4）参照

5時間目の活動の詳細

（1）〈先生があこがれた職業その2〉年代別（コミュニケーション活動・聞くドリル・発話のドリル）

先生が子どものころなりたかった職業について聞く活動の続編として、年齢の言い方も盛り込んで行います。

● **ねらい**：職業を表す英語表現とともに、年齢についての表現を聞いて慣れる。

● **準　備**：4時間目に使ったインタビュービデオの続編、年齢を表す4枚のカード（5 years old/7 years old/13 years old/15 years old）、聞き取り用のワークシート（応用）　※あればピクチャーカード

【進め方】

①先生が、子どものころなりたかった職業について英語で言うので、それを聞き取る活動を行うことを伝える。

②先生は「5 years old」などと書かれた年齢を表すカードを4種類持ち替えながら、それぞれの年齢でなりたかった職業を発話する。

③子どもたちは年齢と職業を聞き取ってメモを取る。

例：When I was 5 years old, I wanted to be a truck driver.
　　When I was 7 years old, I wanted to be a singer.
　　When I was 13 years old, I wanted to be a doctor.
　　When I was 15 years old, I wanted to be a comedian.

※過去形の使用がむずかしいようなら、先生が過去や未来にタイムトラベルしたつもりになって、現在形だけを用いて進めることもできます。そのときには、年齢を聞く表現（How old are you?）を伝え、子どもに質問させてもよいでしょう（イラスト参照）。先生は年齢を表すカードを持ち、その年齢に戻ったつもりで、なりたかった職業について現在形を用いて伝えます。子どもは聞き取ってメモを取ります。

応　用

①ほかの先生方が、いろいろな年齢のときになりたかった職業とその理由について答えている様子をビデオで見せ、ワークシートに書き込ませる（ビデオは、前時のインタビュービデオ作成のときに同時に撮影しておく）。

例：When I was 5 years old, I wanted to be a firefighter. Because I wanted to help people in my town.（1回目はふつうのスピードで、2回目はやや遅く発話してもらうようにする）

②その仕事につきたかった理由も話していることを伝え、もう一度聞かせる。

ワークシートの例：

先生 年齢	佐藤先生	佐野先生	奥村先生	福田先生	石塚先生	中山先生	ホワイト先生
5歳							
7歳							
13歳							
15歳							

 **ここがポイント！**

　先生たちがなりたかった職業については、既習のものを使わなくてもかまいません。子どもの自由な自己表現につなげるためにも、「へ～、○○先生は○○になりたかったんだ」と、子どもの注意が内容に向くような、楽しいデモンストレーションになるよう心がけましょう。

　また、I was... I wanted...などの過去形の表現については、特に取り上げて説明する必要はありません。「先生が当時なりたかった職業について話している」ということを理解させ、聞くときは、年齢と職業の名前など、ポイントとなる情報を聞き取らせるようにします。

(2) What's Missing?（聞くドリル・発話のドリル）

　黒板に貼ったカードのうちどれかを隠して、何がなくなったかを英語で答える活動です。

● **ねらい**：いろいろな職業を英語で発話する練習をする。

● **準　備**：職業を表すピクチャーカード７枚程度（p. 246、p. 268を拡大コピーして切り取り使用。大きいピクチャーカードがあればそれを使用）

【進め方】

①職業を表すピクチャーカード（7枚ほど）について、She is a doctor. He is a teacher. のように、発話した後でピクチャーカードを見せ、黒板に貼る。

②子どもに目を閉じさせ、その間にカードの位置をシャッフルし、1枚を隠す。目を開けさせ、どのカードがなくなったかを答えさせる。
　例：Teacher: What's missing? Students: Doctor. T: That's right.

③同様に繰り返して1枚ずつ減らしていき、最後のカードになるまで行う。終わったら別の職業のカードも使って行う。

応　用

　同じカードのミニ版をペアに配り、ペアで同様に実施してもよい。また、先生が黒板に貼った7枚のカードの順番を、ペアで20秒で覚えさせてから黒板から取りはずし、ペアで英語で発話しながらカードを同じ順に並べる活動もできる。ペアで役割分担をするなど協力して行うようにうながす。子どもの実態に応じて使用する枚数を調整する。

（3）チャンツを聞いて答えよう！（聞くドリル）

　なりたい職業について子ども同士がたずねあうチャンツから、必要な情報を聞き取る活動です。

● **ねらい**：I want to be ... のような発話を聞き、必要な情報を聞き取る。

● **準　備**：CD-track 14 *Job Chant*、ワークシート 4「チャンツを聞いて答えよう！」（p. 266）※あればピクチャーカード

【進め方】

①自分が何になりたいかを英語で順番に発話している内容のチャンツを聞き、ワークシート上に答えを書き込む活動であることを伝える。

②CDをかける。1回目は内容を考えながら聞く。2回目は、1つずつ（I want to be a scientist. How about you, Mika?など）一時停止しながら聞き、子どもの名前と、なりたい職業のイラストの番号を、ワークシートに書きこませる。

※答え合わせのときにピクチャーカードを用いるとよい。

 ここがポイント！

　全部を聞き取ろうとするのではなく、名前と、どんな職業につきたいのか、必要な情報だけを聞き取るようにうながします。

Job Chant ▶▶ CD TRACK **14**

I want to be a scientist.
How about you, Mika?

I want to be a dancer.
How about you, Shota?

I want to be a carpenter.
How about you, Chizuru?

I want to be a florist.
How about you, Takashi?

I want to be a singer.
How about you, Rie?

I want to be a comedian.
How about you, Kensuke?

I want to be a nurse.
How about you, Eri?

I want to be a judo athlete.
How about you, Toshi?

I want to be a baker.

※track15はカラオケになっています。

ワークシート4
「チャンツを聞いて答えよう！」

▶▶
（5時間目で使用）
イラスト：本山理咲

名前	Takuya						
職業	**1**						

1 scientist | 2 comedian | 3 judo athlete
4 carpenter | 5 singer | 6 dancer
7 nurse | 8 florist | 9 baker

（4）ジェスチャーゲーム（**聞くドリル・発話のドリル**）

　ジェスチャーを見たり、自分でしたりしながら、職業の表現について発話する活動です。

● **ねらい**：これまで習ってきたいろいろな職業の表現を、発話する練習を行う。

● **準　備**：職業に関連するピクチャーカード（実態に応じて枚数を調整）

【進め方】

①職業を表すピクチャーカード（7枚程度）を、先生が黒板に1枚ずつ、She is a doctor. He is a teacher. のように発話しながら貼る（十分音声にも慣れ、意味もわかっているようであれば、カードを貼るのは割愛してもよい）。

②先生は、いずれかのカードの職業を表すジェスチャーをするので、それを見て、Are you a doctor? などと質問して当てる活動であることを伝える。

③最初にALTなどと一緒にデモンストレーションを見せてから行うとよい。

④例：先生がジェスチャーをして見せる。

　　Student : Are you a teacher?

　　Teacher : No, I'm not.（当たるまで行う）

応　用

　ペア、またはグループで、小さいカードを使って同様に行うこともできる。

 ここがポイント！

　Are you a nurse? の下線部分については、最初のうちは先生も一緒に声を出して、発話をうながすようにします。また、ペアでの活動をスタートする前に、人と同じではなく、かつ、わかりやすいジェスチャーを考えさせる時間を取るようにするとよいでしょう。

「What am I? 私の仕事は何でしょう」

（3、5時間目で使用）

イラスト：本山理咲

※p. 246のワークシートと職業の内容は同じで、男女が逆になったカードです。授業では両方をとりまぜて使用してください。

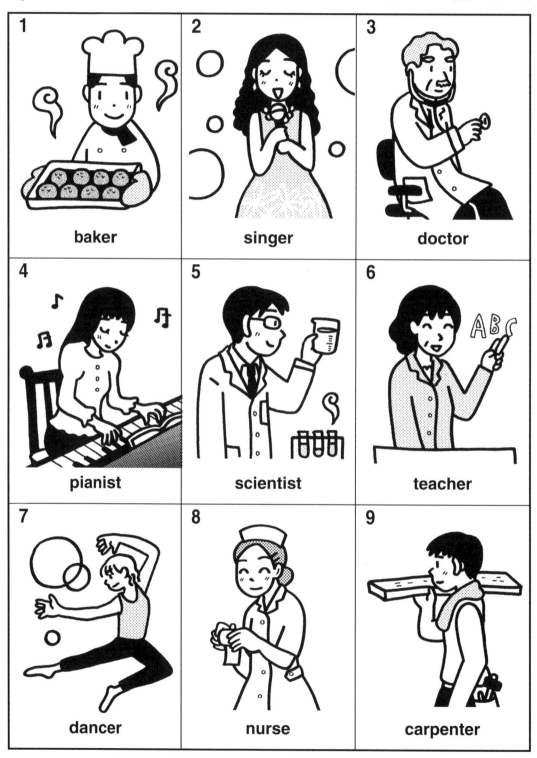

6）6年生での発展的活動

　5年生の活動を踏まえて、6年生ではどのような活動に取り組めばよいのでしょうか。英語のスキルは、同じ言語材料に何度も出合うことで徐々に身についていくものですから、毎回まったく新しいテーマや単元、言語材料を導入する必要はありません。5年生で取り組んだことをもとに、スパイラルに同じ言語材料にふれさせながら、少しずつ発展させるような活動を考えるようにするとよいでしょう。

　まずは復習（5年生と同じ活動を短い時間で）を行い、さらに、以下で紹介するような、発話を増やす活動を含めるようにします。5年生のときに学習した他の言語材料とも組み合わせながら、発達段階に合った活動内容を準備することで、興味を持って取り組むことができるはずです。

● **チャンツリレー（復習、聞くドリル、発話の ドリル、自己表現活動）**

　音楽に合わせ、グループで"I want to be a …"という表現をリレーしていく活動です。
● **ねらい**：既習の表現を発話する練習をする。友達と協力して自己表現活動を行う。
● **準　備**：CD-track15 *Job Chant* カラオケ、職業を表すピクチャーカードやワークシート類

【進め方】
①グループになり、チャンツをお手本に、音楽に合わせて順番に発話していく。自分のなりたいものについて発表できるようにするとよい。9人の発話が音楽に合って終わるように練習する。
　例：I want to be a doctor. How about you, Yumi?
　　　I want to be a baker. How about you, Akira?
②時間があれば、各グループに発表してもらう。

ここがポイント！

　自分がなりたい職業は、ワークシートやピクチャーカード以外のものでも、自分で考えてよいこととします。また、リズムやテンポの異なる音楽を使っても同じように発話できるように、練習させてもよいでしょう。少しずつむずかしい活動にすることで、何度も聞き、発話する練習ができます。

● **えー、うそ！　そんなのあり？（コミュニケーション活動・聞くドリル・ジェンダー）**

　いろいろな職業の人の映像を教材に、仕事に関わる英語表現に慣れるとともに、ジェンダーについてのステレオタイプにも気づかせる活動です。

● **ねらい**：・職業に関する英語表現（What is his/her job? A nurse. He/She is a nurse.）、代名詞（he, she, his, her）に慣れる。

　　　　　　・ジェンダーについてのステレオタイプを意識する体験をさせる。

● **準　備**：いろいろな職業の人の、ふだんの姿と仕事の姿をデジタルカメラで撮った画像と、それらを提示するためのスクリーン、テレビなど

【進め方】

①デジタルカメラで撮った画像をテレビに映すことを伝えてから、「この人の仕事は何でしょう。What is her/his job?」と発話する。答えの選択肢を、ピクチャーカードで与える。

②画像をテレビに映し、その人の職業を推測させ、もう一度"What is her/his job?"と発話する。子どもは日本語で答えてよい。

③正解を"A nurse. He is a nurse."のように伝えてから、画像（仕事中の姿）を見せる。同じ要領で、準備した質問を続ける。

④活動の感想を子どもに発表させる。答えが予想できなかった場合、その理由を考えさせる。

 **ここがポイント！**

　画像は、できるだけ地元の、いろいろな方に協力してもらい
ます。ジェンダーについて意識させられるような写真を用意で
きるとよいでしょう。その仕事を選んだ理由なども聞いておき、
子どもに伝えるようにします。また、「この人の仕事は何でしょ
う」という発話は最初だけ日本語で言い、次からは英語だけに
します。必ず発話してから画像を見せるようにします。

応　用

以下のような活動もできます。

- 答えの画像にモザイクや回転などを加えてわかりにくく
　し、答えを考えさせる活動にする。
- 答えを提示する際に、ペアになり、1 人は画像を見ずにも
　う 1 人がジェスチャーで伝え、英語で職業を答えさせる活
　動にもできる。
- 「総合的な学習の時間」において、時間があれば、男性の仕
　事、女性の仕事というように、ステレオタイプ化されてい
　るものがないかについて考えさせる。

● **何になりたいの？（コミュニケーション活動・聞くドリル・
　発話のドリル・自己表現活動）**

クラスの子どもたちのなりたい職業についてのアンケートを
もとに、インタビューし合う活動です。

● **ねらい**：・インタビュー活動をしながら、英語表現に慣れる。
　　　　　　・英語表現（I want to be a doctor. How about
　　　　　　　you?など）を使用して自己表現を行う。

● **準　備**：クラスの子がなりたい職業を表にしたワークシート
　　　　　　（名前の欄はいっさい空欄にしておく。以下参照）

【進め方】

①前もってクラスの子どもがなりたい職業を先生が調べておき、該当
　する職業の絵を準備する。それぞれの職業の、英語の言い方を伝える。

②なりたい職業についてのワークシートを配布する（クラスによって
　異なるワークシートになる）。自分がなりたい仕事に印をつけさせる。

ワークシートの例：

絵	絵	絵	絵	絵
名前欄	名前欄	名前欄	名前欄	名前欄
絵	絵	絵	絵	絵
名前欄	名前欄	名前欄	名前欄	名前欄

③ワークシートにある職業につきたい友達を探す活動を行うことを告げる。なるべくすべての欄に名前を入れることを目指す。最初に先生がデモンストレーションを見せる。

④じゃんけんに勝った人が負けた人に質問し、じゃんけんに勝った人だけが書き込めるルールにする（人数が少ない場合は、両方が書くことにする）。

　例：A&B : Hello. Rock, Scissors, Paper. 1, 2, 3!

　　　　A : I win! I want to be a doctor. How about you, ____?

　　　　B : I want to be a ____.（じゃんけんに勝ったAだけが、Bの名前をワークシートに書き込める）

 ここがポイント！

　じゃんけんに勝った子どもだけがワークシートに書き込めるルールにすると、子どもが会話を行う数を増やすことができます。活動の際には、BGMとして、使用する英語表現が含まれた歌（CD-track14 Job Chantなど）をかけておくようにすると、表現を思い出すのに役立ちます。また、子どもの実態に応じて、その職業につきたい理由について、Because I like bread.など、簡単な表現を教えて言わせるようにすると、さらに楽しい活動になるでしょう。

● **自己紹介ビデオ作り（タスク）**

　グループで協力して、自己紹介ビデオを制作する活動です。

● **ねらい**：・自己紹介用のビデオを作りながら英語表現に慣れる。

　　　　　　　例：Hello！ My name is Ken. I like music/animals. I want to be a singer/vet. This is a Japanese toy, kendama.（This is a picture of my pets.）See you.

　　　　　　・友達と協力し、工夫をしながら映像作りに取り組む。
● 準　備：先輩や先生たちのビデオ、ビデオチェックシート
【進め方】
①だれに送るのか、目的は何かなど、ビデオ制作の意図を伝える。
②先生や先輩たちが作ったビデオや、外国からのビデオレターを見
　せ、工夫されていた点（映像、音声、内容、撮影された場所など）
　について、ビデオチェックシートをもとに考える。4〜5人グルー
　プで、だれがどこをチェックするか担当を決めるとよい。

ビデオチェックシートの例：

場　所	□屋外　　□屋内
映　像	□人が大きく映っている　□人が小さく映っている　□動作が多い　□動作が少ない　□わかりやすい □わかりにくい
カメラワーク	□ぶれていて見にくい　□動きが速くて目が回る　□ぼやけている　□見やすい
音　声	□効果音がある　□音楽がある　□1人の声　□2人以上の声　□よく聞こえる　□よく聞こえない
小道具	□絵・写真　□実物（□動物、□物）
出演者	□1人　□2人　□3人以上　　　表情（笑顔□　　真剣□　　緊張している□）
時　間	□10秒以内　□20秒以内　□30秒以内　□40秒以内　□50秒以内　□1分以内　□1分以上
雰囲気	□明るい　□暗い　□楽しそう　□つまらなそう
情　報	□おもしろい　□つまらない　□新しい　□知っている

③どのようなビデオ内容が望ましいか、また、カメラワーク、音声
　など、撮り方のコツや工夫について子どもに意見を出させ、考え
　させる。グループ4〜5人で、カメラ係、音声係、小道具係など
　を決める。制作の準備は宿題とし、グループまたは個人で行うよ
　うにする。実際の撮影は、別の時間を設定して行う。

👉 ここがポイント！

　受け取った相手に伝わりやすい内容にするために、先生が
持っているビデオを分析させ、自分たちならどうするかを考え
させるようにします。自己紹介は個人でもグループでも、どち
らでもよいこととし、メンバーの個性や特技などが生きる内容
になるようにうながしましょう。使用する英語表現は、ALTや
担任等に聞いてよいことにします。撮影する場所は、学校内に
限ったほうが実施しやすいでしょう。できあがったら、完成試
写会を開き、お互いに評価し合うようにするとよいでしょう。

本章の指導案と活動案は、主に『最強のレッスンプラン』（2004）（アルク）
をもとに加筆・修正したものです。

参考文献

高島英幸（2005）	『英語のタスク活動とタスク』大修館書店
金森強（2003）	『小学校の英語教育 – 指導者に求められる理論と実践』教育出版
金森強（2004）	『最強のレッスンプラン・完全版』アルク
金森強（2011）	『小学校英語活動　成功させる55の秘訣』成美堂

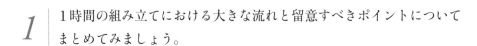

課題

1 1時間の組み立てにおける大きな流れと留意すべきポイントについてまとめてみましょう。

2 1つの単元を決めてその指導計画と1時間の指導案を作ってみましょう。

文字指導のあり方 第15章

はじめに

　小学校段階での英語教育の実施が検討されるようになった理由は、これまで中学校以降の英語教育において長年行われてきた文字言語を中心にした英語学習では、音声言語としての英語力が十分育たないという反省があったからです。また、日本語への翻訳や英語の知識を学ぶ学習活動ばかりでは、英語を使用する楽しさや意義、達成感を与えることが難しく、継続的に英語を学び続けるための動機づけが十分にできなかったのも理由の1つです。同じ過ちをおかさないためにも、いわゆる中学校英語科の前倒しではなく、言語使用を通して英語の知識と技能を育成すること、音声言語としての英語に慣れ親しむこと、そして、中学校の外国語教育に対する興味・関心・意欲を高めることこそが小学校段階において留意すべきことと言えるはずです。

　また、主体的・対話的な深い学びの実施には、これまでの教師主導の授業ではなく、学習者が自ら考え、重要となることに気づく過程を通して「思考・判断・表現」を繰り返しながら成長することが望まれます。

　文字指導においては、限られた小学校の授業時数を考えると、多くのことは期待できません。文字が入ってきたとたん指導の機会が増え、子どもが英語を難しいと感じてしまうことも多いようです。文字の指導は、早い段階で英語への苦手意識を生み出してしまわないように、時間をかけて丁寧に指導することが肝心です。特に、中学年段階では、英語の文字への興味を持たせることが肝心です。日本語のひらがなやカタカナの文字との違いや共通点に気づくことから始めるとよいでしょう。

15-1. 文字指導の基本的な考え

1）文字指導の留意点

　ペンマンシップでAからZまで、順番に何度も書かせるようなやり方では、文字学習への興味は生まれません。文部科学省の拠点事業として英語の文字指導のあり方の研究に取り組んだ神奈川県横須賀市（諏訪小学校、田戸小学校）では、ひらがなを低学年生に教える場合、①どの文字から教えるか、②どのような文字を読ませたり書かせたりするか、③子どもが文字を覚えることに興味を持つための手立てとはどういうものか、を考えることから英語の文字指導のあり方について研究を始めました。ひらがなであれば「し」「つ」「く」「へ」「て」などの簡単な文字から、また、自分の名前や好きな食べ物など、子どもの身近なことや表現したいことを教材として扱うことが大切であり、また、知らない間にアルファベットの形式に意識が向くような指導や手立てが必要であることが確認されました。

　文字への興味を持たせるための工夫としては、例えば、友達と協力してアルファベットのAからZまでを手や指、体、毛糸、モールなどを使って作る方法があります。アルファベットを正しく作るためには、しっかりとアルファベットの形を見なければなりません。このように、アルファベットには直線が多いことやカーブの方向、ひらがなとの違いなど、アルファベットの文字の特徴に気づきが生まれる指導を行うことでアルファベットとの出会いを深めます。

　また、文字は、だれかが読んでくれるからこそ、丁寧に、また、正確に書こうとするはずです。伝えたい内容があってこそ、文字を身につけることの楽しさが生まれてくるのです。当たり前のことですが、読んでくれる人がいるからこそ、書く意義があるのです。だれに、何のために書くのか、しっかりとした目的意識を持たせた上で、書く体験をたくさん与えることが望ましいはずです。

2）Top-down vs Bottom-up

　一文字ずつ、文字の形式とその形式に対応する音声を覚えさせ、少しずつ積み上げていくと、文字と音声すべてを、効率的、かつ、効果的・体系的に身につけることができると考えられるかもしれません。ただし、そのような学習にたくさんの時間を割いていたら、ことばに気持ちをのせて表現する楽しさや、自分の思いや考えを友達とやりとりする楽しさは取り上げられてしまいます。結果として、無味乾燥なドリル的な学びが続くことで英語を学ぶことを嫌いになってしまう可能性も少なくありません。子どもは、テストの点を取るためではなく、英語を用いて自分のことを表現したり英語を用いていろいろな人と関わったりしたいと思っているからです。

　文字の表す音声とつづり字の関係に関する知識・技能を早い段階で指導することは、これまでのペーパーテストにおいて効果が認められたとしても、英語を学ぶことへの動機づけを高めることや、音声面のパフォーマンステストにおいては、それほどの効果は見込めないかもしれません。まとまりのある英文を聞いて、内容を理解したり、内容に対して英語で質問をしたりするスピーキングテストにおいては、まず音声の流れの中から意味情報を聞き取る能力が必要であり、聞こえてきた情報を処理しながら、次に表される情報と関連づけて全体の概要を理解しなければなりません。個々の文字の表す音声よりも音声の流れの中で語彙やセンスグループ/チャンクとして聞き取る能力こそが身につけられていなければならないはずです。

　会話においては、個々の文字に対応した音声が聞こえてくるわけではありません。例えば、catを [k][æ][t] と一文字ずつ発音された場合と、[kæt] と発音された時では、音声特徴は変わります。また、the cat in the box とノーマルスピードで発話された場合は、別の音声特徴が表れるはずだからです。

3）小学校段階に相応しい文字指導の開発を

　Top-downとBottom-up両方の指導が必要になるはずですが、Top-downの音声指導が注目されていないのは、大変残念なことです。これまで、語彙指導に関しては、文字言語としての指導が中心であったため、音声語彙として十分な指導はでき

ていませんでした。文字を音声化することはできても音声だけ
を聞いて意味処理することができない、即興で音声としての語
彙が出てこない指導で終わってしまっているのです。また、
ローマ字を日本語の音声で発音する癖がついてしまうと、turtle
をトゥルトレと発音したりorangeをオランゲと発話したりし
てしまいます。日本語の音声ではなく英語の音声と結びつく文
字指導のあり方が求められるのです。

　文字指導*よりも音声教育が優先されるべきということはす
でに述べてきました。十分な音声指導がなされたと仮定して、
小学校段階ではどのような文字指導を行うことが望ましいので
しょうか。

文字指導
p. 178、第15章も参照。

15-2. 読む活動の進め方

1)「読むこと」を学ぶのは、母語でも「大変な仕事」

　みなさんは、「読む」というと、どのような場面を思い浮か
べますか。本や雑誌を読む、街中にある看板の文字を読む、家
電の取り扱い説明書を読む、友だちから来たメールを読むなど、
読むことは私たちにとって身近な行為です。

　みなさんが母語を習得する際、日常生活で困らない程度に読
む力をマスターするまでに、どの位時間がかかったか覚えてい
ますか。生まれて間もない赤ちゃんの姿を思い浮かべると、い
きなりことばを発するのではなく、まわりの人たちが話すこと
ばをじっと聞き続けるうちに、ことばにならない音を発し、少
しずつ発話を始め、ようやく読むことにたどり着きます。

　コーエン（Cohen）は、その著『子供は言語をどう獲得する
のか』の中で、母語習得において子どもが「文字を読む*こと
を学ぶ」際、「単語を構成している部分的要素に意識的な注意
を向けるようにしはじめなくてはならない」ため、これは「大
変な仕事」だと述べています。母語習得の上でも、読むことは
大仕事なのですから、第二言語習得、例えば日本語を母語とす
る子どもが、英語を読むことに取り組む際は、どれだけ苦労が
必要か、十分に予想がつきます。

文字を読む
スーザンH.フォスター・
コーエン（2001）『子供は
言語をどう獲得するのか』
今井邦彦訳 岩波書店：242
を参照。

2) 学習指導要領で示された「読むこと」の趣旨

　2020年度から実施された『小学校学習指導要領』では、母語でさえ大変な「読むこと」を、高学年から導入することになりました。『小学校学習指導要領解説』で示されている改訂の趣旨を見てみましょう。

　今回の改訂では、小学校中学年から外国語活動を導入し、「聞くこと」、「話すこと」を中心とした活動を通じて外国語に慣れ親しみ外国語学習への動機付けを高めた上で、高学年から発達の段階に応じて段階的に文字を「読むこと」、「書くこと」を加えて総合的・系統的に扱う教科学習を行うとともに、中学校への接続を図ることを重視することとしている。

　ここで大切な点は、中学年の外国語活動で慣れ親しんだ外国語の音声や基本表現を土台として「読むこと」・「書くこと」が加わった点です。中学年では、「読むこと」・「書くこと」の指導は直接行っていません。したがって、高学年における「読むこと」・「書くこと」の指導は、「聞くこと」・「話すこと」と同レベルの指導ではないはずです。「読むこと」・「書くこと」を高学年から「段階的に」導入することを通して、中学校英語教育で本格的に始まる「読むこと」・「書くこと」につなげようという趣旨です。

3) 何を、どのように読むのか

　前項では、小学校高学年で扱う「読むこと」の趣旨にふれました。それでは、一体何を、どのように読む指導を行えばよいのでしょうか。ここでは、まず2020年度から実施された『小学校学習指導要領』が求める「読むこと」の内容を参照しながら考えましょう。同指導要領によると、「読むこと」の目標は、「ア　活字体で書かれた文字を識別し、その読み方を発音することができるようにする」こと、「イ　音声で十分に慣れ親しんだ簡単な語句や基本的な表現の意味が分かるようにする」ことに大別されます。
　アの目標は、活字体で書かれた文字の形の違いを認識して、その名称を発音できることを指します。この目標で求められて

いるのは、文字の名称の読み方です。中学年の外国語活動では、[ei]と発音されるのを聞いて、どの文字を指すのかがわかること（この場合はAまたはaとわかること）が目標です。一方、高学年ではAやaという文字を見て、大文字・小文字の識別を行い、両者ともに [ei] と発音できることを目指します。

　イの目標は、中学年の外国語活動で「聞くこと」・「話すこと」の学習を通して、音声で十分慣れ親しんだ語句や表現を、文字と結びつけながら理解できることを示します。その際、子どもたちには、文字情報だけではなく、絵・写真や映像など、文字以外の情報も与えます。これらの情報を手掛かりにして、語句や表現を推測しながら「読むこと」がこの目標に含まれます。

　英語の文字には、名称の他に、語の中で用いられる際に文字が示す音（例えばcatのaは、[æ]）があります。イの目標に関連した内容を扱う際は、子どもたちの学習段階に応じて、語中の文字と音声を結びつける指導を行うことも考えられます。このような際、フォニックス（phonics）*を取り入れる場合がありますが、導入には注意が必要です。英語の発音と綴りを関連づける指導は中学校段階で行うため、小学校では行き過ぎた指導を控える必要があります。

4)「読むこと」の指導

　以下では、これまでの説明を踏まえて、「読むこと」の指導を具体的に考えていきましょう。繰り返しになりますが、「読むこと」はたとえ母語でも「大変な仕事」です。読む指導を行う際は、段階的に行うことが必要です。

環境作り

　直接文字指導を始める前にできることとして、環境作りがあります。校内の階段を上るたびに "one"、"two" と見えるようにしたり、「おんがくしつ」には "music room"、「たいいくかん」には "gym" と掲示したり、教室にアルファベットや月・曜日の英語版ポスターを貼ったり、英語の絵本を子どもたちが自由に見られる場所に置いたりするなどの配慮が考えられます。

慣れ親しませることから、文字の認識と名称を「読むこと」へ
　「読むこと」を授業で扱う際は、いきなり文字を読ませるこ

フォニックス
AやaやAの文字を見せて［æ］と教えるように、文字と音の関係を教えることで、読む能力を高めようとする方法。導入上の注意は、アレン玉井光江（2010）『小学校英語の教育法─理論と実践』大修館書店：151-154を参照。

とから始めずに、まずは慣れ親しませることから始めましょう。アルファベットに関する歌を歌ったり、チャンツを取り入れたり、ペアになって体全体でアルファベットを表現したり、教室の中を見渡してアルファベットを探したりするなど、色々な活動が考えられます。予算が許せば、木やプラスチック製のアルファベット型立体パズルを使って、アルファベットは直線や曲線から構成されていることを手で感じさせることも可能です。

　アルファベットにある程度慣れてきたら、大文字・小文字の違いを識別する活動を徐々に取り入れます。アルファベットを識別する上で、特にbとd、pとqの区別は難しいと言われており、これらを指導する際は十分に時間をかける必要があります。また、文字を読むことを教える際は、使用するフォントにも気を配りましょう。なるべく飾りのないフォント（例えばaよりもα、gよりもɡ）を選び、読みやすさに配慮することも大切です。読みやすいフォントの綴りを添えたピクチャーカードを、日ごろから使用することも効果的です。

　以下では、文字の認識や名称を読む活動例を挙げます。

● **アルファベットを読もう**
● **準　備**：アルファベットを印刷したワークシート
【進め方】
①アルファベット順に書かれた大文字（ABC...）を、［ei］、［bi:］、［si:］と指でなぞりながら読む。
②逆順に、または不規則に並べられた大文字を１文字ずつ読む
③①・②の活動を小文字でも行う。
④不規則に並べられた大文字と小文字を１文字ずつ読む。

● **大文字・小文字を見つけて読もう**
● **準　備**：アルファベット・カード（大文字・小文字のセット）
【進め方】
①ペアになり、片方の子どもが大文字を１つ選び発音する（例えばA を選んで［ei］と発音）。
②もう一方の子どもが同じアルファベットの小文字を選び発音する（aを選んで［ei］と発音）。
③①・②の活動を、大文字・小文字の担当を入れ替えて再び行う。
④ペアで協力して、大文字カードを発音しながらアルファベット順

に並べる。

⑤ペアで協力して、④で並べた大文字カードの上に、該当する小文字カードを発音しながら並べる。

● ALTの先生に自己紹介しよう
● 準　備：英語で書かれた各児童の名札
【進め方】
①子どもが１人ずつALTの先生に向き合い、自己紹介をする（例えば"My name is Taro."）。
②ALTの先生が"How do you spell your name?"と聞く。
③子どもは、名札を見せながら"T, a, r, o. My name is Taro."などと名前の綴りを伝える。

　上のようなアルファベットの名称を読む活動は、「読むこと」の中でも基本的な活動であるため、丁寧に繰り返し行う必要があります。一方、気をつけたい点は、文字の読み方を教えることに集中するあまり、機械的な活動になる恐れがある点です。同じ活動を繰り返すのではなく、歌やチャンツを取り入れたり、簡単な絵本を使ったり、＜暗号を解読して宝を探そう＞というような場面設定をしたりして、子どもたちがアルファベットを楽しみながら読む活動を取り入れます。

簡単な語句や基本表現を「読むこと」

　大文字・小文字の文字と発音が結びつくようになったら、簡単な語句や基本的な表現をかたまりで認識できるような活動を徐々に取り入れます。日本語母語話者にとって、このレベルの「読むこと」は容易ではありません。例えば日本語の場合、ね［ne］と、こ［ko］の発音がわかれば、２つの文字が単語の中で用いられて「ねこ」となっても、［neko］と読むことができます。一方、英語の場合はcを［siː］、aを［ei］、tを［tiː］と読めても、必ずしもcatを［kæt］と読むことはできないのです。さらに大変な点は、小学校3年生で習うローマ字は訓令式で、例えばtakeは［take］と読むため、ローマ字読みに影響を受けると［teik］という英語の読み方が思い浮かびません。英語の語句や表現を「読むこと」を教える場合、上で示したような混乱が生じる可能性を念頭に置く必要があります。

　簡単な語句・基本的な表現を読むことを扱う時は、中学年の

外国語活動における既習事項を十分に踏まえて、学習内容を選びます。加えて、基本表現は1〜2文程度の単文を選び、理解を助けるために関連した絵や写真などを組み合わせます。題材は、子どもたちにとって身近でしかも簡単なものを選びます。例えば、短いメモや掲示、旅行やイベントのパンフレット、レストランのメニュー、4コマ漫画、テレビ番組欄などが考えられます。

　絵本を使った読む活動も大切です。「読むこと」を教える上で、本章1節で言及したようにボトム・アップ（Bottom-up）方式とトップ・ダウン（Top-down）方式*があります。前者は、小さな単位を組み合わせ、より大きな単位にして理解する方法です（文字→単語→文→文全体など）。後者は大きな単位から、小さな単位へと意味を把握する方式です（文全体→文→単語→文字など）。絵本を読むことは、後者に近い読み方で、文脈を踏まえ挿絵を手掛かりにして、意味を推測しながら読む力を養います。

　絵本を選択する際は、子どもの学習・発達段階を考慮する必要があります。低学年ならば同じ表現が繰り返し用いられているパターン・ブック（pattern books）などを、中学年から高学年になるにつれては抽象的な思考能力が育っていきますので、他教科で学んだ知識を元に考えたり、登場人物の言動を通してメッセージを感じ取ったりできる絵本を選ぶとよいでしょう。また、すでに音を通して慣れ親しんだ単語が用いられている絵本を選ぶ視点も必要です。

　以下では、簡単な語句や基本表現を読む活動例を挙げます。

● **食材を買いに行こう***
● **準　備**：児童用＋教師用の食材ピクチャーカード（綴りを入れる、教師用はA4サイズ以上）、買い物メモ（料理の絵を入れ、材料名を英語で記入。人数に応じて複数のメモを用意）

【進め方】
①教師用ピクチャーカードを使い、教師とともに食材名を発音する。
②ペアになる。教師の後について、児童用ピクチャーカードの綴りを指でなぞりながら発音する。
③ペアはそのままに、クラス全体を2グループに分ける。一方は店

ボトム・アップ方式とトップ・ダウン方式
ボトム・アップ、トップ・ダウン方式は、「聞くこと」においても有益。

食材を買いに行こう
活動の前に、教師がデモンストレーションをするとよい。子どもの実態に応じて、買い物メモに書かれた以外の食材も買ってよいことにしたり、食材カードに値段を入れて予算を決めたりするなど、ルールを加えることも可能。

員、他方は買い物客になる。客役のペアは、買い物メモを受け取り、料理の絵を見て必要な食材を推測しながら、協力して食材名を読む。店員役のペアは、食材カードを机上に並べる。

④客役：買い物メモにしたがって、ほしい食材を注文する（"One carrot, please."など）。

　店員役：客の求めに応じて、食べ物カードを渡す（"One carrot. Here you are. Thank you."など）。

⑤買い物客・店員役を交代する。

● **見たいオリンピック・パラリンピック競技を選ぼう**

● **準　備**：競技のロゴ・マークを入れたピクチャーカード（教師用。A4サイズ以上、綴りを入れる）、オリンピック・パラリンピックの簡易型プログラム（児童用）

【進め方】

①授業準備：オリンピック・パラリンピックのプログラムを作成する。可能ならばALTに作成を依頼する。

②教師用ピクチャーカードを使い、教師とともに競技名を発音する。

③教師の後について、綴りを空書き（空中で大きく文字を書き）しながら発音する。教師用ピクチャーカードは、黒板に掲示しておく。

④グループになる。協力してプログラムを読む。各自が見たい競技を決める（オリンピック、パラリンピックそれぞれ2競技など）。

⑤グループ内で、各自が見たい競技を発表する→各自の発表をもとに、クラス全体の見たい競技ランキングを予想する。

⑥各自が見たい競技に投票→ランキング表作成→ランキング表を読む。

● **絵本を読もう**

● **本活動で読む絵本**：Leo Lionni, *A Color of His Own**, Dragonfly Books

【進め方】

①導入：子どもの実態に応じて、色（green, red, grayなど）・動物（chameleon, parrot, goldfishなど）・季節を表す単語をピクチャーカード（綴り入り）を使って発音する。特に日本語と違う発音（chameleonなど）に留意する。

②読み聞かせ：初回

・教師は、表紙に書かれたタイトル、作者名を指でなぞりながらゆっくり読む。

A Color of His Own
この絵本は、色や動物名が頻繁に出て来るため、これらを既習表現として読む活動を行うことが可能。

・音声で慣れ親しんでいる単語（色、動物名など）は、指でなぞりながら読む。

・読み進める際に、絵を指しながら適宜質問をし、子どもとやり取りを行う。

（"What color is this?"、"What animal is this?"など）

・絵を指さしても理解しにくい表現（"side by side"、"older and wiser"など）は、ジェスチャーを入れたり、顔の表情や声色を変えたりして工夫しながら読む。

・読み聞かせの直後、感想を聞く質問は極力しない*。

（"Do you like this story?"など）

③読み聞かせ：2回目以降

・子どもの実態に応じて、何回も読み聞かせる。

・繰り返し現れる表現を子どもと一緒に発音したり、既習単語や簡単な単語を指でたどったりしながら読む。

④活動例

・アルファベット・カードを並べ替えて、話に出てきた既習単語（red, pinkなど）を作る。

・左側に登場した動物の絵、右側に色の綴りを記したワークシートを作成する。両者を線で結ぶ。

・色や動物の綴りを入れたピクチャーカードを、子ども（ペア）に持たせる。読み聞かせの際に、自分たちが持っている単語が出てきたら、カードを発音しながら掲げる。

・代表的な場面の挿絵をピクチャーカードにする。絵を話の順番通りに並べさせる。

・各場面のカメレオンの気持ち（"sad", "happy"）を考える

・"a color of his own"ということばの意味を考え、発表する（日本語で行う）。

・自分だけの色（"a color of his own"）を各自考え、ペアやグループで発表する。

5）ゆるやかに読む

みなさんが指導する子どもたちにとって、英語を「読むこと」は小学校でおしまいになるのではなく、一生涯続きます。子どもたちが中学生になり、その後も一人ひとりの状況に応じて英語を読むために、小学校段階から徐々に読む活動を取り入れる必要があります。指導者としてのみなさんは、＜読ませる＞こ

感想を聞く質問は極力しない
絵本は、絵と物語が組み合わされて構成されている。物語は、会話文などと比較すると、読み手が主観的な解釈を施す余地が多く残されている。しかし、大人は、読み聞かせた後、「おもしろかった？」などと、つい聞いてしまいがちである。主観的な思いは、ひとまず子どもたち一人ひとりの中に大切にしまっておいてもらうようにしたい。教室では、絵本から客観的に読みとることができる点（5W 1Hに関する点）を中心に尋ねるようにする。客観的に受け答えができる問いに対して、子どもたちに自由に答えてもらうことによって、物語の要点を捉えながら読む力を育みたい。

とを強要するのではなく、子どもたちの実態に応じて、＜ゆる
やかに読む＞指導をしてほしいと思います。すぐれた読み手に
なるためには、自立した読み手になる必要があります。一人ひ
とりが、読んでみたいと感じるような授業プランを、ぜひ考え
てみましょう。

15-3. 書く活動の進め方

1）読むこと以上に丁寧な指導が必要

　新学習指導要領に示されている「書くこと」の目標としては
以下が挙げられています。既習の語彙や英文を自分の力だけで
文字にして表す能力ではなく、例文を見ながら書き写したり、
例文を参考にしたりしながら書く力までしか求められていない
ことは押さえておくべきポイントです。

　　ア　大文字、小文字を活字体で書くことができるようにす
　　　　る。また、語順を意識しながら音声で十分に慣れ親しん
　　　　だ簡単な語句や基本的な表現を書き写すことができるよ
　　　　うにする。
　　イ　自分のことや身近で簡単な事柄について、例文を参考
　　　　に、音声で十分に慣れ親しんだ簡単な語句や基本的な表
　　　　現を用いて書くことができるようにする。

　英語の文字を覚えることは、指導者が思っている以上に難し
く、丁寧な指導が必要です。文字や語句を書く前段階の指導の
工夫も必要であり、この段階の指導は、これまであまり意識さ
れてこなかったところです。多くの教材が開発されることが必
要となるでしょう。

2）書くためには、まずはしっかりと文字を見ることから

　10年以上も英語を学んでいる大人は忘れてしまいがちです
が、外国語の文字を書くことはたやすいことではありません。

下記のハングル、タイ語の文字を書き写してみてください。

　ハングル：감사합니다
　タイ語：ขอบคุณ ครับ　　（ありがとう）

　外国語の文字を書くために最初にしなければならないことは、文字をじっくりと見て、分析することです。形や大きさ、長さ、カーブの方向など、様々です。文字をしっかり見るための手立てとしてどのようなことが考えられるでしょうか。
　前述した、毛糸やモール、体や手・指を用いて友達と協力しながらアルファベットを作る活動などを行うと、しっかりとアルファベットを見ることが必要になります。その際、4線の上に置かれている文字を分析する方が、基準となる情報がある分、全体の形などの把握が簡単になります。また、日本語の文字（ひらがなやカタカナ）と比較することで、アルファベットの特徴もわかりやすくなるようです。比較することが「気づき」が生まれる大切な要因になるからです。

3）アルファベットの書き順

　本来、アルファベットに書き順はないとされていますが、日本語の指導の際に書き順を大切にしているわけですから、日本の子どもたちには、書き順は示してあげた方がよいでしょう。文部科学省は以下のような書き順を示しています。

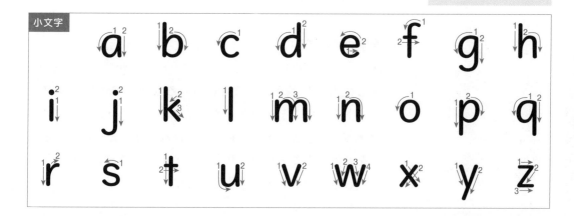

小文字

287

大文字

A B C D E F G H
I J K L M N O P Q
R S T U V W X Y Z

4）文字のおもしろさに気づく活動

　中学年では正確性よりも、まずは、文字を楽しむ体験を与えたいものです。日本語でも文字を楽しむことができるいろいろな事例があります。

①漢字にひらがなが入った文字（「ことば漢字」作品より）

②漢字の中にアルファベットに似た文字を探す活動

　次ページの漢字の中に次のアルファベットが隠れています。探してみましょう。他にもいろいろな漢字の中にアルファベットを探すことができるはずです。探しているうちにアルファベットをしっかりと確認しなければなりませんし。その形を意識することが起こります。アルファベットで遊びながら慣れ親しむことができるはずです。

A B E F H I L O P S T U
田　　　　　　　間

③絵やイラストの中にアルファベットを探す活動

　絵や写真などの中からアルファベットを探す活動も効果的です。だんだんと形式に慣れてきた後で、お手本を見ながら書き写すことから始めてみます。

アルファベットを探せ！

5）中学年における文字指導のあり方

　学習指導要領「外国語活動」では、中学年では、アルファベットの大文字・小文字のそれぞれの名前に慣れ親しむことが求められています。名前といっても日本語の音声によるアルファベットの名前ではありません。英語の音声によるアルファベットの名前です。Aであれば「エー」ではなく二重母音の［ei］という音声になります。日本語との違いに気づかせることが大切です。子音で始まる音声であれば日本語より破裂や摩擦の強い音声になるはずです。

［ei］［bi:］［si:］［di:］［i:］［ef］［dʒi:］［eitʃ］［ai］［dʒei］［kei］［el］［em］［en］
［ou］［pi:］［kju:］［a:r］［es］［ti:］［ju:］［vi:］［dʌblju］［eks］［wai］［zi:］

これらの名前をしっかり身につけさせるためには、アルファベットの文字を日本語の発音との違いを意識しながら聴くことが大切です。違いに気づくためには、英語音の特徴を強調した発音のモデルを聞くことが必要になります。教師自身が発音する際は、日本語より強い英語の破裂、摩擦、破擦の特徴を強調して調音してあげること、あるいはそのように作られているICT教材を用いることが肝心です。

よく用いられるアルファベットソング（きらきら星の替え歌）はテンポがゆっくりで、英語の音声的特徴が表れなくなってしまい、子どもたちが日本語の音声で歌ってしまう場合が少なくありません。英語音声に慣れるための適切な歌を選ぶべきだと言えるでしょう。

日本語の音声にならないようにするためには、アルファベットを書き写す活動を行う場合でも、音声モデルを聞かせながら書かせるとよいでしょう。よく聞いて、音声をまねしながら繰り返して言い、丁寧に書き写させましょう。

英語の音声的特徴を意識させることで、日本語の音声で発音しない癖をつけるとよいでしょう。実際には母語話者と同じ発音になるわけではありませんが、日本語の音声と異なる音が存在することを知ることが大切です。また、文字は丁寧に書くことが好ましいはずですから、早く書かせるような競争は必要ありません。

聞こえてきたイラストの隣に
アルファベットを書こう

6）知識として学ぶことは後からでも間に合う

アルファベットの名前に含まれる英語音だけでも相当な数があります。欲張って英語のすべての綴り字に対応する音声をフォニックスで指導しようとすると、それだけに時間をとられてしまい、最も大切な英語を使って自分たちの想いや考えを表現する楽しさが奪われてしまいます。

低学年の子どもの発音がよいのは、聞いた音声をそのまままねするからです。文字を音声化するようになると、日本語の干

渉から日本語の音声になってしまいがちです。早い段階で文字を黒板やピクチャーカードに入れて見せてあげる方がよいと思われがちですが、低学年の場合は、文字があっても文字を読んでいるわけではありませんし、早く文字に出会ったために英語は難しいと思わせては元も子もありません。音声言語としての英語に十分に慣れていない段階で発話させたり読ませたりしようとすると「英語の文字が難しい」という声が子どもから聞こえてきます。「子どもが困っているので文字を早い段階で指導すべきだ」と考えるのではなく、「音声としての英語にもっとふれさせてから文字を見せるべきだった」と反省すべきでしょう。大抵の場合、十分な音声指導がなかったことに文字を読めない原因はあるようです。学習指導要領にも「十分に音声に慣れ親しんだ後で、文字を学ぶ」ということは記されています。何が大切であるかを十分押さえておく必要があります。

　音韻認識を育むという名目で音節の中の音素の数を答えるような指導が進められているところもあるようですが、単なる知識としての学びで終わりがちです。英語の音声に十分に慣れ親しんでいない段階で取り組ませるべきではありません。子どもが音節の中の音素の数を問われて日本語の音節の数ではない答を言うようになったとしても、本当に母語話者と同じような音韻認識ができているのか、音節構造を身につけているかどうかは、定かではありません。日本語の音節の数ではない数を答えるようになっただけかもしれません。ましてや、英語を使用しながら表現することを学ぶ楽しさにつながらないことは言うまでもありません。文法の指導も同様ですが、どの段階で、知識として、また、明示的な指導を行うべきか、慎重な検討が必要だと言えます。

7）高学年における文字を書く指導のあり方

　中学年から週に1時間英語にふれてきている高学年では、アルファベットの名前だけではなく、個々のアルファベットに対応する音声についても学ぶことになっています。各単元の、最初から文字を読んだり書いたりするのではなく、音声として慣れ親しむ活動の後に文字言語としての英語に出会うように計画するようにしましょう。リスニング活動を通した十分な音声インプットがなければ、ローマ字読みの英語になってしまいがち

です。大人がノーマルスピードの英語を聞いて理解できないのは、自分たちが予測している音声で発音されていないからです。個々の文字を音声化できても、語・句・文としての適切な音声が身についていないからにほかなりません。トップダウンプロセスによる十分なリスニング活動を行えば、音の流れの中における文字が表す様々な音声にも気づくようになり、認識できるようになるはずです。その気づきが生まれる指導・手立てが大切と言えそうです。個々の文字に対応する音声指導だけで終ってしまうと、育つはずの音声能力も育成されなくなってしまいます。

8）書けないけど違いがわかる段階の文字指導

　例えば、「ばら」という漢字を書くことができなくても①桔梗、②石楠花、③蓬生ではないことがわかるはずですし、①菩薩②薔薇　③薔微の②が正解であるという段階があるはずです。
　英語でも同じはずです。書く前の段階として正しい文字・綴り字を認識できる力を育成する活動を考えてみましょう。

①音声をよく聞いて適切な文字・語句を選ぶ活動
　聞こえてくる音声に対応する文字に印をつけましょう。
　　[b]　　□①d　□②v　□③b　□④g

　聞こえてくる音声に対応する文字・単語に印をつけましょう。
　　[bed]　　□①ded　□②ved　□③bed　□④ged

　聞こえてくる音声に対応する文字・単語に印をつけましょう。
　　[kæt]　　□①kat　□②hat　□③chat　□④cat
　　　　　　　□⑤gat　□⑥ckat

　聞こえてくる音声に対応する文に印をつけましょう。
　　[ai laik dɔgz]　　□①I like bogs.　□②I like vogs.
　　　　　　　　　　　□③I like dogs.　□④I like gogs.

②文字や語句の中からcatを探す活動

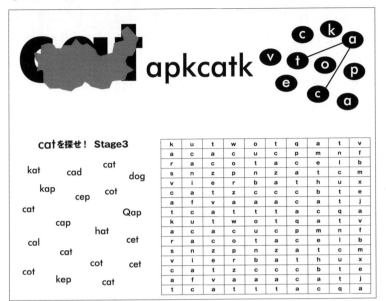

この様な、文字を見てどの文字・語句かを認識できる段階の
活動を多く行った後、各アルファベットの形に慣れながら書き
写す活動に続けていくことで、個々の文字への意識が高まると
ともに、語・句・文のまとまりとして形を捉えるようにもなる
はずです。トップダウンとボトムアップの両方から文字指導を
行うことが大切です。

③読む活動から書く活動へ

最初から文をすべて書き写すことは時間がかかる割に多くの
効果は期待できません。音声活動で使用した文の中の一部分だ
けを書き写す活動から始めるようにします。

I went to the ＿＿＿＿ I enjoyed ＿＿＿＿ It was ＿＿＿＿

子どもが自分で選んで書き写すことができるようにWord List
（イラスト付き）を見ながら活動できるようにしてあげるよう
にします。

書き始める前に、読み手の存在を意識させることが肝心です。
先生たちやALT、中学校の英語の先生や先輩、地域の外国人、
交流しているインターナショナルスクールや海外の姉妹校の子
どもたちなどに読んでもらうことを意識させて書かせると効果
的です。そうすることで、文字にすることの意味が大きく変わっ

てきます。また、可能であれば、子どもが書いた英語は教室や廊下などに掲示するようにします。誰かに読んでもらえるとわかっていれば、丁寧に書こうとするはずです。

④書くことで文構造・語順を意識させる活動

英語を書き写す活動に工夫をすることで、文構造や語順に気づくことをうながすことができます。下の例のように、品詞を色分けして見せてあげることで、子どもが文構造のパターンに気づきやすくなります。語順に意識をさせながら英語を書き写させることも可能となります。

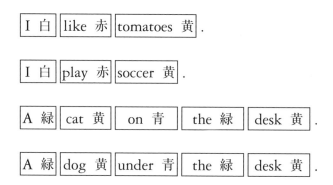

⑤書いた英語をそのまま会話やスピーチで使わせない

書いた英語をもとにスピーチや対話活動を行うことがあるようです。そのような場合、子どもは原稿に目を落としてしまい、相手や友達の顔を見なくなってしまっています。また、英文を読んでしまうため、相手を意識した会話の口調やスピーチにすることができなくなってしまいます。英文を読むのではなく、イラストやキーワードを見て確認し、顔をあげて相手の顔を見ながら発話するように取り組ませることが大切です。

⑥書いたものを読む活動

書いたものを読ませる活動としては、自分のものではなく、友達や先生、ALT等が書いた文を読む機会を与えるようにします。友達の作品を見ることで、内容やアイディアが面白いのはだれか、丁寧に書いているのはだれかなど、目的を持って読むように指示します。友達の書いたものに目を通した後に、最後の仕上げとしてもう一度自分が書いたものを見直して書き直す機会を与えるようにします。そうすることで、仕上げの活動に積極的に取り組んでくれるはずです。

⑦自分のアイディアを文字にして残す楽しさが生まれる活動

あったらよいこと/あって欲しくないことのイラストの説明を書こう！

<u>a purple elephant</u>

紫の象

<u>a small giraffe on my hand</u>

手のひらのキリン

<u>many toy ducks in the bath</u>

アヒルだらけのお風呂

| まとめ |

　文字指導において大切なことは、日本語の文字（ひらなが、カタカナ、ローマ字）との形や音声の違いに気づくことから始まります。違いに気づき、次に英語の音声的特徴を意識しながら聞いたり、読んだりすることにつなげることが大切です。その際、日本語の音声に置き換えてしまわないように注意することが肝心です。

　最も大切なのは、子どもの想いや願いを文字にして発信する楽しさを感じることのできる活動にすることです。母語でもそうですが、伝えたいことがなければ発信する必要はありません。想いや願いを受け取ってくれる人の存在がいることも重要です。思わず、読みたくなる、伝えたくなる、文字で表現したくなる、そんな手立てを考えるように努めましょう。

（金森強）

参考文献

金森強（2015）	『小学校外国語活動　成功させる55の秘訣 ―うまくいかないのには理由がある』成美堂
金森強（他）（2017）	『主体的な学びをめざす小学校英語教育 ―教科化からの新しい展開』教育出版

課　題

1 アルファベットを読む指導の留意点についてまとめてみましょう。

2 英語で何かを書いて伝えたくなる活動を考えてみましょう。

第16章

課題——現場の取り組みから

Chapter 16

はじめに

これまで小学校高学年において「外国語活動」として実施されていた英語教育が2020年度より、小学校５・６年に「外国語科」として年間各70単位時間、３・４年に「外国語活動」として年間各35単位時間で実施されることになりました。現行の３倍の時間が小学校段階で外国語教育に費やされることになるわけです。この改訂は、外国語教育改革において大きな意味を持つとともに、小学校段階から音声としての英語に慣れ親しむ時間が増え、これまで十分にできていなかった音声と文字をつなげる指導が小学校段階にふさわしい学びとして起こり、全教科を指導する小学校教員であるからこそ生まれる他教科との連携を意識した指導や教材開発が起こることで、中学校以降の英語教育に様々な影響を与えることが期待されています。

一方、現場では大きな課題を抱えています。小中の接続のあり方、校内研修のあり方、教材開発の方法、ALTや専科教員の効果的な活用方法、交流活動の持ち方など様々です。本章では、現場が抱える多様な問題について考えてみましょう。

16-1. 小中の接続と連携のあり方

中学校の英語授業時数の半分、年間70単位時間でどれくらいの「基礎的な技能」が育つかは定かではありませんが、少なくとも、中学校において、小学校での学習にいかに接続・連携

していくことができるかが後の英語教育の成果に大きく影響すると言えるでしょう。

1）文部科学省作成の共通教材からわかること

　文部科学省が移行期間用に作成した共通教材（We Can!やLet's Try!）には、多くの音声教材が作られています。教室で使用できる音声素材や動画も準備され、アルファベットの学習や基本的な読み・書きの体験ができる内容も含まれています。このように、小学校では、英語の音声に十分慣れ親しみ、簡単な表現を用いてALTや友達と関わり、コミュニケーションの大切さに気づく体験を持つことと、異文化との出会いを通した「気づき」から生まれる「見方・考え方」の広がりや、中学校以降において外国語を学ぶことへの動機づけも大切に行われることになります。

　中学校において、小学校と同じような学習活動のままでは、英語学習への興味を失いかねません。「中学校の英語授業は面白い」と言わせるだけ十分な「読む/書く活動」、さらに、表現の幅を広げることを可能とする興味のわく文法指導や語彙指導も必要となるはずです。当然、本文の内容も、生徒の身近な話題に加えて、他教科で学んでいる内容や社会的な内容などを含めた発達段階にふさわしい多様な言語活動が体験できる授業が期待されるはずです。そのための十分な準備が中学校側に求められることになります。

2）中学校の英語科につなげるために

　第一に、中学校側が、小学校で使用された語句、文構造に加えて、用いられたピクチャーカードや活動内容・指導方法などを知っておく必要があります。そうすることで、スムーズな接続が生まれるとともに同じ教材を中学生用にアレンジし直して使用したり、様々な言語活動に用いられることが可能となるからです。

　このように、小学校側ではなく、中学校英語教員が小学校でどのような学びをしていたかを知るところから始めることが大切であり、小学校側が中学校に合わせる必要はありません。中学校側で心掛けておくべきことは、指導案作成の際、必ずどこ

かに小学校との関係がわかるような記述をすることです。中学校英語教員が、小学校で使用されている教材や教具・活動などにふれることを余儀なくされるよう、教育委員会等の指導として進めるとよいでしょう。小学校の学習指導要領に目を通しておくことも忘れてはなりません。

　小学校における英語による「やりとり」や「関わり」の体験は、その後の授業における、友達と英語を使ってコミュニケーションを取る姿勢につながるはずです。実際、小中の接続がうまくいっている地域では、中学校3年生でも積極的に「やりとり」の活動に取り組んでいますし、英語学習への苦手意識も低いという報告もなされています。言語運用能力を測定する外部試験などの通過率も全国平均よりかなり高い結果をだしているようです。小中の接続を評価する場合、小学校ではなく、中学校3年生段階での生徒の英語を学ぶことへの興味・関心と英語運用能力を調査するとよいでしょう。

3) 押さえておくべきこと

　大切なことは「英語は小学校から始まる」ということです。生徒がそれまでにどのような学習体験を持っていたのかがわからなければ、中学校でうまく指導できるはずはありません。小学校から始まる英語学習をいかに中学校につなげ、深めていくかという視点が重要となります。

　語彙数など、中学校の学習到達目標も変わります。当然、教科書の内容や指導方法も変わらざるをえません。スピーキング能力などのパフォーマンステストを考えると、これまでのように文字を通した語彙指導だけでは十分ではなく、音声語彙として基本的な能力を身につけさせるための指導が大切になってくるからです。

16-2. 充実した研修の実現のために

　2020年度に全面実施となった小学校の外国語活動（3・4年生）と外国語科（5・6年生）。教員たちの創意工夫により、子

どもたちが生き生きと活動する素晴らしい授業が多く見られるようになりました。一方で「外国語の授業が苦手」「なかなかうまくいかない」という声も聞かれます。外国語の指導方法を学ぶ機会が少なく、授業作りのイメージがうまくできていないケースも見られます。よって、研修体制の充実が求められています。

1) 指導力向上のための研修のあり方

　自治体によっては全小学校の教員を対象にした指導者講習会や、授業の進め方に関する研修会など、様々な工夫を凝らして研修が実施されているところがあります。しかし、一度の研修に参加できる人数が限られていることもあり、すべての教員まで行き届くかというと、なかなか難しいところです。

　そこで大切にしたいのが、各学校における校内研修の充実です。文部科学省からも、「研修ガイドブック」が発行され、各学校での研修体制の充実の手がかりが示されています。それぞれがガイドブックを熟読することはもちろん、それをベースにして各学校の実態に合わせた研修を実施することが大切です。

　教員対象の研修には、特効薬のように「すぐに効く」（すぐ活用できる）ものと漢方薬のように「じわじわ効く」（即効性はないが、長期的に大切なこと）ものの両方が必要です。

　小学校は担任が多くの教科を指導します。外国語は1週間で30コマ近くある授業の中の1〜2コマです。ハウツー型の研修を行うことには賛否両論がありますが、実際に現場の教員が求めているのは「明日の授業ですぐに活用できること」であることは間違いありません。

　「特効薬型」の研修として、主にアクティビティなどを学ぶもの、授業の進め方を学ぶものが挙げられます。資料をもとに紙面上で学ぶのではなく、実際に子どもが活動しているシーンを映像で見たり、実際に体験しながら学んだりすることが効果的です。教員研修において、「実際に活動する場面が多いほど満足度が高い」と言われています。アクティビティなどを楽しみながら研修を進めることは職員同士の交流の観点からもプラスに働きます。また、実際に体験したことをもとにして、授業で留意したいポイントなどを考えることもできます。

　そのうえで、長期休業期間など、まとめて時間を取れる時に

「第二言語習得理論」などを学ぶことや教師自身が使う「クラスルーム・イングリッシュ」に関する研修を進めていけるとよいでしょう。これが「漢方薬型」の研修です。「第二言語習得理論」については、大学教員や指導主事などを招聘して理論研修を開催したり、本書のような書籍をもとにして個人的に研修したりすることができます。小学校の教員は教員免許を取得する過程で、「教科教育法」などの科目を履修し、各教科の効果的な指導法や教科の特性などを学びます。しかし、現職教員の多くが「外国語科」の指導法に関しては何も学んできていないのが現状です。自らが、中学校・高等学校・大学で英語を学習したという経験しかないのです。その経験則だけで指導にあたるのは危険です。「言語習得」という他教科にはない特性を持つ教科であることを考えても、その習得の順序や効果的な学習の仕方などを正しく知っておく必要があります。

2）担任の強みを生かすための研修を

また、他教科と同様に「授業を通して育てたい力」についてもしっかりと考えておく必要があります。学級担任としての視点を大切にし、コミュニケーション能力の素地・基礎を養う「外国語科」の授業の特性を生かしての学ぶことを考えるということです。その際には、学年内での検討はもちろんのこと、校内での連携、中学校との連携など、幅広い視野を持って考えます。コミュニケーションの場面が多くある「外国語科」の授業は、他教科以上に日々の学級経営に生きる教科です。母語での交流だけでは生まれない、素敵なコミュニケーション場面が数多く生まれるような仕掛けを、たくさん考えておきたいものです。

現場では「外国語科」の導入が「ピンチ」として捉えられがちですが、大きな「チャンス」でもあります。学級経営に大きくプラスに働くような外国語の授業を創造するため、充実した研修体制を構築していきましょう。

16-3. よりよい授業実践を目指して

　小学校に「外国語」の指導が導入され「英語」を指導しなければならない、というのは英語の苦手な教員にとって大きなプレッシャーです。「英語」を使うことへの抵抗感もあり、苦手意識もある中、どのように対処していけばよいのか苦しんでいる教員もいます。

1）メモを使ってALTと効果的な授業作りを

　1つ目の課題としてALTとの授業の打ち合わせがあります。授業の流れや、内容を効果的に進めるためにも、ALTを最大限授業で活用することが重要になります。そのためにはALTと丁寧に打ち合わせをすることが必要になります。一緒に共有できる時間が限られているALTとうまく情報の共有をすることが大切ですが、事前に項目を立て簡単な英語の資料やメモを用意し、ALTに渡すようにします。

　メモを用意する段階で、中心となる活動や言語材料をどのように授業の中に組み入れるかをしっかりと考えることが必要になります。この過程で指導者自身が授業の内容や組み立てをよく把握することになります。そうでなければALTに詳しい情報を渡すことができなくなってしまうからです。

　例えば、活動のどこで『やりとりの見本』：“Demonstrate.”を見せるのか、どこで『発音のお手本と繰り返し』：“Repeat.* (fruits, sports, etc.)”を行うのかなど、簡単な指示の英語と、キーとなる語句や英文をALTに知らせ、授業で何を取り上げるのかを伝えるようにします。慣れるまでは、初めは難しいと思われるかもしれませんが、キーワード、扱う言語材料などをALTに伝え、ALT任せの授業ではなく、学級担任が授業を自分でコントロールするようになることで、授業も教員のペースで進めることができるようになります。

Repeat
『“Repeat.”という指示はことばを繰り返させているのみで、子どもが発話したいことを声に出しているわけではないため、使用はお勧めしない』という意見もある。しかし、“repeat”をし、声に出す練習をしているからこそ、子どもも英語を声に出すことに慣れ、発話につながる。「楽しく」“repeat”を導入したい。

2) 担任が使う英語の量は適切に

　2つ目の課題として、学級担任はたくさん英語を使わないといけないのか、という問題が挙げられます。子どもたちにたくさんの英語を聞かせることはとても大切ですが、それは「理解可能な」インプットであるべきです。意味がわからないまま英語を聞かせられる、まねして言うだけの活動や、子どもに負担が大きすぎる内容や分量の英語を扱ってしまうと、外国語は苦痛の時間となってしまいかねません。

　「わかる」「できる」ことで学びが楽しいと思えるような外国語の授業にすることが重要です。そのためには、子どもにとって内容も量も適切なものでなくてはなりません。学級担任が英語をたくさん使う、というのではなく、子どもが理解できる英語を、何度もいろいろな場面や状況でたくさん聞かせる、ということが大切です。決してたくさんの異なる英語の発話を使わなければならないわけではありません。

　同じ発話を何度も聞いているうちに理解するようになり、いつのまにか子ども自身の発話につながっていくように進めます。たくさんの英語を用いているように見えて、実は使用されている言語材料を精選することで、子どもが達成感を持ち続けられるようにすることが大切です。中学年では、必要があれば、効果的に日本語も使用しながら理解できる英文を少しずつ用い、学年が上がって行くにしたがって徐々に多くの英語に触れながら身につけていくようにします。学級担任も無理のない範囲で少しずつ扱えるクラスルーム・イングリッシュを増やしていき、効果的に言語材料を用いることで英語量を増やしていけるようにしましょう。

3) 英語について知り、使用する楽しさを

　高学年になると子どもが声を出さなくなるということをよく聞きます。高学年の発達段階もその理由の1つだと考えられますが、一方で、高学年になるまでに、子どもがどのように活動を楽しんできたのか、を考える必要があるでしょう。「活動・ゲーム」という遊びを楽しんできたのか、あるいは「英語」という言語を楽しんできたのか、それまでの外国語教育における指導方針が大きなポイントとなります。後者の言語としての学び

への興味が高学年になるまでに育ってきていないと、高学年の
外国語学習への興味が続かないということになりかねません。

　「楽しい」の質をもう一度考えてみましょう。「英語について
知ったり、使用したりすることを楽しむ」場合と、「レクリ
エーションとして遊ぶことで楽しむ」とでは、大きな違いがあ
ります。

　高学年では、「知的欲求」を満たしていくことが、その発達
段階において大事な要素になります。そう考えると、中学年か
らの外国語活動が果たす役割は重要であることがわかります。
高学年の外国語の授業を見すえて、ただ「楽しい」だけではな
く「英語を知り、使用すること、英語で表現することが楽しい」
と思えるようなエッセンスを授業の中にこっそり埋め込み、高
学年の言語活動では、これまで隠されていたものを見つける楽
しさを子どもが味わえるような授業が期待されるでしょう。

16-4. 体験的で深い学びにつながる言語活動

　近年の情報通信技術（ICT）の発展は、子どもたちの日常生
活に大きな影響を与えています。現代の子どもたちは、タブレッ
トやゲーム機などの様々なデジタル機器を自由に使いこなし、
ゲームや音楽などオンライン上のコンテンツを楽しんでいま
す。

　また、ICTは世界の教育現場にも広がっています。日本では、
2019年から始まったGlobal and Innovation Gateway for All
（GIGA）スクール構想により、小中学校のICT環境が整備さ
れ、子どもたち一人ひとりにパーソナルコンピュータやタブ
レット端末が与えられるようになりました。そして、これらの
ICT機器を使った授業が数多く実践されています。

　その中でも、小学校英語教育では、ICTを活用し、世界中の
様々な国や地域の小学生との国際交流活動が盛んになってきて
います。このような活動を「テレコラボレーション」と呼びま
す。テレコラボレーションの体験は、外国語学習に対する関
心・意欲を高めるだけでなく、言語と文化に対する深い理解、
言語能力やコミュニケーション能力の向上につながります。

1) 小学校英語教育におけるテレコラボレーションの可能性

これまでの小学校英語教育においては、主に「聞く」「話す」を中心とした体験的な活動が行われてきました。

「聞く」「話す」のテレコラボレーション例として、現場の先生方から、ビデオ会議システムを使った海外の小学校とのリアルタイムテレコラボレーションが報告されています。また、2018年に改訂された新学習指導要領では、高学年の外国語科において、「聞く」、「話す」活動に加えて、「読む」「書く」の育成も含めたコミュニケーション活動が求められるようになりました。テレコラボレーションによる「読む」、「書く」活動としては、電子メールやオンライン掲示板の利用があります。

2) 小学校英語教育におけるテレコラボレーションの実践例

オンライン掲示板を活用した日本とオーストラリアの小学校間のテレコラボレーションの実践例を紹介しましょう。この実践は、英語を学ぶ日本の小学生が、日本語を学ぶオーストラリアの小学生に向けて、日本の文化や自分の学校を英語で紹介する動画を作成してオンライン掲示板に投稿し、オーストラリアの小学生から動画に対するコメントをもらう活動です。

今回使用したオンライン掲示板では、投稿した資料や動画を一目で見ることができます。そして、許可された人だけがその資料や動画にコメントすることができます。

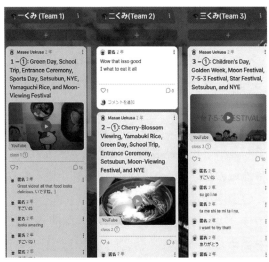

写真1　日本文化紹介の掲示板

写真1は、実際のオンライン掲示板の一部です。文化紹介ビデオの下に、オーストラリアの小学生からのコメントが投稿されています。そのコメントには、日本語で「すごいね」、「ありがとう」、「ta me shi te mi ta i na（ためしてみたいな）」などや、英語で "Good video! all that food looks delicious."、"I want to try that." など動画に対して共感するようなものが見受けられました。

　活動後に行った日本の小学生へのアンケート調査では、以下のような意見が挙げられました。

・「英語は長い文になるとすごく難しい事がわかった。でも文の中で学習した言葉を見つけて考えると意味がだいたいわかった。」
・「自分が言った英語が伝わることの楽しさが分かった。」
・「自分は、日本語がわかって英語があまりわからないけれど、相手は、英語がわかって日本語がわからないから他の国の言葉を学ぶのは、大切だなと思いました。」

　以上の意見から、テレコラボレーション活動を経験したことにより、小学生たちが外国語学習やコミュニケーションに関心を持つようになった様子がうかがえます。

　担当した英語専科教員の振り返りでは、「教室で学習した表現を、オーストラリアの小学生に向けて実際に使う状況となったことで、英語使用への意欲向上につながった」、「オーストラリアの小学生からコメントをもらうことにより、自分の英語による発信が相手に通じたという達成感を得られることにもなった」とコメントしています。

　以上のように、テレコラボレーションは、英語学習の実践的な機会になりえます。今後、世界中の様々な国や地域の小学生とのテレコラボレーションの可能性は大きく広がり、小学校外国語教育における体験的かつ主体的で深い学びに貢献するものになるでしょう。

| まとめ |

　教員養成機関において「外国語科」の指導に必要となる理論や実践について学ぶ機会を持つことがなかった現場教員にとって、「外国語科」の指導には多くの課題があるようです。現場が抱える課題を克服するためには、多様な研修の実施や環境の整備が必要であると言えそうです。

　ICT教材の活用によって、これまではできなかった海外の学校や子どもたちとの交流活動への期待が生まれてきています。今後、国際社会を生きる子どもたちにふさわしい各学校の実態にあった活動が多く生まれることが望まれます。

（金森強）

課　題

1　研修の内容として必要と思われる内容を中学年、高学年に分けてまとめてみましょう。

2　海外の学校や子どもたちとの交流を実施する際、どのような取り組みを行いたいか考えてみましょう。

●各種資料リンク集

※文部科学省のWEBサイト上の資料を中心に掲載。

◇中央教育審議会
　http://www.mext.go.jp/b_menu/shingi/chukyo/chukyo0/index.htm

◇学習指導要領
　http://www.mext.go.jp/sports/b_menu/sports/mcatetop04/list/1398875.htm

◇外国語教育
　http://www.mext.go.jp/a_menu/kokusai/gaikokugo/

◇新学習指導要領に対応した外国語活動及び外国語科の授業実践事例映像資料
　http://www.mext.go.jp/a_menu/kokusai/gaikokugo/1322195.htm

◇「国際共通語としての英語力向上のための5つの提言と具体的施策」について
　http://www.mext.go.jp/b_menu/shingi/chousa/shotou/082/houkoku/1308375.htm

◇グローバル人材育成戦略（グローバル人材育成推進会議 審議まとめ）
　https://www.cas.go.jp/jp/seisaku/npu/policy04/pdf/20120604/shiryo2.pdf

◇大学入学共通テストの枠組みで行う民間の英語資格・検定試験に関する受検ニーズ調査結果
　について
　http://www.mext.go.jp/a_menu/koutou/koudai/detail/1412173.htm

◇言語活動の充実に関する指導事例集
　http://www.mext.go.jp/a_menu/shotou/new-cs/senseiouen/1300990.htm

◇外国語（英語）教員養成　コアカリキュラム案
　http://www.mext.go.jp/b_menu/shingi/chukyo/chukyo3/002/siryo/attach/
　1388110.htm

◇教育課程部会（第108回）・教育課程部会　児童生徒の学習評価に関するワーキンググループ
　（第11回）合同会議　配付資料
　http://www.mext.go.jp/b_menu/shingi/chukyo/chukyo3/080/siryo/1411548.htm

◇評価規準の作成，評価方法等の工夫改善 のための参考資料（中学校 外国語）
　http://www.nier.go.jp/kaihatsu/hyouka/chuu/10_chu_gaikokugo.pdf

TEXT PRODUCTION STAFF

編集

工藤 隆志

萩原 美奈子

表紙デザイン

藤野 伸芳

イラスト

かの りえこ

関根 庸子

もとやま まさこ

本山 理咲

AUDIO PRODUCTION STAFF

作詞・作曲

HARIO

歌唱

Donna Burke, Jon Underdown,
Alice Hackett, Clinton Strother (dag music)

ナレーション

Donna Burke, Alice Hackett (dag music)
Jack Merluzzi, Andree Dufleit

小学校英語科教育法 —理論と実践— 【改訂版】

2024年1月10日　初版印刷
2024年1月20日　初版発行

編 著 者　金森 強

発 行 者　佐野 英一郎

発 行 所　株式会社 成美堂
〒101-0052　東京都千代田区神田小川町3-22
TEL 03-3291-2261　FAX 03-3293-5490
https://www.seibido.co.jp

印刷・製本　三美印刷㈱

ISBN 978-4-7919-7294-4　　　　　　　Printed in Japan